兵战事典 ③ 日本城郭篇

[日] 松冈利郎 等著 张咏翔 译

生活·讀書·新知 三联书店

Simplified Chinese Copyright © 2020 by SDX Joint Publishing Company.
All Rights Reserved.

本作品简体中文版权由生活·读书·新知三联书店所有。
未经许可，不得翻印。

Senryaku Senjyutsu Heiki Jiten 6 Nihon Jyoukakuhen
© Gakken 1997
First publishing in Japan 1997 by Gakken Co., Ltd, Tokyo

图书在版编目（CIP）数据

兵战事典.3，日本城郭篇/（日）松冈利郎等著；张咏翔译.—北京：生活·读书·新知三联书店，2020.11
ISBN 978-7-108-07193-4

Ⅰ.①兵…　Ⅱ.①松…②张…　Ⅲ.①战争史－日本－古代－通俗读物　Ⅳ.①E19-49

中国版本图书馆 CIP 数据核字（2021）第 126068 号

责任编辑　徐国强
装帧设计　康　健
责任印制　徐　方

出版发行　生活·讀書·新知 三联书店
　　　　　（北京市东城区美术馆东街 22 号 100010）
网　　址　www.sdxjpc.com
图　　字　01-2018-7726
经　　销　新华书店
印　　刷　天津图文方嘉印刷有限公司
版　　次　2020 年 11 月北京第 1 版
　　　　　2020 年 11 月北京第 1 次印刷
开　　本　787 毫米×1092 毫米　1/16　印张 13.25
字　　数　200 千字　图 409 幅
印　　数　0,001-6,000 册
定　　价　78.00 元

（印装查询：01064002715；邮购查询：01084010542）

目录

日本现存的 12 天守 001

进攻城堡
监修・文／高田彻、松冈利郎、中西立太

进攻山中城 010
若要进攻姬路城…… 022
攻城、守城的武器装置一览 036

守护城堡
监修・文／松冈利郎

石垣 042
堀 046
土垒 048
横矢射点、虎口 050
门 054
桥 058
塀、狭间 060
橹 062
石落、窗 066
天守 068
御殿 072

城的要义
文／平井圣、中井均、堀田浩之、松冈利郎、加藤理文、高田彻、三浦正幸

由军而政：日本城堡的历史 078
城郭变迁史❶包围
　　环壕聚落与都城、寺内町 086
　　曲轮、郭的检视 090
　　绳张的极致——总构 096
城郭变迁史❷据点
　　山城与平城 102
　　控制陆路 108
　　控制水路 112
　　支城 116

城郭变迁史❸ 权威
　天守的历史 122
　天下人的天守 128

五大城郭决战

文/小和田哲男、黑坂周平、松冈利郎、前田宣裕、桐野作人

高天神城之战 136
第一次上田之战 140
大坂冬夏之阵 144
会津若松城攻防战 150
熊本城攻防战 154

以地域来看城的特质

文/三浦正幸

东日本的城 160
中部的城 164
近畿的城 168
西日本的城 172

城的理论

文/小和田哲男、中井均

筑城 178
阵城 186
笼城 190
从《阿安物语》来看大垣城笼城战 194
"自烧没落" 196

日本主要近世城郭资料　　　　　松冈利郎　200

城郭专栏

天守屋顶的造型	071
城与水	076
日本时代的常见划分	079
姬路城的内曲轮　　　　　　　　　　堀田浩之	095
城的绳张规模比较	099
江户城三十六见附	101
以狼烟串联的情报网	117
熊本城笼城战与大炮　　　　　　　　桐野作人	158
石工集团穴太、马渊众　　　　　　　松冈利郎	185

日本现存的 12 天守

即使跨越了三百年的时空依旧不改其威容的 12 天守，在此请欣赏其美感与构造

◆ **弘前城天守** ／青森县弘前市・从 JR 奥羽本线弘前站转乘公交车

由于原本的五重天守已经烧毁，在文化七年（1810）重建了代替天守的三重橹，属于三重三阶天守。照片是天守的东南面，只有这两面在第一、二阶设置了切妻屋顶的突出构造，为整体感觉较为朴素的层塔型天守加上了一点变化

◆ 犬山城天守（国宝）
爱知县犬山市・名铁犬山线犬山游园站下车

照片为从东北面眺望。三重四阶，属于在二重大入母屋屋顶上搭建望楼的早期望楼型天守，在南面设有附橹。过去一直认为这是文禄四年（1595）至庆长五年（1600）时在此地筑城的石川光吉把金山城的天守移筑过来（金山越），而被视为可回溯至室町时代的现存最古老天守，但是经过解体修理之后，这个说法遭到了否定。它始建于庆长六年（1601），望楼部分为后来改建的说法则较有说服力。此城拥有"白帝城"的雅称，天守飘散着古老的风味，俯视着被当作外濠的木曾川

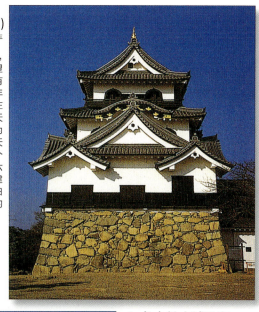

◆ 备中松山城天守
冈山县高梁市・JR 柏备线备中高梁站下车

天守南面。是现存唯一的山城天守，建于卧牛山的小松山山顶。此为二重二阶的小型层塔型天守，南正面有唐破风的出窗（照片中央）、东面和北面装有入母屋造的突出部，而西面则有从平橹延伸过来的渡橹（照片左边）当作登上天守的入口，构造相当复杂。根据各种史料与唐破风的设计，该天守应该可以回溯至庆长以前，是水谷氏在天和元年（1681）至三年（1683）改建的

◆ 松江城天守 ／岛根县松江市・从 JR 山阴本线松江站转乘公交车

四重五阶、地下一阶，在南面设有附橹的望楼型天守。庆长十六年（1611）由堀尾吉晴构筑于肉道湖旁边的龟田山上。构造是在第一、二阶的大入母屋屋顶上搭有三阶望楼，不用白灰浆墙，而采用黑色下见外板的设计，让这座天守看起来既古朴又厚重。此城雅称为"千鸟城"

◆ 彦根城天守（国宝）
滋贺县彦根市・JR 东海道本线彦根站下车

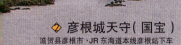

庆长十一年（1606）井伊直胜建于琵琶湖畔金龟山山顶的三重三阶、地下一阶的望楼型天守，在构造上并未使用共通的柱子，而是一阶一阶各自堆叠起来。据说是依德川家康的命令，把京极家的大津城天守移筑过来的。在第二、三重开有装着金箔装饰金属扣件的火灯窗，第三阶则绕有回廊。在各重的屋顶配置有切妻破风、入母屋破风以及唐破风，组合极富变化，华丽的容姿正符合其国宝名分

◐大天守南面三重的比翼入母屋破风

◐大天守东面第二重大入母屋破风上的三花悬鱼

▷从西北眺望天守群

◐大天守的屋檐下

◐从下方仰望大天守西面

🔶 姬路城天守（国宝、世界文化遗产）
兵库县姬路市·JR 山阳本线姬路站下车

姬路城天守是庆长十三年（1608）由号称"西国将军"的池田辉政所筑。以大天守为中心，由渡橹连接东、西、乾三座小天守，形成了天守群。现存天守中规模最大的大天守属于在第二重的入母屋屋顶上搭有三重望楼的五重六阶、地下一阶的后期望楼型。唐破风、千鸟破风、比翼入母屋破风配置巧妙，且由于从壁面到屋檐下全都涂上了白灰浆，因此极为符合"白鹭城"的雅称，再加上天守群的构成，真可谓首屈一指的天守

⬆西小天守第三重的火灯窗　　　⬆大天守南面第二重的唐破风

⬆天守群西面。左起依次为乾小天守、大天守、西小天守

❼ 丸龟城
香川县丸龟市·JR 予赞线
丸龟站下车

从西北方向远望丸龟城。丸龟城天守是山崎氏与其弟子京极高和把生驹亲正作为居城的丸龟之地重新规划为城地之后建造而成的，完成于万治三年（1660）。属于三重三阶的层塔型天守，除了第一阶的南、北、东三面之外皆涂布白灰浆，第二阶南、北面为唐破风，第三阶东、西面则配置千鸟破风，规模是现存天守中最小的。石垣以螺旋方式盘绕在可俯视整个丸龟平原的龟山上，天守则端正建造于山顶上，除了壮观之外别无可言

❽ 高知城天守
高知县高知市·JR 土赞线高知站下车

山内一丰于庆长八年建成的高知城天守在享保十二年（1727）因火灾而烧毁，现存天守是延享四年（1747）重建的。重建时忠实重现了山内一丰所构筑的天守，属于江户中期的天守，为四重六阶的望楼型，最上层有高栏围绕，姿态相当古朴

❾ 宇和岛城天守
爱媛县宇和岛市·JR 予赞线宇和岛站下车

初代天守是著名的筑城家藤堂高虎建于庆长六年的望楼型天守，由于随着岁月而凋零，现存的宇和岛城天守是重建的，由伊达宗利于宽文五年（1665）完成。属于三重三阶的层塔型，在第二、三重装饰有千鸟破风与唐破风等，呈现出装饰性较高的外观

◆ **伊予松山城天守**
爱媛县松山市·
从JR予赞线松山站换乘伊予铁道
至大街道站下车

上面的照片是从西北方俯瞰由天守、小天守、南隅橹、北隅橹等构成的天守群。下面的则是从本丸仰望天守与小天守。初代天守是由加藤嘉明构筑于庆长年间的五重天守，于宽永十九年（1642）由松平定行改建为三重型，但在天明四年（1784）被烧毁。现在所看到的天守是松平定谷于安政元年（1854）重建的，而小天守、隅橹、多闻橹则是在昭和年间重建的。天守为三重三阶的层塔型，外观相当厚重，具有稳定感

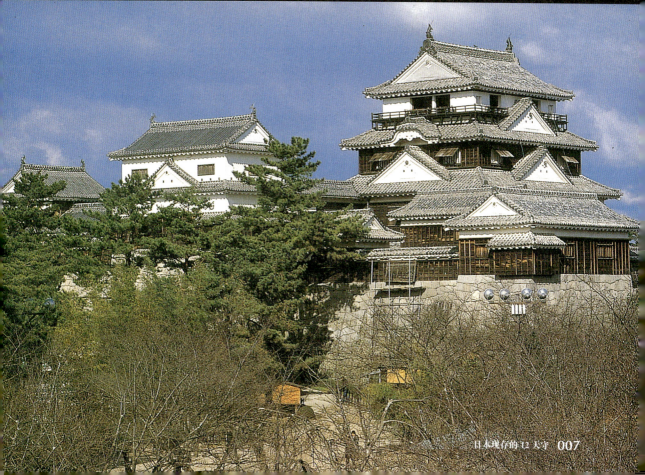

天守群西面。大天守（照片右边）向北以渡橹连接乾小天守（照片左边），东南设有辰巳附橹与月见橹，构成复合连接式天守群。五重六阶的层塔型大天守外墙下半部装的是黑色下见外板，展现出质实刚健的气势

◆ 松本城天守群（国宝）／长野县松本市・JR中央本线松本站下车

◆ 丸冈城天守
福井县丸冈町・从JR北陆本线福井站转乘公交车

此为二重三阶的小规模天守。在第一阶的大入母屋屋顶上盖有第二、三阶的望楼部，从第一阶与第二、三阶并没有共通柱子，以及第三阶没有涂上白灰浆，可以直接看见柱子等设计特征，可以看出它属于典型的早期望楼型天守。虽然一般认为它是建造于庆长之前的现存最古老天守，不过始建年代在之后的调查、研究中却出现了江户初期的说法。由于此天守位处多雪地区，因此屋顶是用石瓦砌成

进攻城堡

监修・文／**高田彻**（城郭谈话会会员）10—21 页

松冈利郎（大阪府立生野聋学校教谕）22—35 页

中西立太（历史考证画家）22—35 页

文／**中西立太**（历史考证画家）36—40 页

进攻 山中城

构筑在跨越箱根的要冲上
后北条氏的西端最前线——山中城
丰臣军队试着以硬碰硬的方式
进攻以土垒与壕沟建构起的坚城

文・考证／高田彻
作画／板垣真诚

1 岱崎出丸
2 大手口
3 三之丸
4 二之丸
5 本丸
6 原西橹
7 西之丸
8 西橹（出丸）
9 北之丸

汉字数字标示的是下页之后的各个进攻场面。

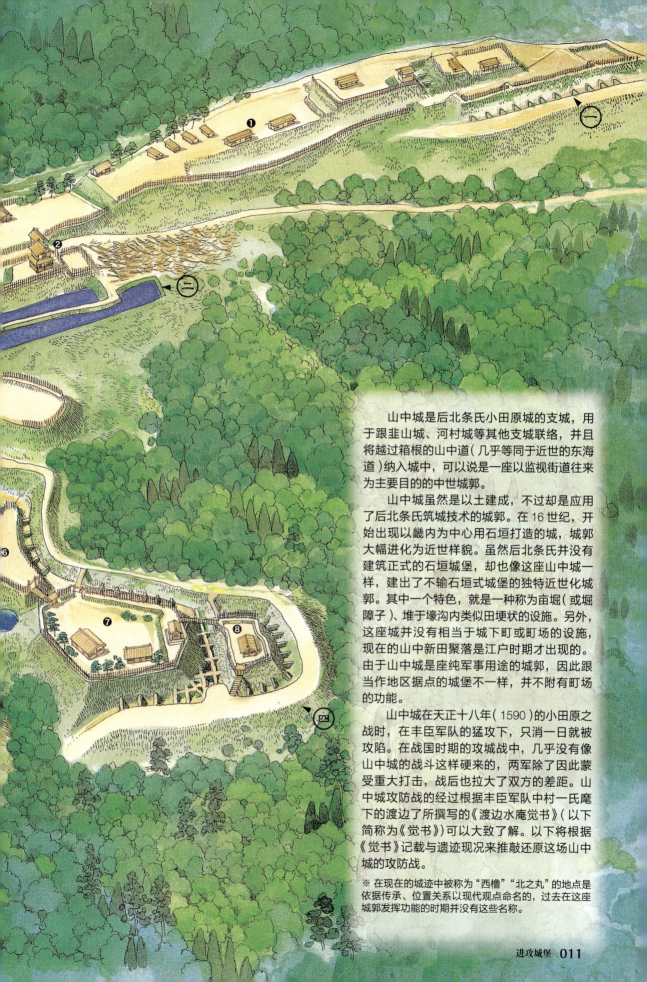

　山中城是后北条氏小田原城的支城，用于跟韭山城、河村城等其他支城联络，并且将越过箱根的山中道（几乎等同于近世的东海道）纳入城中，可以说是一座以监视街道往来为主要目的的中世城郭。

　山中城虽然是以土建成，不过却是应用了后北条氏筑城技术的城郭。在16世纪，开始出现以畿内为中心用石垣打造的城，城郭大幅进化为近世样貌。虽然后北条氏并没有建筑正式的石垣城堡，却也像这座山中城一样，建出了不输石垣式城堡的独特近世化城郭。其中一个特色，就是一种称为亩堀（或堀障子）、堆于壕沟内类似田埂状的设施。另外，这座城并没有相当于城下町或町场的设施，现在的山中新田聚落是江户时期才出现的。由于山中城是座纯军事用途的城郭，因此跟当作地区据点的城堡不一样，并不附有町场的功能。

　山中城在天正十八年（1590）的小田原之战时，在丰臣军队的猛攻下，只消一日就被攻陷。在战国时期的攻城战中，几乎没有像山中城的战斗这样硬来的，两军除了因此蒙受重大打击，战后也拉大了双方的差距。山中城攻防战的经过根据丰臣军队中村一氏麾下的渡边了所撰写的《渡边水庵觉书》（以下简称为《觉书》）可以大致了解。以下将根据《觉书》记载与遗迹现况来推敲还原这场山中城的攻防战。

※ 在现在的城迹中被称为"西橹""北之丸"的地点是依据传承、位置关系以现代观点命名的，过去在这座城郭发挥功能的时期并没有这些名称。

进攻城堡 **011**

进攻山中城（一）
岱崎出丸
攻防

岱崎出丸设置于从山中城主要部位往南突出的山脊上，其西侧下方就是山中道。出丸是一个可以自高处对从山中道往城郭大手口进军的敌兵进行攻击的地方，主要目的应该是防止敌军占领连在城后面的这条山脊，因此就把此处也包进了城内。

由于出丸的目的就是要阻断山中道的通行，因此攻城军的重要课题就是必须得先攻下出丸，然后再以此处为踏脚石继续进攻其他曲轮。从出丸的斜面下方往上攻的攻城军，一边把来自笼城（闭门据守）军队的攻击伤害减至最低，一边前进，为了攻进城内，还构筑了防御掩体。这种掩体是在靠近城的地方迅速构筑起的土堆阵地，在此一面抵挡敌军攻击，一面设法伺机攻入城内。由于出丸是南北走向，因此只要在防御上有一角崩毁，整体控管就会陷入困难，使得笼城军必须往后撤退。

◆ 从岱崎出丸上眺望，壕沟内部会依一定间隔设置亩堀
▼ 从东北方眺望出丸，在战争刚开始时，此处不断进行着激战

进攻城垒 013

进攻山中城 (二)
大手口
攻防

在岱崎出丸的北侧,也就是现在山中聚落的入口附近,应该就是以前大手口所在的位置。

占领出丸之后,攻城军就可以避开遭到笼城军从背后攻击的危险,并经由山中道杀至大手口。与此同时,他们也能把立足点从不稳定的斜面转移到起伏比较小的地形,使得大军的驻扎与移动都变得比较容易。不过笼城军为了不让他们就此轻易入侵中枢部位,会设置壕沟、土垒、逆茂木等多层阻绝线,使得攻城军必须要一边跨越与清除这些障碍物,一边往城内的中枢地带挺进。另外,等在一旁的笼城军也会毫不留情地以铁炮对他们进行迎头痛击。在铁炮的震天声响与烟幕包围下,攻防战简直就有如人间地狱一般。

这个状况可以根据挖掘出来的大量弹头推测出,根据《觉书》记载,两军在大手口附近持续了约两个小时的枪战。在大手口攻防战中,特遣部队绕到搦手(后门)钻了进去,渡边了利用此空隙从三之丸的二阶门旁边突破,并且跨越了架在二之丸与三之丸间附有栏杆的桥梁,往二之丸挺进。

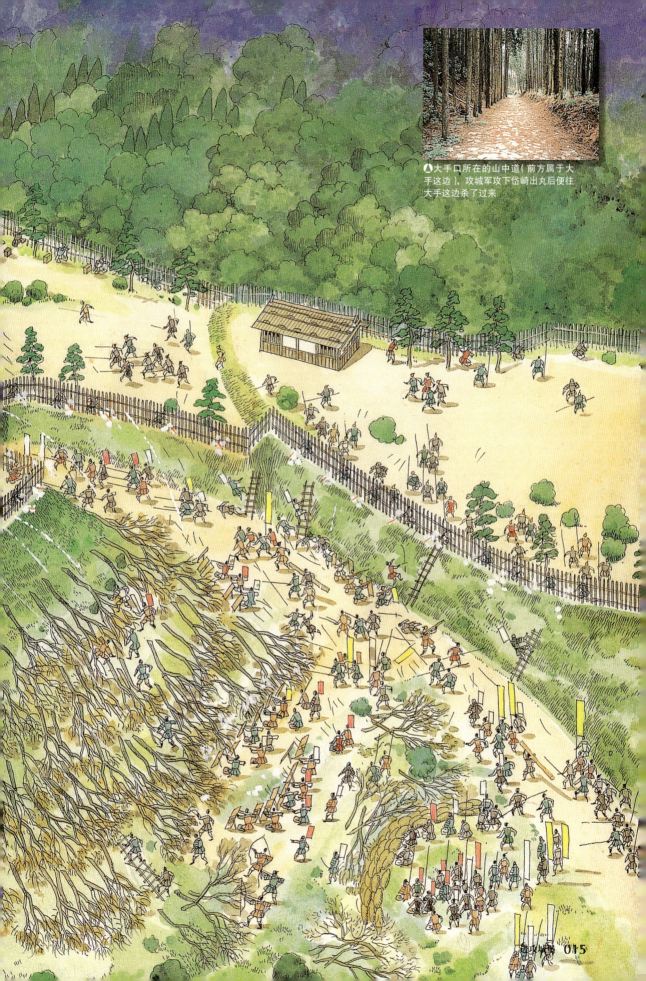

▲大手口所在的山中道（前方属于大手这边），攻城军攻下岱崎出丸后便往大手这边杀了过来

进攻山中城（三）
北之丸攻防

在三之丸的战斗依旧打得火热时，攻城军采取了让特遣部队绕至城的搦手处进攻的作战方式。当然，笼城军也不认为攻方只会从大手方向进攻，对背后的防备依旧没有懈怠，立刻在位于本丸西北的北之丸部署，并且展开在亩堀之外设置横堀的行动。不过由于攻城军同时从两个方向发动攻击，因此笼城军的防御主力也被迫一分为二，在有限的兵力之下陷入了苦战。北之丸的对岸是一处平坦地形，并没有被包含进城塞的范围内。这里可能正在执行开辟曲轮的作业，但由于战斗在工程途中就已经打响，因此并未完工。像这种整理到一半的地形对于攻城军来说，反而会成为最佳的立足点。

在北之丸的壕沟底部设有亩堀，现在因为要保护遗迹，所以填上了土，让它看起来比较浅，而且种上了草皮。不过当这座城在过去发挥功能时，这些亩其实都很高，黏土层也会直接露在外面，一旦跌落壕沟，就会因为斜面的土太滑而很难脱身。另外，曲轮的内圈还围有土垒，土垒上面还设有栅栏。攻城军在壕沟边攻击的同时，也会设法打破栅栏，强行冲进曲轮中。

▲本丸与北之丸间的剖面，亩堀的宽度约为5米，亩与亩的间隔也大约是5米

西之丸攻防

进攻山中城（四）

西之丸构筑于岱崎出丸西方隔着两个山谷的山脊上，其南侧隔着壕沟有座马出（西橹），在西之丸与马出、马出与城外之间各自以木桥相连。山中城大多数的曲轮都是靠着在壕沟上架设木桥的方式来联络，虽然木桥与土桥相比耐久性会比较差，但在遇到突发情况时却可以破坏掉，借此阻止攻城军入侵。不过当攻城军撤除各曲轮之间的木桥后，留在各曲轮的笼城军本身却也会陷入孤立无援的危险当中。马出位于虎口的前方，用于防御城道。同时当笼城军企图反扑攻城军时，它也可以作为从西之丸跨越壕沟时的中继地点，并且拥有能架设木桥或土桥、分头往两个方向进击的功能，因此在马出附近的攻防战应该也会很激烈。由于笼城军也已经预料到会发生这种情况，因此就将马出周围横堀内部的堀障子配置成几何形状，设计相当特殊。

话说回来，西之丸周围是复杂的谷地地形，看起来会令人找不到路，不过在这些山谷当中却有着相当于笼城军生命线的水源。虽然在进行长期攻城战时会把水源切断，但由于山中城属于短期决战，因此就没有采取这项措施。

⒠西之丸西面的堀障子，形状相当复杂，使壕沟内的敌兵很难移动
⒡西之丸东南面的亩堀

进攻城堡 019

进攻山中城（五）
本丸攻防

山中城的本丸在西北角配置了相当于天守台的方形橹台，虽然本丸除了东侧之外在三边都留有土垒，不过本丸周围的曲轮在本丸这边都没有设置土垒。这是因为如果周围的曲轮被攻城军占领，朝向本丸的土垒就会变成攻城军攻击笼城军的最佳据点，在防御上会造成不利。虽然在本丸与南边的二之丸之间设有壕沟、土垒，不过其西端依然会用土垒来联络本丸与二之丸（北条丸）。这显示出即使本丸与二之丸是以壕沟隔开，却依然能够在防御上达到一体化。

根据《觉书》记载，山中城的本丸具有广间，其前庭则有200名以上的士兵。本丸的最后攻防是以土坛上的橹为中心展开，两军以长枪互相刺击，在混战中纷纷跌落壕沟，胜负在此决定。攻城军在作为山中城象征的橹上举起"马印"，以视觉的方式通告敌我双方城池已经被攻陷。不过攻城军却没有驻扎在城内，而是唯恐遭到笼城军残存部队的夜袭，因此暂时撤兵，并准备攻击下一个目标——小田原城。

▼本丸与二之丸的剖面，在二之丸这边没有犬走

▼从二之丸的虎口望过去

进攻城堡 021

櫓、门名称中的"い""イ"等会依据是否现存来以平假名和片假名作区分使用。另外，复原图中的蓝色建筑物现在均已不存
建筑名称中的日文假名相当于英语的 ABCD，为序号标称，因另有一二三等标称，故不译。——编者按

62 绘图门
61 旧太鼓桥
60 ぬ之门
59 り之门（现在的太鼓橹）
58 ほ之门
57 に之门·架于其上的橹
56 は之门
55 ろ之门
54 い之门
53 桐一之门
52 桐二之门
51 樱之门
50 お之门
49 む之门
48 三重橹
47 ら之门
46 な之橹
45 ね之橹
44 菱之橹
43 ぬ之橹
42 旧太鼓橹
41 ゑ之橹

如果要在姬路城打仗的话——
让我们使用当时最新的兵器
来进攻这座堪称具极致绳张
成群耸立的天守群、橹、门
近世城郭中首屈一指的名城

若要进攻姬路城……

现在的姬路城是由在关原一役中立下战功的池田辉政所构筑，并且将规模扩大之后的产物。当时是德川家康刚刚掌握天下，江户幕府才开设不久的时期。虽说大坂城的丰臣家已被降格为大名之一，不过太阁秀吉的威望却依旧没有为人所忘，关西、西国的外样大名当中，依然残存着眷恋丰臣恩顾的武将。由于江户（东）与大坂（西）的关系紧张，因此诸大名就在各地构筑居城，以维持领国的安定。由于当时也处于战国的乱世正逐渐平复的时期，因此普请、作事都有显著进步，能够在强化防御设施上多下功夫。

虽然池田辉政是家康的女婿，拜领25万石，并以姬路城控制西国方面，不过池田家却也是曾经仕于信长、秀吉的有力外样大名之一，而且辉政在同一时期被

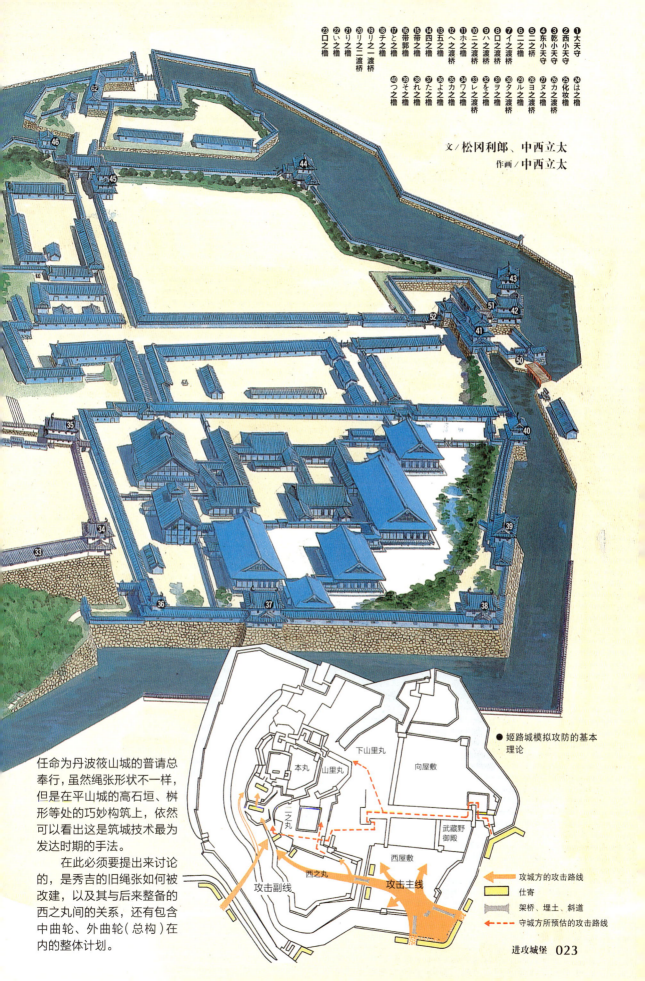

若要进攻姬路城……❶
中之门 攻防

姬路城是以天守为顶点，由备前丸、山里丸、二之丸、西之丸、三之丸形成核心（内曲轮），城下的壕沟呈左旋涡状围绕（在东北部有堀留），并以中曲轮和外曲轮将整体围起来，根据在第一次榊原氏时代（1649—1667）描绘的《姬路御城回侍屋敷新绘图》，中曲轮全部都是侍屋敷（内山下 315 轩），外曲轮则是沿着外堀的南边与东边有侍屋敷（外山下 333 轩），东边内侧配有社寺，其他则是町屋，构成城与城下町。

特别是在第二次榊原氏时代（1704—1741）的《姬路城防备布阵图》里面，写到"笼城诸所守番所诸守人数配张纸之有"，显示出战时城内、城下的守备范围。参考这项资料，可以知道内堀北侧的势隐以及中曲轮周边会编组出六支部队防守，外曲轮则固守出入口的部分。虽然这些资料只不过是假想，却是一项综合筑城与城下町经营的计划，且还是绝无仅有的军事机密文书，可以说是相当吸引人的史料。

若要在安土桃山时代和江户时代以武力来进攻的话，到底会采用怎么样的战略呢？外曲轮的各个门应该会成为攻防重点，而町屋密集的地方恐怕会被烧毁。由于中曲轮由侍屋敷形成，因此有可能会采取较广的守备体制，以及有机动性的作战方式。如果实际进行笼城的话，应该会跟大坂冬之阵的总结构一样，有办法进行顽强抵抗，但如果只顾防守的话，反而很可能会陷入不利的局面。

防弹用门

竹束（4尺×8尺）

操炮手

点火手

弹药手

以后装炮对城门进行炮击

武家屋敷
中之门
土居
外堀
桥
竹束
町屋
大炮位置
待命突入的士兵

后膛装填炮的构造

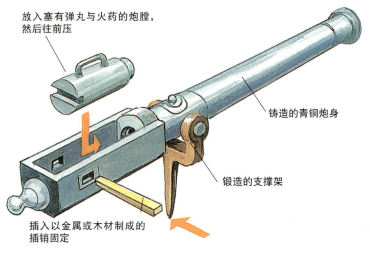

- 放入塞有弹丸与火药的炮膛，然后往前压
- 铸造的青铜炮身
- 锻造的支撑架
- 插入以金属或木材制成的插销固定

根据日本《尺贯法》，1 里 =36 町，1 町 =60 间，1 间 =6 尺，1 尺 =10 寸。日本江户时代 1 尺为 28.9 厘米，明治维新时改为 30.3 厘米。——编者按

• 攻略重点 •

在姬路城外周围的野战中压制西军（假设这是关原之役，守城方为西军）的东军（攻城方），以炮击方式破坏了位于外堀西南的雕门，打开了进攻路线。由于在堀的外侧是町屋地区，里面有些比较大的房子，因此就能以它们作为掩蔽，或是在道路上设下障碍，在清除抵抗的城兵之后，就能设置火炮。距离城门约为 100—150 米。

用于突破城门的火炮是当时新式的后填炮，优点是装填炮弹时不用把身体移动到炮口前方去。

至于笼城这边的守城方，虽然在设想时会为了确保由城内至城外的射界而将町屋破坏，不过在此则姑且让它维持现状，使得来自城内的枪炮射界被两侧的町屋限制，只有正面的狭窄道路宽度而已。

推测只要挨上 10—20 发直击弹，城门就会被破坏，然后大捆的竹束就会往前移动，在城门边上形成掩体，必要的话还会架起井楼，开始往城内进攻。

进攻城堡

若要进攻姬路城……❷
樱之门、桐之门 攻防

姬路城的内曲轮有三个入口，分别是以南侧正面的樱之门、桐之门（一、二之门）为大手，靠近天守下方的喜斋门为搦手，东侧的绘图门则位居两者之间。至于各门的配置方式，樱之门是设有桥台的外桝形，内侧的桐之门是戒备森严的双层式内桝形，绘图门则是隔有一个小曲轮（作事所、马出的发展形），后方还有菊之门守住。相对于此，喜斋门则只是在橹门前面架上土桥而已。

一旦外、中曲轮遭到攻陷，内曲轮就会被包围，攻城军可能会跨越壕沟攻击，或是试着突破城门，另外也可能会挑选防备较薄的弱点进攻。

桐一之门

太鼓橹

井楼

竹束

- **攻略重点**

由于此处架有出入姬路城用的桥梁，所以壕沟的宽度比较窄。守城方很自然地会预测到敌军将利用此处打开突破口，因此构筑橹与多闻来加强防御。虽然本图画的是在樱之门架设桥梁攻击的情景，不过攻城方与其在此处强行突破，还不如像23页的插图那样自行打开破口入侵，受损的程度将会比较轻。虽然那里的壕沟宽度比较宽，但如果深度只有3—4米的话，就可以利用附近较大宅邸的柱材、植栽、筑山用的土等把壕沟填起来。而对岸的高石垣虽然乍看之下是障碍物，不过只要利用眼前御殿群的大量木材与土等材料制作仕

若要进攻姬路城……❸

菱之门 攻防

　　菱之门是从三之丸进入二之丸唯一的正门,虽然在门前有石垣和塀围绕,但通路却是开放的,并没有围成桝形。

　　菱之门是二重、入母屋造的华丽橹门,除了门的大柱子(镜柱)与内侧的桁、梁之外,全部被涂上白色灰浆,柱、贯、长押、舟肘木等型都被涂出来,二楼则备有出格子。在竖格子窗(正面3间,背面2间)以及正面两旁的火灯窗上涂有黑漆,窗框上还有以金箔装饰的金属配件,使得外观更具张力。

　　一楼主要是被中央的大门占去,有对开式的大门以及吊挂在左侧的潜户(单开式),在东侧设有3间马见所,西侧设有2间番所。二楼为桁行10间(不过柱间尺寸皆为5尺8寸)×梁行4间(柱间5尺7寸),分为中央间与左间、右间三个房间。虽然形式为二重楼门,但由于南边的西端是搭建在石垣上,在结构上,相对于一楼门部分的梁间3间,二楼在前后部分向外突出约半间的空间。

　　在这半间的突出部分,于门上的前方设置有足下狭间。

　　整体来说,这是座表现出桃山样式的壮观城门,门板制作得相当坚固,用于防范来袭之敌的枪弹。就算使用大筒或大炮来破坏,要突破菱之门依旧很费工夫,必须付出一些牺牲,花上不少时间。

收回右手并打开右脚,借此吸收射击的后坐力

以手腕上的绳子来固定枪体

仕寄车

仕寄筒(手持大筒)

以手握持大筒来射击是日本的独特射法,在战国末期为30—50钱,到了幕末甚至还曾经持用1000钱的大筒来射击

•攻略重点•

被当作本丸正面入口的菱之门,是近世城郭中最后期的设计,因此会预想到正面将遭到大炮破坏,在门的前方筑有相当厚实的高石垣(复原图的左边角落)。而从门左手边的塀看来,从城内并没有通路可以连接到这座石垣,因此在这里无法配置火枪兵,只有单纯用来挡炮弹的石垣。如果这里的宽度能再宽一点的话,就可以在此配置大炮,如此应该比较理想。

攻城方会在3—5寸的厚木板上铺设铁板,打造出仕寄车,并让持有30—100钱手持式大筒的火枪兵进入车中,挺进至城门,从极近的距离进行集中射击。就像在图中清楚看见的那样,门上的枪眼、塀上的狭间等的射界都很受局限,因此只要仕寄车能进入死角就拿它没辙了。如果有办法的话,最好是打开城门,从正面来破坏仕寄车。但如果第一辆仕寄车被破坏之后,后面又接着两三辆的话,这种做法反而会让敌军因此攻入城门。

若要进攻姬路城……④

い之门 攻防

在上到天守的过程当中，必须要先通过好几道关卡。若从菱之门出发，主要路线为：A 经由"い、ろ、は、に、ほ"各门，抵达天守腰曲轮，而如果绕经"へ、ち"两门，然后再通过 B"り、ぬ、る、を"各门，就会回到二之丸与菱之门。A 是去程，B 则是返程，全部走完只是单纯绕城一圈而已。其实天守的入口是藏在进入ほ之门后右侧油壁里的一个小小的水之门，它位于一般人察觉不到的位置，而且还分成水之一、二、三、四门的多重设计。其他还有搦手的"と"一、二、三、四门（三门现已不存），拥有很多道门可以说是姬路城的特色。

近世城郭的特色是设计成桝形以及巧妙配置的门，由于姬路城毁损掉的只有を之门以及と第三门而已，保留得相当完整，可以借此得知城内的防御结构，是相当贵重的资料。门的构成有橹门、高丽门、栋门、埋门、穴门等各式各样的形态，柱子很粗，使用了筋铁等金属配件，门上还打有铆钉，以强化结构，门的侧面与土塀连接，设有狭间、石落等，使城兵可以在掩蔽物后方进行狙击。针对"い、ろ、は"各门之间，可以从西之丸侧面隔着低地三国堀进行夹击。但由于守备范围是固定不变的，死角虽然不多，却也并非没有，因此有可能会被逮到弱点。

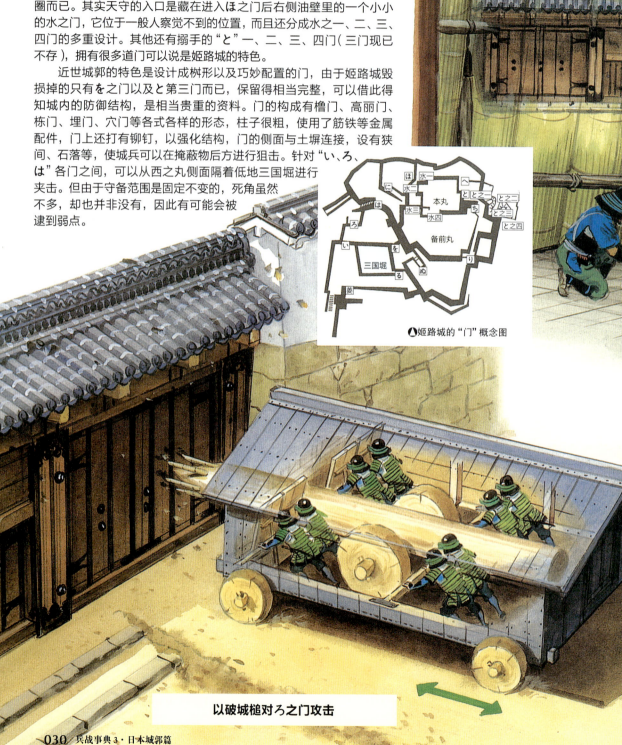

▲姬路城的"门"概念图

以破城槌对ろ之门攻击

以棒火矢来攻击い之门

• 攻略重点 •

控制菱之门的东军把城门当成掩蔽物，并在此以大炮发射棒火矢，攻击前方的い之门。由于い之门是木制的，因此这里画出了使用棒火矢的战斗。棒火矢是一种放火专用兵器，在文禄庆长之役时，因为遭到朝鲜水军的棒火矢攻击，日本水军遭到毁灭性打击。由于有这样的经验，因此这个时期日本国内的战斗应该也多会使用棒火矢。用来发射棒火矢的大筒，也能用来发射炮弹。

至于对い之门后方的ろ之门的攻击，在此则是画出了"破城槌"的使用情况。这里的"破城槌"参考的是江户时代的产物，除了单纯的圆木棒之外，另外应该还有附车轮、附防盾等各式各样的形式。但不管是哪一种，在攻击的时候都会用到图中这种坚固的仕寄车。

导火线 — 点火口
▲ 火箭
木弹　火药

棒火矢与火箭

▲ 棒火矢

▲ 炮烙火矢

进攻城堡　031

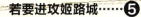

は之门、に之门
攻防

从ろ之门经由は之门、に之门抵达ほ之门的路线相当蜿蜒曲折，感觉很像在爬山一样，曲轮也相当狭隘。在接近备前丸的时候会先反转过一次，让天守跑到背后去，规划相当巧妙。而在熊本城、和歌山城、津山城、福知山城等城的设计中也会把进城路线弄得像迷宫一样，这是平山城在构筑石垣时所想出来的手法之一。

姬路城一如前述有很多门，い之门、ろ之门为高丽门，は之门为橹门，に之门横跨在向下的通道上，天花板很低，上面还架有二重橹（旧称ろ之橹），使得威严性大增。也就是说，に之门的前方设有切妻的橹门，与不完整四边形的二重橹和续橹连接，形式上兼具城门与隅橹的功能，这在其他地方都看不到，是极为珍贵的建筑物。

除此之外，进入は之门、に之门之后的上下曲轮都是不等边的五边形，外圈则是被二重橹（い之橹、は之橹，两者目前皆已不存）与渡橹、长屋连接的地方所占据。不过石垣其实并没有那么险峻，如果遭遇破坏或炮击的话，应该是挡不了太久。

炮烙

中国兵书中的小型炮烙发射机

三国堀

• 攻略重点 •
控制西之丸台地的东军在化妆橹的北面构筑仕寄，对い之橹与は之橹集中炮击，并从い之橹的破口冲进去，立起竹束与盾，然后投入炮烙，压制ろ之橹台地内的士兵。趁机爬上西侧势隐之崖的部队，在高石垣架上梯子，对は之橹发动突袭。此处应该算是城内最难通过的一关（防御最坚强），因此付出的牺牲会比较惨重。不过只要突破此关，守城方就无法再进行有组织的防卫了。

い之门

若要进攻姬路城……❻
大天守攻防

姬路城的本丸是由二重渡橹包围大天守与三座小天守的天守曲轮，以及南侧的备前丸构成。

备前丸上连续建有二之橹、渡橹、对面所、四之橹、长局、五之橹。推测当初居馆还在的话，会靠廊下（回家）连接，经由水之三门上方的台地通过水之四门、水之五门进入天守曲轮。

这样的设计是考量到即使备前丸失陷，依旧可以把天守曲轮当成最后的笼城据点。不过天守曲轮虽然备有厨房、流理台、厕所，却没有水井，因此欠缺实用性（名古屋城的天守与松江城的天守都在地面那层挖掘水井）。

即便如此，如果水之五门、水之六门被攻破，敌兵涌入天守曲轮、中庭，却还是可以只靠大天守本身来作顽强抵抗。为此，在地面那层的西侧中央入口与西北角的台所口、一楼与北侧イ之二重渡橹的连接部、西侧ニ之二重渡橹的连接部上，就会设置向外开的土户与向内开的筋铁扉两层门板，用于切断联络口，实施稳固封锁。另外在大天守三楼的北边与南边中央部还设有中二阶的武者通道，东西大千鸟破风的屋顶里层有密室（武者隐），四楼的石打棚、五楼四个角的屋顶夹层都是在最后抵抗时可供利用的设施。

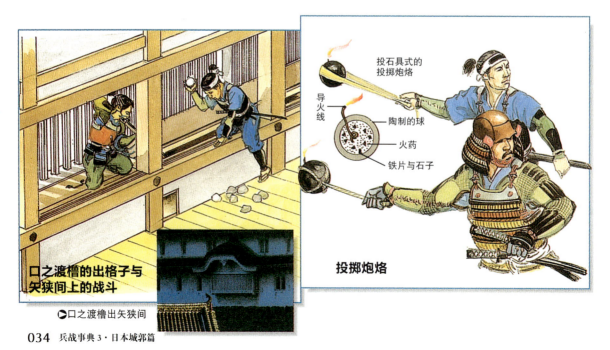

口之渡橹的出格子与矢狭间上的战斗

▶口之渡橹出矢狭间

投掷炮烙

备前丸本丸御殿

在现在大天守南侧的广场上，曾经有池田辉政建造的备前丸御殿。虽然御殿的设计图并没有留下来，不过建筑物的名称、数据等表单则都还在。下图是基于这项史料复原后绘制而成的，由于估计会在本丸发生笼城战，因此建有巨大的厨房，保留着战国末期城郭的实战味。比较小的上厨房是供应城主与客人、御殿内的家臣、长局中的女子们餐点的地方。本丸御殿在之后转移至下方的御殿，由于在表单中并没有记录，因此是跟下方的上山里丸御殿一起画出大略的推想。

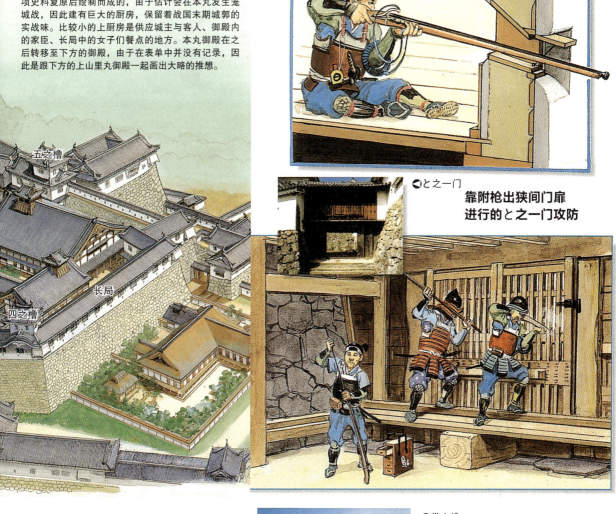

大狭间铁炮
由于枪管较长，因此利于狙击

○と之一门

靠附枪出狭间门扉进行的と之一门攻防

守城方在ろ之橹台被攻陷之后，可以视作已经陷入只有投降或自杀之路可走的状况了。最后的防御手段，只有从高处向聚集于下方的攻城军投掷炮烙，或是从大天守的铁炮狭间以大狭间铁炮狙击攻城军的指挥官等，靠着火枪与长枪在い之门进行攻防战。

城主自杀的地方就像大坂夏之阵时秀赖母子自尽在天守下方的橹一样，应该会是在大天守北侧的带之橹，主要家臣则会在该处下方的带郭橹集体自尽。

假定发生于元和七年（1621），也就是大坂夏之阵七年后的姬路城攻防战，使用的兵力恐怕会与大坂冬之阵、夏之阵一样，会变成近世最大的攻城战，时间则与大坂之战一样，周边野战耗费二十天，从内堀到大天守的攻城则可在三天之内结束。虽然这是座乍看之下易守难攻的近世城郭，但是在面对大炮的攻击时推测应该会相当脆弱。但除了火炮的发达之外，城郭会被攻陷还包含其他各式各样的要素，因此不可一概而论。

○带之橹

于带之橹自刃

进攻城堡 035

攻城、守城的武器装置一览

战国末期的社会生产力水平很高，各式各样的技术也完成了开发，因此在攻城道具上应该也会下很多功夫。

但实际上，这些道具都没有留下遗物或可靠的史料，在现今的解说书籍中所出现的图示，皆是来自江户时代兵学书里面的记载。

而这些兵学书里的图几乎都是抄自中国兵书里面的东西，因此在这里就要依据最原始的出处，把中国兵书中所画的图分成几个种类加以复原。

像简单的虎落、乱杭、逆茂木、车等，从古时候就一直在使用，但其他各种道具也许在中国和朝鲜用过，不过日本到底用到了其中的哪些种类，依然存疑。

不管是哪一种道具，在使用上都有其困难的地方，除了很费精力之外，效果到底如何也不能保证。如果真的要拿出来使用的话，为了不让敌兵察觉到要用的是哪种兵器，应该会先把它们倒放在塀后面，等到敌军一拥而上时，再一口气亮出来。

文·作画／中西立太

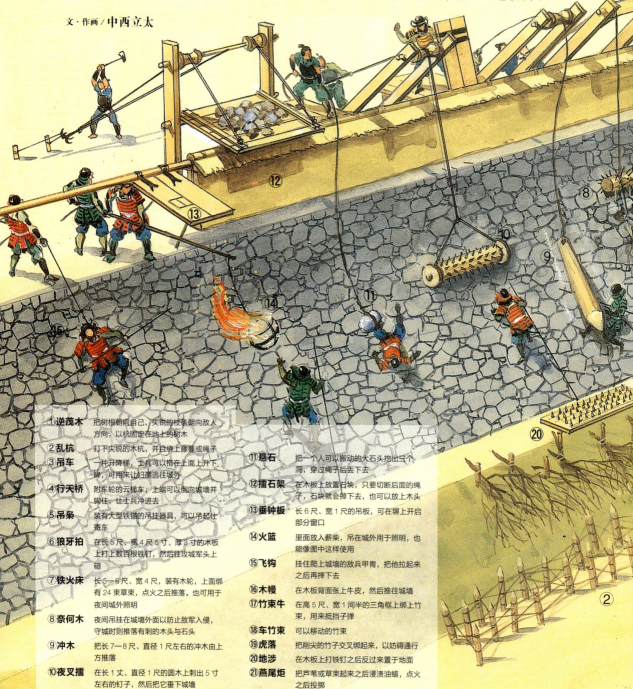

① 逆茂木　把树根朝向自己，尖锐的枝条朝向敌人方向，以杭固定在地上的树木
② 乱杭　打上尖锐的木杭，并且绕上藤蔓或绳子
③ 吊车　一种升降梯，士兵可以搭在上面上升下降，可用来让兵藏逃往城外
④ 行天桥　附车轮的云梯车，上端可以倒向城墙并钩住，让士兵冲进去
⑤ 吊枭　装有大型铁锚的吊挂器具，可以吊起什寄车
⑥ 狼牙拍　在长5尺、宽4尺5寸、厚3寸的木板上打上数百根铁钉，然后往攻城军头上砸
⑦ 铁火床　长5—6尺、宽4尺，装有木轮，上面绑有24束草束，点火之后推落。也可用于夜间城外照明
⑧ 奈何木　夜间吊挂在城墙外面以防止敌军入侵，守城时则推落有刺的木头与石头
⑨ 冲木　把长7—8尺、直径1尺左右的冲木由上方推落
⑩ 夜叉擂　在长1丈、直径1尺的圆木上刺出5寸左右的钉子，然后把它垂下城墙
⑪ 悬石　把一个人可以搬动的大石头挖出三个洞，穿过绳子后丢下去
⑫ 擂石架　在木板上放置石块，只要切断后面的绳子，石块就会掉下去，也可以放上木头
⑬ 垂钟板　长6尺、宽1尺的吊板，可在塀上开启部分窗口
⑭ 火篮　里面放入薪柴，吊在城外用于照明，也能像图中这样使用
⑮ 飞钩　挂住爬上城墙的敌兵甲胄，把他拉起来之后再摔下去
⑯ 木幔　在木板背面张上牛皮，然后推往城墙
⑰ 竹束牛　在高5尺、宽1间半的三角框上绑上竹束，用来抵挡子弹
⑱ 车竹束　可以移动的竹束
⑲ 虎落　把削尖的竹子交叉绑起来，以妨碍通行
⑳ 地涉　在木板上打铁钉后反过来置于地面
㉑ 燕尾炬　把芦苇或草束起来之后浸渍油蜡，点火之后投掷

攻城具、守城具

大坂夏之阵
大坂城水上炮击战

在大坂冬之阵当中,有利用淀川进行的水上炮击战。

东军的九鬼守隆制造出一种称为"盲船"的船只,就是在小型军船"小早"的船身上全部包满竹束,然后在里面配置火炮。它一边沿着淀川上下航行,一边对总构的塀与橹进行炮击。

战国时期的小早为30—40根橹,橹则用板子围起来,而直径约1尺的竹束应该就是绑在这板子上面。在文禄庆长之役当中,救援泗汕城包围战的日本水军也使用这种船。

前方的锚甲板用开有枪眼的板盾围起来,至于内部的火炮应该是装在荷兰或英国的帆船船尾栏杆上那种小型的后膛装填炮。

虽然这种火炮的口径只有5厘米左右,不过若从近距离集火射击,应该也能达到相当的效果。

盲船推定复原图

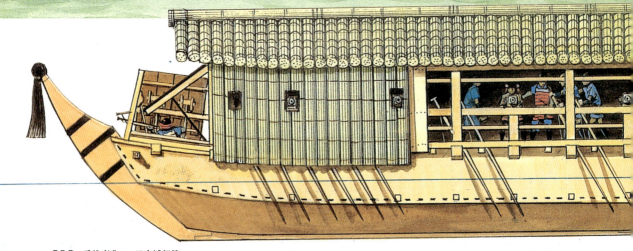

侧面图

河川用的舵

中央剖面图　弹药　压舱物

理论上讲应该要有48根橹,不过因为装有火炮,就减为36根

守护城堡

监修·文／松冈利郎　42—76 页

石垣

就城的防御设施来讲非常坚固，不过在构筑上则需要非常高的技术

石垣的发达

形成近世城郭的一大要因，是能够构筑石垣和发展出以天守为中心的建筑，而这则是始于天正四年（1576）织田信长所筑的安土城。

其实石垣在安土城之前就已经出现了。不只是城堡，在古坟的玄室以及古代的神笼石上都可以看到石堆，海岸、河滩的土堤或水门上也都有石砌构造（另外最近挖掘出来的三寺Ⅰ遗迹中，在方形的豪族宅邸周围也发现了被堀与石垣围起来的构造，因为年代较早而备受瞩目）。而在文永弘安之役（1274—1281）时，为了防范蒙古来袭，在博多湾沿岸构筑的防垒，以及山岳寺院境内用来划分区块的石垣也不能遗漏。像这样以石材组成的构造物还有很多，在很早之前就已经开始利用。但由于要切削石头用于建筑，就土木工事来说并非易事，因此利用范围就很有限。

不过在战国时代（1467—1615）后半期的城郭上已经出现堆砌石垣的例子，像在唐泽山城（枥木县）、八王子城（东京都）、兴国寺城（静冈县）、天神山城（埼玉县）、月山富田城（岛根县）、天雾城（香川县）等古老遗迹中都可以看到。但是这些古城都只具备橹台或城门等部分，充其量只是当作中世城郭土垒的辅助之用。可惜的是它们的建筑年代不明，因此很难得知石垣最早使用在城郭上的时间。

石垣比土垒（土居）还要坚固，而且斜面也能弄得比较陡峭，伴随筑城技法的发展而越来越普遍。到了火枪传入并导致战术因此产生变化之后，它随即取代过去的土垒而受到重视。附带一提，最早整座都被石垣所围绕的城郭，据说是永禄十二年（1569）信长为了足利义昭构筑的二条第（位于现今京都御所的西侧）。

之后，信长麾下的众武将便出入各地，并构筑以石垣加固的城郭。等到秀吉统一天下后，像大坂城、聚乐第、伏见城这些以天守为中心，有石垣与堀围绕、并形成广大的城下町、盘踞一方的近世城郭形态便告成形。石垣的构造以时期来分的话，可区分为始发期、前期、最盛期、整备期，以便掌握各时期的工法发展与变迁，还有样式手法的差异及特征等（参阅下表）。

近世城郭中的石垣时期区分与变迁

时期	Ⅰ 始发期	Ⅱ 前期
时期	天正以前	天正、文禄年间（1573—1596）
构造	在橹台、门等处部分应用。石材较小，感觉粗糙	倾斜度较缓的直线形，有阶梯状石垣，多为织丰系城郭
石垣的种类	从暂时设置的掘立建筑物演变为础石建筑物	天守的形成（初期望楼型）
堆砌法		天端石 1分 野面积

延冈城的樟出石垣（打石接），俗称"千人杀"石垣

Ⅲ 最盛期	Ⅳ 整备期
庆长年间（1596—1615）	元和、宽永年间（1615—1644）
在石垣上依然可以看见不整齐的地方。倾斜度则会反翘	斜度很斜，能够砌出高石垣。可以做出平面直角，使外观整齐端正
天守的发达（过渡型）	天守的大型化（后期层塔型）
打石接	切石接

石垣的构筑方法

石砌是在有地形落差的地方，也就是崖壁、盛土、堀的内面上砌上石头所构成，它可以覆盖在土垒的表面顺便当作挡土墙，以增强其耐久力。然而石垣的构筑不仅在堆砌方法上相当困难，作业也很耗工，因为重量很重，如果不砌稳的话就会有崩塌的危险。在早期因为技法尚未成熟的关系，应该常常会失败吧。传教士路易斯·弗罗伊斯（Luís Fróis）对于安土筑城曾如此说道：

……当中有很高的建筑物正在搬运，还有数个需要四五千人拉动的石块，甚至有一块特殊的石头要六七千人来拉动。另外根据人们的证言，如果石头稍微往一边偏出去的话，下面就会直接有一百五十多人被压扁。

而在《信长公记》天正十年（1582）御出仕的记事中也提道：

正月朔日，邻国大名、御连枝御众，各于安土等候，御出仕。从百百桥上行往总见寺时，于生便敷群集，踏垮了堆积如高山的筑垣，石与人混为一体崩落，并出现死者。受伤者不知数员，有力气的年轻人有的失去了佩刀，不少人陷入惘然。

这表示即使能够构筑出石垣，也会因为人数太多而超重崩毁。在经过许多失败尝试之后，形成了以穴太、马渊的石工为核心的技术集团，他们大显身手，使得石垣堆砌开始发达，他们也成为这一行的专家。

虽然记载筑城过程的史料很少，但只要观察石垣的残存状况，就可以推出个大概，而经由石垣的修复工程与挖掘调查，也能解开当时所用的技法。

石垣的构筑方法，首先要挖掉自然的山坡或崖壁，或是一边把盛土的斜面敲打加固，一边将它整形成石砌的拥壁。接着要在底部挖出根切，并且塞入根石。如果地基稳固的话就没什么问题，但若是地基较软，就要先打入木桩，并以圆木纵向排列、胴木横枕上去的方式打稳基础。这种构造称为梯子胴木组，会使用就算埋入地底或水中也不会腐朽的松材，并且在空隙中铺满割栗石（屑石、舍石、鹅卵石）。

元和六年（1620）修筑大坂城时，幕府对各大

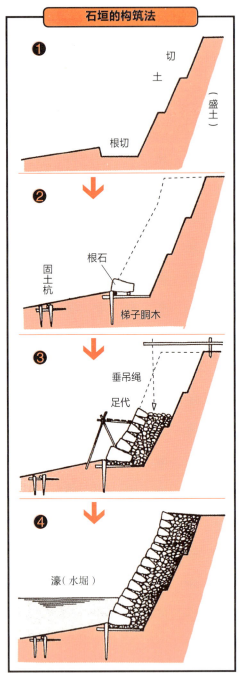

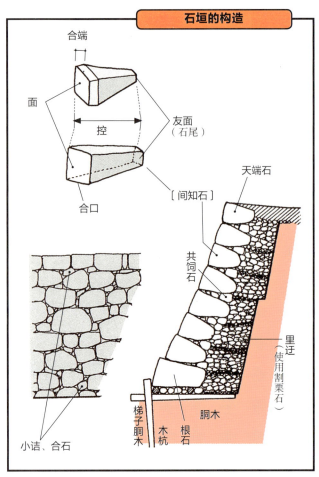

名的现场奉行下达"在北、东御堀的根石之上要埋分一间,可申请挖掘"(《大阪编年史》)的指示;宝历年间(1751—1763)修复名古屋城天守台时,提到了"地中有放入石垣的埋脚,约4尺,其下有松,传说是庆长之时所埋"(《金城温古录》),可以得知各自花费心思的地方。实际上,在松本城天守台与高槻城本丸石垣中,人们就发现了这样的梯子胴木;前者是为了防止天守台在靠堀那边的地基横向滑动,因而平行埋入木杭以稳固地基,后者则是在根石前方又排列有稳固根基的石块。

那么,在根石之上就要依序堆砌石块,不过在石头与石头之间并没有靠东西接着(空积),而是配合每块石头的形状来左右排列,且上下也要保持平衡(石配),再加上要把沉重的石块抬起来,实在是一件困难的工作。

在前期技法依然不够成熟的阶段,如果没办法堆高,就只能在途中分段,把它堆成阶梯状,因此很容易形成带曲轮。这在秀吉的大坂城本丸、金泽城、和歌山城等较古老的石垣上都可看到。它们的斜度比较和缓,呈现直线造型(直线斜坡,军学书中称为棒法、棒隅)。最盛期的技法已经很发达,可以建构出需要抬头仰望的高石垣。由于石头会越砌越高,因此就要先组出踏脚台才能把石头搬上去。在《筑城图屏风》中,有画出在石垣的缝隙中插入圆木,形成简易踏脚杆的样子,不过这在力学上却不甚可靠,实际上应该还要有来自下方的支撑才行。

随着石头越砌越高,倾斜度也越来越大,因此

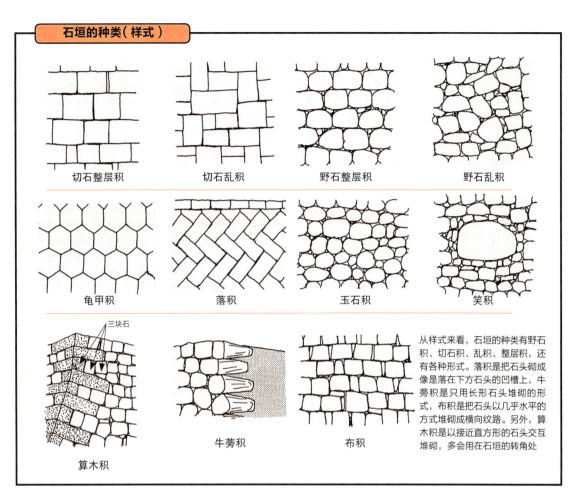

就有了一种加上"反翘"的方法。结果就让表面在往上之后形成突然反翘的曲面（称为扇之勾配、寺勾配），这是在其他国家看不到的独特石垣建法。为了做出倾斜，应该会垂下一条绳子，然后配合绳子的松紧程度来堆砌石头。其他还有为了对抗土压，让石砌能够稳定，而依照经验来加上反翘，同时也能让敌人难以攀登。开始在石垣加上反翘斜度的时期并不清楚，推定应该在关原之战以后。

砌石的大小并没有统一，与其直接把杂乱的石头堆砌起来，还不如把石头加工成细长的直方体，堆砌起来才会比较容易（也就是所谓的牛蒡积）。有种形状称为间知石，是把几乎呈四角锥体的石块切掉顶部，堆砌起来相当容易。每块石头在堆砌时要以合场（合口）来相接，如果有缝隙的话，就要用比较小的石头（小诘、合石）填充。为了支撑石块的底部，会塞入共饲石，在石块与切土之间则会填入沙砾与割栗石，称为里迂，用来防止因为排水而产生的崩毁与膨胀。特别是在石垣交叉的角落（出隅与入隅），在技术上相当困难。

在整备期，石头的大小跟形状都比较整齐，因此较能按照规则堆砌，但也因为太过合理而使外表看起来过于单调、欠缺变化。因此为了显示城郭的威严，就会用上巨石，或花心思让石块大小的配列形成巧妙变化。根据《唯子一人传》中的"石垣高中卑三段之事"，高石垣的高度在10间以上，中石垣则为7—10间，小石垣是1—6间。石块的合端用灰浆或砂浆固定（练积），偶尔也会用铁或铅制成的插销来连接。

石垣的形式手法

石垣依据堆砌的方法与石块加工，可以分成把自然石在石质与形状都不统一的状态下直接堆砌起来的"野面积"（表面很多空隙，感觉较粗糙）、把石头的角敲掉让合端容易配合的"打石接"、把石头一块块加工成方形使堆砌石不会产生缝隙的"切石接"（表面比打石接还要整齐）。（据荻生徂徕《钤录》。在林子平的《海国兵谈》中则写成野面积、打欠积、切合积）。从样式上还能区分成野石与切石，以及不规则堆砌的乱积与规则堆砌的整层积。

堀

堀（壕沟）会挖得既宽且深
有水堀、空堀、竖堀等各种形式
用来防止敌人入侵

堀宽与堀底

堀、石垣、土垒都是用来阻挡敌方攻击的防御设施。自然产生的河川与池塘可以用来当作城堡的防线，而以人工方式挖掘出的保护城堡用的低地就是堀。在林子平的《海国兵谈》中有以下记载：

> 堀分两种，有水堀、干堀。水堀的水面应挖出10间到二三十间的宽度，深度则须挖三四丈，岸边的斜度每一丈要砌4尺高，但是在土壤性质合适的地方则须挖得比较陡。干堀要挖成片药研，当然靠城这边要挖得比较深。总之堀的泥深越深越好，比起水深，泥深会比较巧妙。为了缓冲水流，在岸际要设置计石垣。

如此这般，堀就是一种凹字形的构造，可分成里面放水（水堀、濠）以及不放水（空堀、干堀）两大种类。另外还有介于两者之间，利用沼泽或泥湿地的泥田堀。

水堀是从河川、湖泊、海水引水，或是利用涌泉来建造，可借此获得饮用水或水运之便。不过缺点是可能因豪雨而淹水，或反遭敌人水攻，在笼城时陷入孤立。相对于此，空堀可以在底部插上竹枪、乱杭、逆茂木等设施，让敌人掉到里面去，比较具战斗性。另外，在空堀的底部也能开设当作通路的间道。

从防守的观点来看，堀要尽量宽且深才比较理想，不过从现实来说这不仅在施工方面会有问题，于防守配置上也会变得过于广阔。根据《武教全书》记载，"关于堀宽，要以箭射得到为准，以10间为上，15间为中，20间为下"，表示宽度应为10间（约19.7米）最合适，宽一点就是15—20间（约29.5—39.4米），最大限度则为30间（约59.1米），理想深度为三四十尺。在前述的《海国兵谈》中也列出了相同数值，因为这是配合弓箭可以射到的距离，并能用火枪来打倒靠近堀外的敌人。

堀的剖面形状分成底部平坦的箱、底部呈圆弧的毛拔堀、接近V字形的药研堀。若为水堀，虽然底部藏于水面下看不见，不过箱堀与毛拔堀的底面有的是直接把土加固，有的则会把根石深埋在底下，然后从两侧开始铺设石头，连接成研钵一样的形状。根据军学书，若堀宽为10间，两边就要以约45度的角度挖掘，可以在5间的深度挖至堀底，此为固定的方法。在这个设计当中，城侧内法可以设置3—4间的急陡坡，外法则取6—7间即可。

堀的各种形态

另外，根据堀在绳张、曲轮上的关系、位置及功能，可以分成以下几种。

堀切是把曲轮横向划分，把山峰与山脊直线切割的形式。竖堀是沿着山的斜面方向，从上垂直往下挖的形式。这两种都可以在山城中看到，目的是切断在斜面上的移动以及进入，属于空堀的一种。在中世城郭中，堀切会设置两三道，斜面周围的竖堀会以放射状或数条平行的方式挖掘，构成连续亩状竖堀群。另外，还有一种跟竖堀具有相同功能的设施，称为登石垣（比如鸟取城或洲本城等）。

亩堀是在底部设有畔或亩状低矮土堆的形式，而堀障子则是从亩堀发展而来的形态，把堀底像障子的框一样划分成十字形或田字形。有很多空堀都会像这样把堀底做成有障碍的感觉，而不只是单纯的平面，有另一种说法则认为这样可以储水，能用在田圃耕作上。跟这个类似的则是水户违，这是为了调节水堀的水位高低，以及区隔水堀与空堀而设置的。在内侧存有饮用水，并能把杂质往外排放。

其他还有设置了池塘、堀宽特别宽的溜池堀，以及在马出前方挖出新月状的三日月堀。另外，还有像舍堀这种不具连续性的独立堀，可以让入侵城内的路线变曲折，还能用来切断敌军（姬路城的三国堀等）。

如此这般，堀有着各种形态，可以知道每一种构造都具有特殊的机能。筑城时要观察地形高低与地理关系来计划绳张，并且在曲轮周围建造土垒、石垣。在大多数的场合，山城都会采用土垒与空堀，平城则是以水堀与石垣构成。就这一点而言，平山城则能利用水堀与空堀双方的优点来构筑。

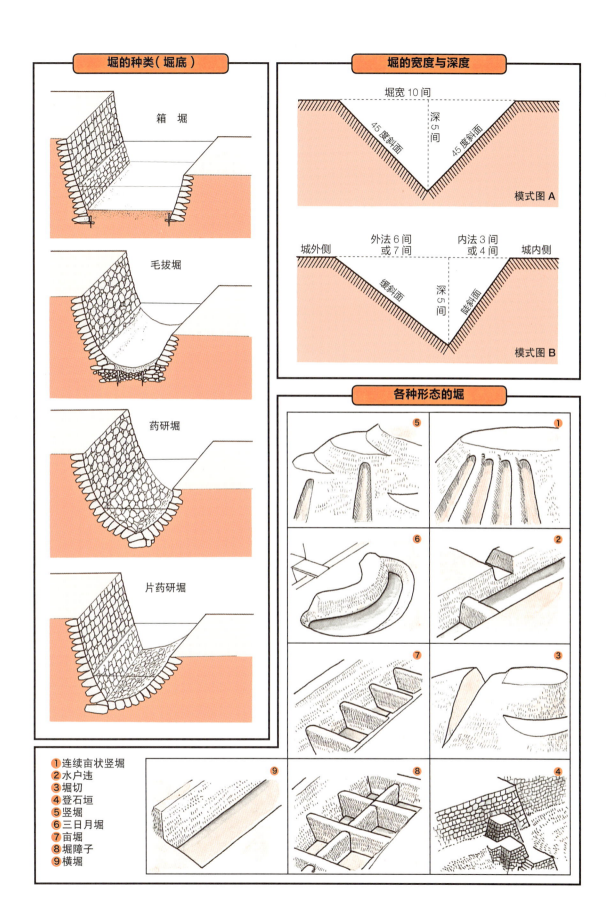

土垒

围绕在城中许多地方与石垣一起构成防线的最基础主干

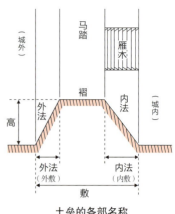

土垒的各部名称

土垒的构造

土居、土垒这些词所表示的就是把土堆高之后构筑起来的东西，有时也会直接把自然的断崖与山壁斜面拿来利用。虽然石垣也具有相同功能，不过土垒自古以来一直到日本中世都常在山城或寨馆中使用，即是近世城郭，东日本的城也大多会以土居来构筑。《明良洪范》中记载"依照古定，堀为东国大名，石垣为西国大名"，由此可以看出端倪。

虽然土居、石垣的剖面都是梯形，但实际上外侧的高度会比较高，斜面的角度比较陡峭，内侧则会比较低矮平缓。除了土居、石垣之外还有堀，可以占据较高的位置，形成包围城郭的防御线及拥护壁。

如右上图所示，壁垒的剖面会称为上边为褶，底边为敷，倾斜为法。法的外侧称为外法，内侧则为内法。以俯视来看的话，有时也会用来指在敷当中内外的倾斜部分（由于意思会产生混淆，所以应该以内敷、外敷来加以区别）。另外，有时也会将斜面称为法面，法面与上方水平面交接的部分称为法肩（斜面肩），下方与水平地面交接的部分则称为法尻（法先、斜面先）。

马踏是位于垒上的平面，是供城兵与马匹活动的地方。在此建筑塀或栅时，内侧通路会称为武者走，外侧通路则称作犬走。武者走是在笼城时供联络或传达奔走之用，因此而得名。相对于此，犬走的宽度会比较窄，而且是条位于城外的细长阶梯，如果敌军攀登上来的话，就会变成他们的立足点。

土垒的斜度

根据荻生徂徕所著的《钤录》，土居的自然斜度称为"扇之矩"，指把圆切成三等份后扇形的夹角（也就是120度）。在这种状况下，土居的倾斜角度就刚好是30度，理论上来说是防止土堆崩塌的最稳定倾斜度。但由于这个角度太过和缓，因此城郭就会使用"夯土居"或"芝土居"的方式让土质更稳固，以使土居更陡峭。

夯土居是将黏土、小石砾混合之后固定而成的，芝土居则是为了防止崩塌而在上面种植草皮。在《海国兵谈》中有记载："土居上应种植香附、麦门、冬芝等小叶类植物，以固定住土，根基部可种植枳谷。"而《武教全书》则写道："夯土居为敷8间，芝土居为敷6间，石垣则要在6间以内。而高度则全都为3间。"

由此可知，假设构筑于平地上，褶取2间的话，夯土居的斜度就是45度，芝土居的斜度约为60度，而石垣则会变成更陡峭的角度。

另外，在《军词之卷》中则写道："外为芝土居敷2间，内为夯土居敷3间，上平均（褶）2间，合计下敷为7间也。石垣斜度为外1间，在敷1尺5寸上高3间，敷4尺5寸内有夯土居3间，上平均（褶）2间，合计敷5间4尺5寸也。"

可看出在设计上外侧的斜度会比较陡峭，内侧则比较平缓。

《武教全书》中的土积之事则写道："传曰，堀口10间，深5间挖出来的土，可以堆成高3间、敷8间的土居，并会剩下一些。因时地口传。"这描述了构筑土居与堀时所需要的土量计算法。

土垒与石垣的并用

另外，在主要曲轮上构筑石垣，有时在外圈也会围上土居，依据部位还会并用土居与石垣。举例来说，在土居上构筑石垣的构造称为"钵卷石垣"，反过来在石垣上构筑土居的则称作"腰卷石垣"（腰卷土居、钵卷土居代表的是相反的意思，必须加以注意）。这在彦根城与江户城上可以看到，而且还有把两者加起来的钵卷腰卷石垣。

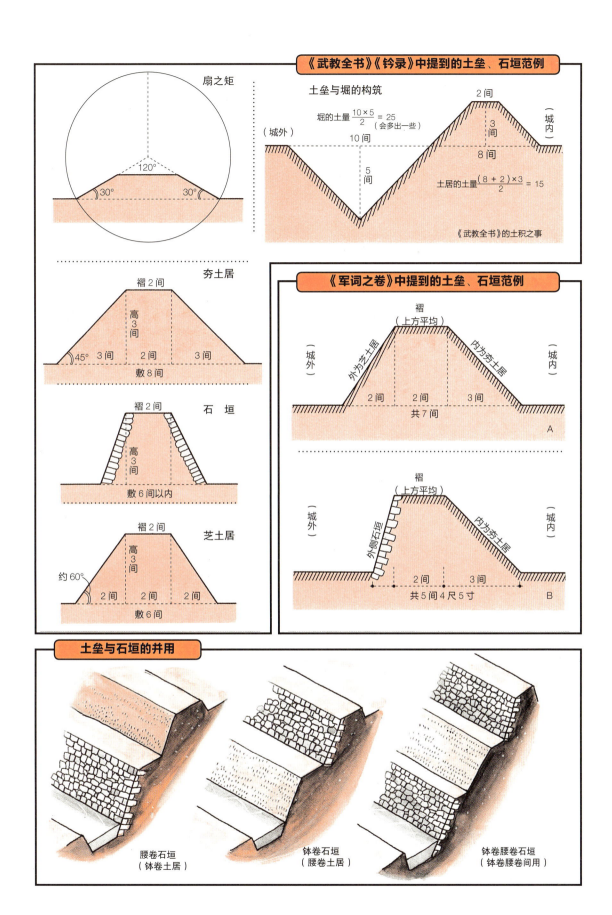

横矢射点、虎口

为了消除死角
垒线会转弯
为了使敌人入侵困难
虎口会折角
变得很复杂

堀与壁垒的转折

城郭在依绳张计划与曲轮配置来固守的同时，也会花很多心思研究如何在迎敌有利的位置上进行攻击，而主要着眼点则会放在堀与垒壁的转折处与出入口。

在军学书中，越后流兵法里面提到了绳张基本形态的"五绳"，包括大和绳（往复曲轮、隐曲轮、两袖虎口等阴性绳张）、滕绳（门的配置与虎口和马出的关系）、现笼绳（各种马出与附属曲轮等阳性绳张形式）、满字绳（在主郭周围连续设置卍字形的特殊例子）和沈笼绳等。重点是为了能从侧面袭击攻过来的敌方势力，就得让壁垒曲折（横矢射点、屏风折、合横矢、扭曲、瞪视、切角等），或是让曲轮的角部往外凸及往内凹（出隅、入隅、隅欠等）。

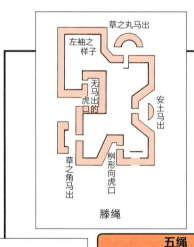

滕绳

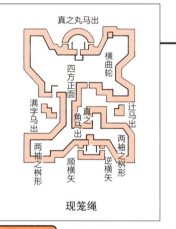

现笼绳

五绳

大和绳

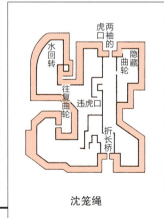

沈笼绳

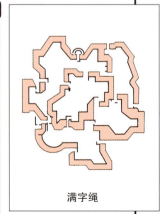

满字绳

在《海国兵谈》中，有关于横矢的如下记载："说到横矢的绳张，总而言之就是要把城的绳张取为又直又长，然后每20间、30间转折，让横矢能够交相掩护。另外，若因地势而须以100间、150间长直构筑时，就要每隔二三十间设置几处突出构造，以发挥横矢的效用，此即为绳张的极意。即使谈论种种六敷的人很多，但其他事情都不够奇妙，只有发挥横矢之利才能称奇。"

重点就是在规划的时候，石垣、土居（土垒）、堀不要盖太长，而是要曲折或转弯，以让横矢发挥效用。

虎口的发达

虎口是在城郭出入口的地方形成防御关门之处。由于在兵法上要将之制作得比较狭小，因此也就是"小口"的意思。攻击方很容易杀到出入口，如果被攻破的话，就会遭到入侵，因此在守城时就必须严加戒备。这并不只是单纯巩固虎口，而是要考虑到能伺机反攻而出。因此，虎口就会花心思兼具闭门防御与开门出击的机能。

若要把各式各样的虎口依形式与机能分类的话，大致可以整理成木户、障壁、屈折交错、枡形、马出，并能推知其发展经纬。

最简单的就是在木户的两旁以土居、石垣、塀来加固，并在前后设置有当成阻止进攻障碍物的障壁。设在门前、城外侧的障壁称为蔀，设在门后、城内侧的则称为蘴。这两种都是要阻断贯通的视线，而代替蔀、蘴的土居则称为一文字虎口。

把门前的道路刻意曲折也是一种有效的手段，在中世的山城中时常可以看到把登山路做成曲折状的折坂虎口。而类似曲折的手法，则将土居与石垣交错设置，让道路斜着转折，或是使其迂回的交错虎口。在这种状况下，要进门就必须右转或是左转才行。虽然不知道要转向哪一边，但在军学书中提到过城兵弓手的架势是左半身在前，因此有说法就表示左转方式会让他们比较好迎击。而铁炮则不

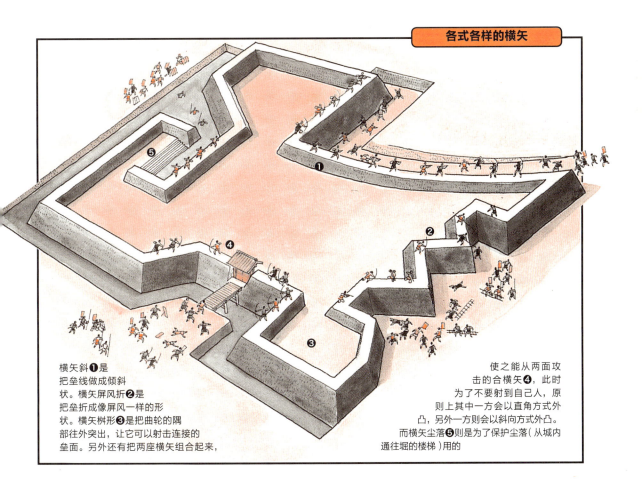

各式各样的横矢

横矢斜❶是把垒线做成倾斜状。横矢屏风折❷是把垒折成像屏风一样的形状。横矢枡形❸是把曲轮的隅部往外突出，让它可以射击连接的垒面。另外还有把两座横矢组合起来，使之能从两面攻击的合横矢❹，此时为了不要射到自己人，原则上其中一方会以直角方式外凸，另外一方会以斜向方式外凸。而横矢尘落❺则是为了保护尘落（从城内通往堀的楼梯）用的

守护城堡 051

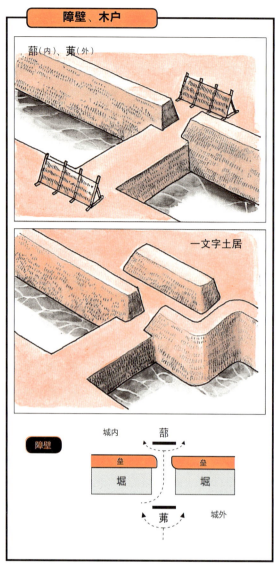
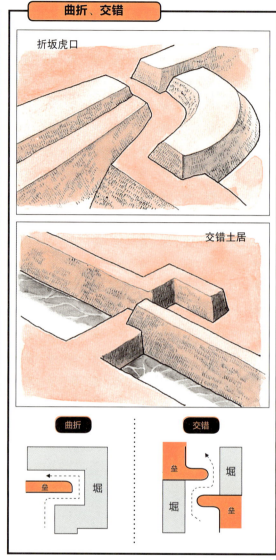

管转哪边都能随机应变射击。

近世城郭因为石垣构造的发达而越来越牢靠，而其极致则为桝形虎口。"桝"这个字在日文里表示用来测定容量的箱型道具，因此就如桝形的字面所示，这是把石垣围成方形，并在前后开设两道门的防御形式。一般来讲，开于跨过壕沟的正面外门称为高丽门，进入桝形转弯之后开于里侧的内门则称为橹门，四周通常会围绕有多闻橹或塀（外门称为一之门，内门称为二之门，不过也有相反的时候）。靠着这样的构造，就算敌军入侵城门，也能把门关起来，将他们封锁在四方形的狭小空间当中，或是在出击时让城兵在此待命，也就是发挥武者（势溜）的机能。在军学书中会写"五八之桝形"，因此标准就是长 8 间、宽 5 间，在计算上可以容纳铠武者 240 人、骑马武者 40 骑。

在筑城的全盛时期，虎口会出现复杂的转折或变形，桝形也会分成两处，让门形成前、中、后三层构造，很多城的虎口则设计得非常巧妙。

设置于虎口前方，被堀围绕的小型曲轮称为马出。如果堀是半圆形就称为丸马出，方形就称作角马出，共可分为两种。由于主要使用石垣的西日本城郭很早就已经出现桝形，因此马出在长期依赖土垒的东日本城郭上会比较发达。这两者都是有效的防御手段，在城内侧以桝形，城外侧以马出相互组合来构成，使得虎口的形式趋近于完备。

枡形

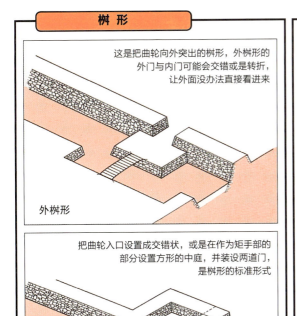

这是把曲轮向外突出的枡形，外枡形的外门与内门可能会交错或是转折，让外面没办法直接看进来

外枡形

把曲轮入口设置成交错状，或是在作为矩手部的部分设置方形的中庭，并装设两道门，是枡形的标准形式

内枡形

马出

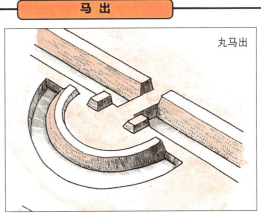

丸马出

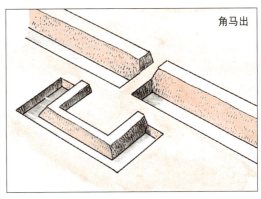

角马出

＜马出的真、行、草＞

在军学书中，会把马出构造从单纯到复杂分为真、行、草。辻马出是设置在可以保护以直角排列的两个虎口之位置上，曲尺马出是以直角转折的堀或土垒来保护虎口前方的，的山马出则是在虎口的前方构筑土垒

辻马出

曲尺马出

的山马出

枡形与马出

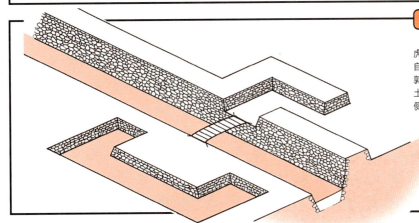

虎口的防备在枡形与马出的各自发展上趋于完备，而近世城郭则把这两者相组合，以堀、土垒在境界内侧构成枡形，外侧形成马出。这种形式对于虎口的防备形态来讲，可谓最发达的样式。在名古屋城与筱山城所能看到的构造，是这种虎口形式首次出现

城门是城郭防备的第一要点
为了保护虎口
遂发展成独特形态

▼彦根城三之丸西乡邸的长屋门

日本的城门，在传统上有栋门、药医门、四脚门、八脚门、唐门、楼门、二重门等各种形式。不过为了巩固城郭的虎口防御，栋门、药医门却不够坚固，因此就会建造出木户、塀重门、冠木门、高丽门、橹门、长屋门、埋门（隐藏门）等。以下便要说明这些门的构造形式与特征。

冠木门、塀重门、唐门

最简单的就是有两根柱子让门扉开闭的形式，在冠木门的上方有一条贯（冠木）穿过，因此在长枪或旗杆过门的时候要先放倒才行。而塀重门则是为了能让拿着这些东西的人迅速通过，因此会把上

△二条城唐门

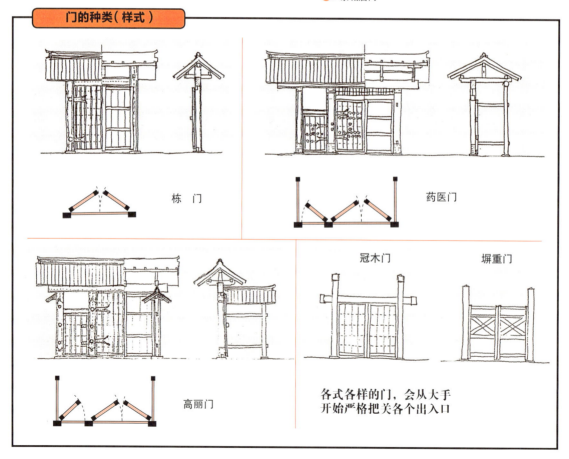

门的种类（样式）

栋门　　药医门　　高丽门　　冠木门　　塀重门

各式各样的门，会从大手开始严格把关各个出入口

方的贯与屋顶移除。这两种都是用来在城内区隔空间用的，不过有时也会为了显示武家风的格式而建造在殿舍的前方。而唐门则是其中最具象征性的，在中央部位有拱状隆起，是种装饰性较强的形式（二条城的二之丸留有遗构）。

栋门、药医门、高丽门

相对于栋门只有两根亲柱加上切妻屋顶，高丽门在亲柱背后还会立有控柱，并且在本屋顶之外还在左右附设有直角相交的较低小屋顶。药医门的本柱与控柱是立于前后并且贯穿起来，冠木上的梁末端会延伸成出桁，然后组成屋顶，栋心稍微往前方偏了一点。这几种看起来很像，而且柱、冠木都很粗，门扉上也加装了八双金具、筋铁、铆钉以加固。

长屋门、橹门

长屋门在阵屋与武家宅邸上很常见，门开设于细长的长屋中央，并于两侧设置番所或供部屋。虽然属于平家建，但有时会有二楼，门上可以开设窥视窗。

橹门是在石垣上架设渡橹后，下方的通路形成的门，与楼门和二重门并不相同。门的部分会立有2—4根粗大的镜柱，取出很大的中央间，并装设两开式的大门扉。在边间会设置单开门扉或是出格子（只有中央间单一口，或是依据中央间与其中一个胁间、中央间与两个胁间，会有二口、三口的设置方式）。

即使同为橹门，也会像模式图一样分类成渡橹形式、多闻形式、二重（楼门）形式。一般是以渡橹形式较普遍，上方的渡橹正面开有连续格子窗，下面的门则装有庇。屋顶可以是切妻造或入母屋造（有时还会是寄栋造）。多闻形式虽然乍看之下很像渡橹形式，不过上方却不是一栋建筑物，而是连续的多闻橹（长橹）。虽然遗构较少，但彦根城的天秤橹是绝佳案例。

相对于此，二重（楼门）形式不同于被石垣包夹的样式，而是在平地上建起二重二阶。与社寺的

◯仙台城大手门（老照片）
把守仙台城本丸大手的城门，是座巍峨的橹门

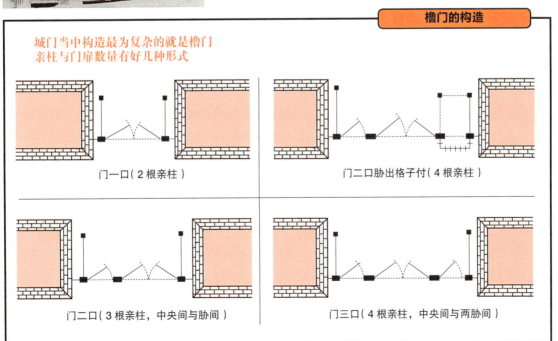

橹门的构造

城门当中构造最为复杂的就是橹门
亲柱与门扉数量有好几种形式

门一口（2根亲柱）　　门二口胁出格子付（4根亲柱）

门二口（3根亲柱，中央间与胁间）　　门三口（4根亲柱，中央间与两胁间）

楼门（仁王门、随身门）不同，它的上下规模相同，且很少会加装回缘，镜柱、冠木、腕木等构造相当坚固，是称职的防御设施。现今遗构也很多，姬路城的菱之门，弘前城三之丸大手门、东门、龟甲门，以及高知城的黑铁门都保留下来。

把守城郭出入口的虎口，也就是桝形已趋于完备，通常外侧正面的是高丽门，进入内侧直角转弯后则有橹门把守。桝形的四周是石垣，上面则有塀或多闻橹围绕，除此之外，还有瞭望用的隅橹设置在旁边，防守相当森严（例如金泽城石川门）。

姬路城留有相当多的城门，其中有些形式很特殊。に之门是构筑在发夹弯的坡道上端，是与威武的四边形二重二阶橹、入母屋造（旧称ろ之橹），以及续橹、切妻造的前门复合而成的建筑物，下方的通路天花板很低，几乎要弯腰才能通过，光线也很暗。另外，ぬ之门在门上还建有二层楼，从正面看起来有三重，相当具有厚重感，连接チ之橹、り之一渡橹、り之二渡橹，夹在备前丸高石垣中间，相当前卫。

其他还有像严原城那样在门上搭建瞭望楼的有趣形态，以及像熊本城本丸御殿下的四辻门或村上城西御门那样在桝形内的四面都装设门扉的特异例子存在，像这样把城门与橹做出各种组合的构造并不在少数。

各种橹门形式

橹门是城郭的门里面防守最严谨的门。基本上是以在下方开有门户、上方设置渡橹的形式最多。多闻形式的话，上方的橹则是连续多闻橹的一部分。这两种形式在两侧都被石垣所包夹，而二重（楼门）形式却是把门独立建造在平地上。其他还有在门上搭建瞭望楼的物见橹形式、在旁边附设橹的隅附橹形式等

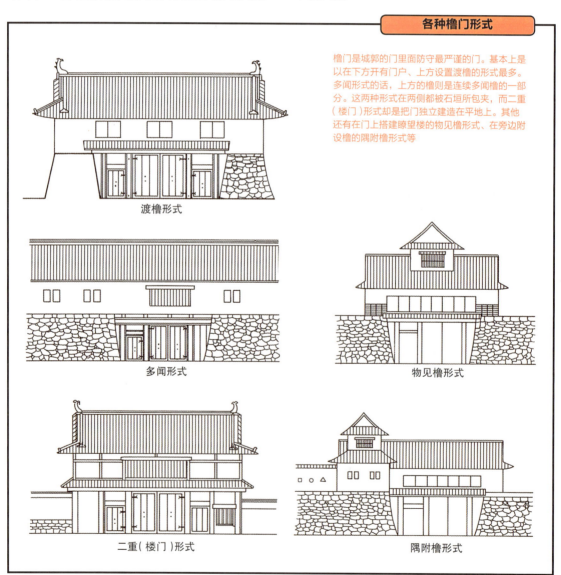

渡橹形式

多闻形式

物见橹形式

二重（楼门）形式

隅附橹形式

桝形门

下图是桝形构造当中最完整的形式。外侧的门是高丽门，直角转弯之后在内侧配置有第二道橹门。而在桝形四周围绕有多闻橹，还附属有瞭望用的隅附橹

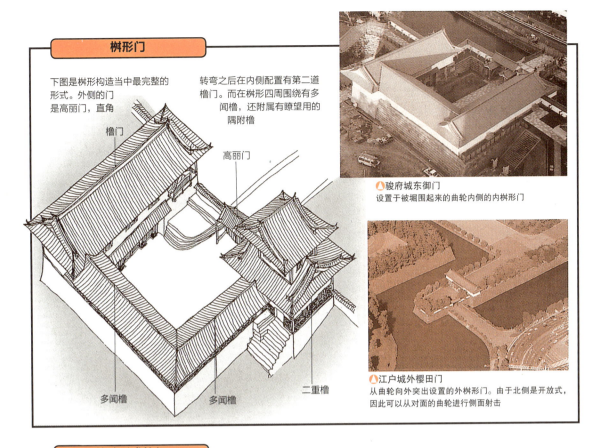

橹门
高丽门
多闻橹
多闻橹
二重橹

🔺骏府城东御门
设置于被堀围起来的曲轮内侧的内桝形门

🔺江户城外樱田门
从曲轮向外突出设置的外桝形门。由于北侧是开放式，因此可以从对面的曲轮进行侧面射击

特殊形式的门

🔻姬路城的に之门
门上搭建有二重橹与续橹，构造相当复杂

🔺姬路城的る之门（埋门）
设置于石垣里面，连接有蜿蜒曲折的楼梯通路

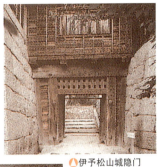

🔺伊予松山城隐门
是多闻形式的橹门，被东续橹挡住，从正面看不见

🔻姬路城的ぬ之门
为渡橹形式的橹门，上方的橹是二重构造

に之门
虚线为地下道
石垣
门扉

に之门平面图

桥

桥梁可加强城郭的防御并当作与外部的接点 在城内也用来连接各个曲轮

土桥与木桥

桥梁在城郭当中是为了连接城内与城外，以及跨过各个曲轮之间的壕沟而设置的。桥梁可以大致分成土桥与木桥两类，虽然也有石桥，不过极少会用在城郭上。石桥只有丸龟城的大手桥、福江城的搦手桥、龙冈城的北桥等而已。

土桥是以土居或石垣构筑而成的，可以防止被敌人破坏，并能一次让多数人过桥，适合通行大炮或行李等重物。另外，它也能当成区隔水堀与空堀、调节左右水位高度的水户违。

木桥（挂桥、架桥、悬桥）是把木材架在壕沟上构成，在笼城时可以撤走以巩固守备，或是事前先抽掉一些桁、梁，等敌军走上之后会因为重量而垮掉，当成陷阱来使用。不过若桥被敌方攻占或烧毁，城内就会被封锁孤立。

虽说都是木桥，不过基于防卫考量，会产生各种构造形式。

首先，长桥就像它的名称一样，是座比较长的桥梁，折长桥则是故意在中间转弯的形式。这两种都是架在比较宽的堀上，由于敌人过桥的时间会比较长，因此就能趁机从城内对其进行攻击。另外，筋违桥则是把桥梁斜向架设，这是为了在敌人过桥的时候从侧面放箭所作的设计。

可动桥与特殊桥

接着是可动桥，有车桥、算盘桥、引桥等，不仅实际的例子较少，有很多也弄不清楚它到底是怎么让桥移动。车桥是把桥梁切取一段，并在四个角上装设可以转动的车轮，让这个桥段可以移动。算盘桥应该是整根桥桁都会装上车轮，让整座桥能够移动。引桥是装有就算没有车轮也能整座拉动的装置，有可能是把桥桁做成能卡进滚轮的滑轨。由于这几种的功能都差不多，因此不需要特别去做区别。

另外，桔桥（刎桥、吊桥）是可以用绳子或链条吊起来的，借此让敌方难以过桥（实际例子为江户城本丸的北桔桥门）。这些可动桥应该都不是靠

▲岩国城锦带桥
通往城郭大手的宏伟木造拱桥

机械力，而是以人力来转动齿轮、滑轮驱动，操作起来应该会大费周章。

廊下桥是在桥的两侧设有塀，或是立有柱子附上屋顶的桥梁，有时桥梁本身会采多闻造。通过这类桥梁时可以掩人耳目，或当作抵挡箭矢和弹丸的保护设施。另外还有一种二重桥，具有上下两层楼的构造。这个类别的遗构比较少，较引人注目的有高松城的鞘桥与高知城的廊下桥。

其他还有利用竹束编成结桥与梯子的梯子桥、把船并列起来并铺上板子的舟桥（浮桥）等比较特殊的桥梁。而像盛冈城本丸百足桥那样为了从较低曲轮通往较高曲轮的桥，以及像岩村城叠桥这种紧贴追手门（大手门）石垣侧面的桥则相当罕见，但两者皆没有保存下来。在现存的桥中，较有名的则是岩国城的锦带桥，这是延宝元年（1673）由第三代藩主吉川广嘉以城山为背景架在锦川上的木造拱桥。

另外，由于城郭的木桥常会因为被洪水冲毁而重新建造，因此到底哪座最古老，或遗构到底留下多少，实在是很难查证。关于这一点，还要仰赖今后的调查研究才行。

桥的种类

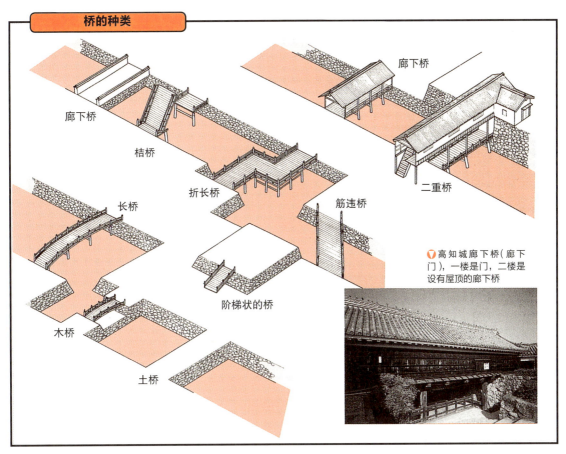

▼ 高知城廊下桥（廊下门），一楼是门，二楼是设有屋顶的廊下桥

可动桥的种类（推定）

在推测是使用车轮、滚轮当作可动机构的桥中，可以分为在桥的一部分上装设车轮或滚轮的车桥、整座桥都有装设的算盘桥、在桥桁上装有车轮的引桥等。而以绳索、链条吊起来的则是桔桥，参见插图中的这种形式

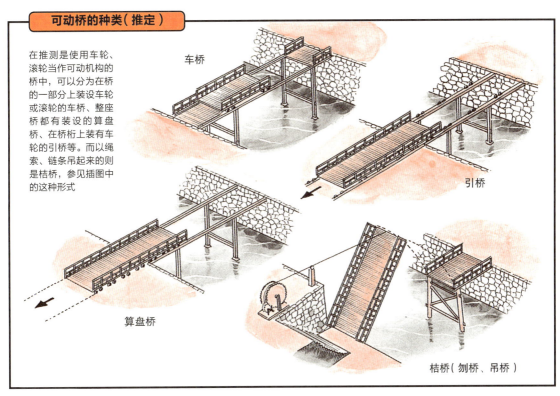

塀、狭间

塀（围墙）在材质、构造上花了很多心思 借此巩固守备 并在上面开设狭间伺机攻击

板塀

塀是围绕在土居或石垣外圈的设施，住宅与社寺从很久以前就在使用塀，而城郭在搭建塀时则会考虑到军事要素。

板塀在一开始应该只是紧急在临时栅栏、并排的盾上钉板子强化后形成的。但由于板塀的耐久性较弱，因此后来为了抵挡弓矢与子弹，就在表面砌上土或灰浆。而在筑城时，塀本身也会越来越牢靠，从涂塀演变成土塀、练塀、筑地塀、太鼓塀、二重塀、海鼠塀等，厚度逐渐增加。

近世城郭的塀以材料来看，可以分成板塀与土塀两大类。虽然也有石塀，不过实例很少（虽然在冈城与日出城可以看到蒲鉾型的石塀，不过那几乎只能算是较低矮的石墙）。

虽然板塀是以木材做成，不过就城郭来讲，并不会纯粹以木材制作。实际的施工会在轴部的土台、柱、贯上使用木材，然后把空隙间的竹小舞、绳搁涂抹成土墙，并于顶端葺上屋瓦，如此一来就跟土塀没什么两样。板塀却会在表面钉上板子，看起来较整齐美观。大多数会在壁面下方三分之二左右张上板子，这被称为下见板，会涂成黑色（涂上一种称为柿涩的防腐剂），或是抹上煤炭。

以贴上平瓦的方式取代板子，并且涂上纹路灰浆的则是海鼠壁，这种塀会特别称为海鼠塀。在金泽城和新发田城中留有海鼠塀的遗迹，它适合用在寒冷地区，一般也常用于土藏，可以制作出更坚固的大壁面，当然也具有防火性。

土塀

相对于此，轴部使用木材、内外两面皆做成土壁、全部涂抹上灰浆的就是土塀。其大部分都会在粗糙的土墙基础上以白灰浆来装饰，因此会特别称为漆餐塀。以揉练过的黏土压实取代土墙的称为练塀，也有一些土塀在轴部不会使用木材，而是堆入石砾与瓦片，让厚度增加。比较稀奇的是油壁，虽然会让人以为是混入油制作而成的，但其实是把砂与黏土各半混合，然后加入煮糯米的水压实定型（《愚子见记》）。

狭间

塀光是做得很长，在防御上并没有什么用处。比起直线状，像折塀或出塀等折线状的会比较多，如果能设置横矢射点的话会更好，如此一来能从狭间或窗户射击的角度就会变宽（死角变少），可谓一种有效的手段。狭间是开在塀壁上的窥视用小洞，可以用来让弓、长枪、铁炮进行攻击。在《海国兵谈》当中提道：

> 塀不宜设在土台上，应设置堀立柱，能有石根接尤佳，若要设在土台上，则应采石土台。矢狭间要设成长形，筒狭间（铁炮狭间）要切成圆形，尤立狭间、居狭间要有高低，立狭间的高度以足立人的乳处为限，居狭间的居敷要切为肩长，不论何者都要在内侧这边砌得较宽。另外还有板狭间，这是在厚板上切出狭间，然后砌入墙中。

> 扣柱的打样有两种，其一为筋违打，从土塀退开4尺左右立起另一根柱子，然后在上下两处从塀柱贯通扣住，以此为佳。笼城之时可以穿过上方的贯板往堀外放射矢炮，也可当作投石时的立足点。

上文详细说明了塀与狭间的效用。依据用途，会将之称为矢狭间、枪狭间、铁炮狭间（铳眼）、大炮狭间等，依形状则称圆形为丸狭间、三角形为镐狭间、四边形为箱狭间等。另外，还有开在塀下与石垣之间的狭间石，以及跟天守、橹一样装设有石落，在下方装上可以用脚开闭盖子的足下狭间。由于狭间开在张有下见板的塀上很难看出来，因此在防御战斗上较为有利。而在白墙上则因为比较显眼，所以有时会把表面糊起来，将它加工成隐藏狭间。

另外，在《武教全书》中写道："在切出箭孔的时候，箭孔长度应为1尺5寸，宽度为4寸，至于高度，除开大小人，以中人站在地上时的膝关节

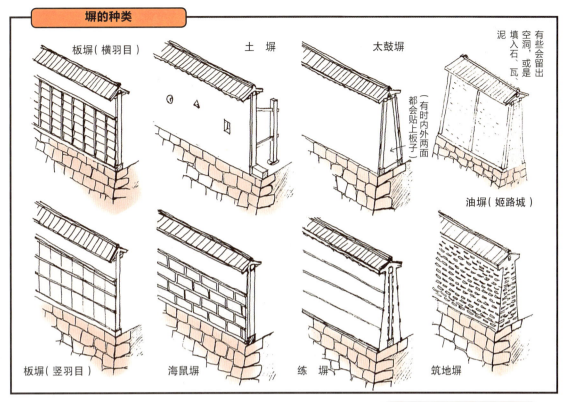

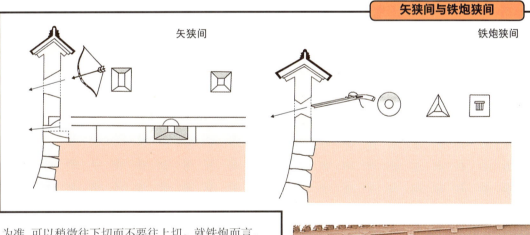

为准,可以稍微往下切而不要往上切。就铁炮而言,高度以中人站在地上时乳部往上8寸之处为准,至于土表。"与《海国兵谈》一样,《武教全书》依据射箭或开枪的姿势来设定狭间应该开设的位置。

为了支撑塀的内侧,会立有控杭,不过这并不只是用来补强而已,在战时还能于上面铺设板子当作临时用的踏脚处,借此越过屋顶投掷石块或射箭开火(这被称为石打栅)。

其他还有把塀做成二道(中间做成中空以防止弹丸贯穿,内外两侧都砌成壁面)的太鼓塀、在塀的檐端加上刃物以防止渗透的剑塀、用来伪装的吊挂式钓塀等设计。

⚠ 狭间有各种形状,一般来讲矢狭间是纵向长方形,铁炮狭间则呈圆形、正方形、三角形,这是依据各种武器操作时的视野范围而定。剖面一般是内侧较宽,不过也有外侧较宽或两边都宽的狭间

橹

**这是城郭用来瞭望的极重要场所
也能当作武器、水、粮食的储藏库
发挥重要的功能**

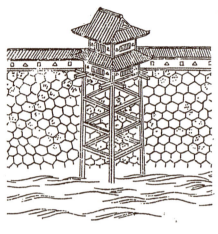

🔴 "水橹之图"
架设于井桁状的木架上，用来从河川或堀中汲水的橹

橹的发达

橹又称为矢仓、矢藏，意思是常备有弓矢。绘制于《一遍上人绘传》的筑前国馆门上架有栈敷、盖有屋顶，以及画在《后三年合战绘词》里的中世城栅各处，围有抵挡弓箭之盾板的简略瞭望台设施，应该就是橹的原型。在当时的图画与文书当中，可以看到矢仓、矢藏立于木户（门）或塀上，还有设置于垒上角落的"高橹"以及为了瞭望而组装起来的"井楼"等。

另外，社寺番匠出身的木工师傅应该也参与其中，以常备建筑的形式从事设计、施工。不久之后，规模设施便随着石垣的构筑而越变越大，最后发展成以天守为中心，围绕着大量的橹、门、塀。

近世城郭的橹会配备在曲轮的关键处，其功能与种类琳琅满目，有隅橹、三重橹、二重橹、平橹、多闻橹（长橹、走橹、续橹）、渡橹（橹门）等。在《武教全书》中，还列举了蔀橹、茀橹、升形橹：

> 关于水橹，指悬于廊下桥等堀上的构造；
> 关于著到橹，左右设有系马处，人数取决于拥有大将地位者的数量；
> 关于渡橹走矢仓，后面要全部移除，以便让铁炮的烟雾散去；
> 要能紧急建造橹。

以上写出了各种关于橹的事项。虽然在第一项的水橹中画出了在堀的水面上组出井桁状的二重橹，却找不到实际例子。这应该是要强调笼城时保护水源、饮用水（水井）的重要性，姬路城的井郭橹是个很好的参考。

橹的名称与遗构

橹在建造的时候是采用与天守相同的建筑形式与外观设计，依据其在城内的位置、目的、角色、机能、形状、由来等，会被冠上各式各样的称呼。也就是说，橹可能会以方位来命名，以用途来命名，加上数字命名，以由来或地名、人名来称呼，以形状来命名等，还有其他好几种命名方式（参阅橹的名称表）。

像这样，橹有很多种不同形式，在各地的城中也能找到许多遗构。现在被指定为日本重要文物的三重橹有11栋（其中因为关东大震灾而倒塌，后来才修复的江户城富士见橹已被排除在外），二重橹有33栋，其他由县指定以及能够确认的则有18栋。平橹被指定为重要文物的有24栋，未指定的有4栋，至于多闻橹、渡橹（包含二重与长屋在内）则有29栋。其中还有一些未被指定，且应该是移建过的橹，因此准确的栋数很难掌握。

三重橹

在橹当中，最大最醒目的就是三重橹。特别是熊本城的宇土橹，它内部有五阶，还有地阶，最上层围绕有栏杆，看起来很像在大天守、小天守之外的第三座天守。三重橹是种不输给天守的大规模建筑物，如果天守丧失，或是由于种种原因没有建造出来的话，"御三阶橹"就能取而代之充当天守。另外，还有为数不少的橹是从旧城改建而来，或是来自因为元和元年（1615）一国一城令的关系而废弃的城郭，其中有些甚至在移建前原本还是天守。

虽然可能只是传说，但是冈山城大纳户橹据闻

△姬路城井郭橹（现存）
备有冲洗处与舀井设备

▽熊本城宇土橹（现存）
虽然外观是三重，但是里面却是五阶加地下一阶，号称具有天守等级

△名古屋城西北隅橹（现存）
三重三阶、规模很大的橹，据说是从清洲城的小天守移筑过来的

是从沼城天守移建过来，而彦根城山崎郭的三重橹听说也是从长滨城天守移筑来的。据说名古屋城西北隅橹也是移建自清洲城的小天守，且在上面可以找到部分转用古建材的痕迹。

无论如何，三重橹可算是准天守，建筑构成相当值得研究。比较古老的有福山城伏见橹（从原本伏见城的松之丸移建而来）与弘前城的三重橹，它们都是采用在二重二阶建筑物上又搭建瞭望台的构造形式。

在全盛时期以后，就会像下页的模式图一样，可以清楚了解构造从 A 型（第一重的入侧柱会成为第二重的外壁，而第二重的入侧柱则会成为第三重的外壁，采用如此交互组合的架构方法）发展成 B 型（第一重的身舍周围柱子会直接往上延伸成为第三重的外围，让各重入侧宽度逐渐减少的架构法）的过程。

橹的名称

目的·用途·机能	依据形式·形状	表示方位或位置	冠以地名·人名	根据由来	编号（数词）	动物（包含生肖）	其他（特殊案例）
矢橹、弓橹	平橹	角橹、隅橹	伏见橹	涂师橹（盘城平城）	一番橹（大坂城）	虎橹（川越城、高松城）	持方橹（高岛城）
弓矢橹、持弓橹	二重橹（二阶橹）	中橹、腰橹	松仓橹（江户城）	隅图橹（盘城平城）	至	狸橹（平户城）	内海橹（高岛城）
武器橹、武具橹	三重橹（三阶橹）	东北隅橹	寺泽橹（江户城）	七番橹	龙所前橹（宇都宫城）	韧橹（村上城）
道具橹、马具橹	四重橹（多闻城、米子城）	东南隅橹	樱田橹（江户城）	晴明橹（清明台）（宇都宫城）	神边一番橹（备后福山城）	鹿橹（高松城）	麻木橹（大野城）
旧家具橹（高知城）	五阶橹（熊本城）	西南隅橹	莲池橹（江户城）	榕橹（宇都宫城）	至	龙橹（高松城）	护摩橹（冈崎城）
器械橹（犬山城）	菱橹	西北隅橹	日比谷橹（江户城）	大将橹	神边四番橹	乌橹（高松城）	稗田橹（冈崎城）
铁炮橹、玉橹	镐橹（金泽城）	丑寅（艮）	和田仓橹（江户城）	宗门橹、宗旨橹	备前丸二之橹（姬路城）	鹰橹（淀城）	萱生橹（冈崎城）
大炮橹（犬山城）	折挂橹（新发田城）	辰巳（巽）	举母橹（冈崎城）	御成橹	备前丸四之橹		荷兰橹（鹿野城）
小铳橹（犬山城）	折回橹（海老橹）（津和野城）	未申（坤）	清水橹（骏府城）	干贯橹	备前丸五之橹		朝鲜橹（鹿野城）
大筒橹、小筒橹（伊予松山城）	栉形橹	戌亥（乾）	伊贺橹（津城）	入道橹（三河吉田城）	い之橹		唐人橹（八代城）
盐硝橹	八栋橹（盘城平城）	鬼门橹（鸟取城、日出城）	关见橹（伊势龟山城）	评定橹（三河吉田城）	ろ之橹		外滨橹（园部城）
	七间橹（岐阜城）	东橹（东胁橹、东之手橹）	神子间橹（大野城、松城城）	金之间橹（大野城、松城城）	は之橹		菊橹（尼崎城）
盐橹、干饭橹	桥橹（岩村城）	西橹（西胁橹、西之手橹）	江堂橹（伊势龟山城）	马印橹（大坂城）	至		杉橹（丹波龟山城）
太鼓橹、钟橹	天秤橹（彦根城）	北橹（北胁橹、北之手橹）	骏河橹（和歌山城）	砂子之前橹（大和郡山城）	お之橹		瓦橹（岩槻城、津山城）
大纳户橹、小纳户橹	走橹、长橹	南橹（南胁橹、南之手橹）	左门丸橹（福知山城）	安堵橹（冈部橹）（丹波龟山城）	二之平橹（备中松山城）		釜橹（大洲城）
富士见橹	宝形橹（八代城）	右橹、左橹（宇和岛城）	伯耆丸橹（福知山城）	祈祷橹（松江城）	三之平橹		龟头橹（唐津城）
月见橹	高栏橹（大洲城）	大手橹	内记丸橹（姬路城）	化妆橹（丸龟城）	至		怀柔橹（平户城）
着见橹、着到橹（熊本城）	五间橹、七间橹（熊本城）	见附橹	御膳丸角橹（鸟取城）	姬橹（丸龟城）	十之平橹		扇橹（大分城）
花见橹	十四间橹（熊本城）	花畑橹	兵库橹（鸟取城）	番头橹（丸龟城）			望海橹（日出城）
远见橹、物见橹	东十八间橹（熊本城）	水之手橹、川端橹	天球丸三阶橹（鸟取城）	芦绵橹（大洲城）			亭橹（备后福山城）
敌见橹（松坂城）	北十八间橹（熊本城）	土手橹（伊贺上野城）	长崎（表）橹（丸龟城）	八方正面橹（甲府城）			镜橹（备后福山城）
潮见橹、汐见橹	等	山里橹（今治城）	野原橹（伊予松山城）	朱印橹、古伦橹（掛川城）			火打橹（备后福山城）
井户橹、井郭橹		出丸橹	天神橹（伊予松山城）	人质橹（大分城）			鹿角菜橹（备后福山城）
水橹		带郭橹（姬路城）	宇土橹（熊本城）	铜橹（佐仓城）			
茶壶橹（会津若松城）		○○丸角橹	巢鸭橹（园部城）	铁橹			
钱橹（滨松城）		△△曲轮橹	地藏坂橹（平户城）	见奏橹（平户城）			
御金橹（金治城）		□□屋敷之内橹	伯耆橹（淀城）	八幡橹（岩村城）			
屏风橹		玄关橹	丹波橹（淀城）	祈念橹（福冈城）			
荒和布橹		数寄屋橹	壶坂口橹（高取城）				
文库平橹（白河小峰城）		居间里橹、书院平橹	宇陀橹（高取城）				
还有其他好几种		台所前橹、台所橹	伊部橹（冈山城）				
		兵库桥橹（尼崎城）	伊贺橹（津山城）	其中有些是共同称呼、别称，如果是别无分号的独有名称，就会在后面加上（城名）			
		涩井桥橹（尼崎城）	代右卫门橹（宇和岛城）				
		佐和口橹（彦根城）					

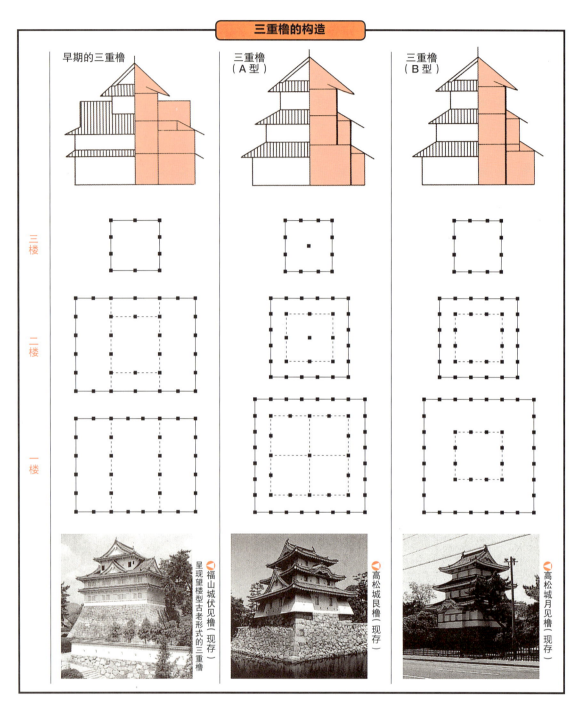

这跟三重天守的架构法是完全相同的，因此可以理解它被称为"御三阶橹"的理由。举例来说，就像弘前城天守在文化八年（1811）的栋札上写到"御橹新规御造营"一样，当初虽然是三重橹，不过之后则被当作天守用。

二重橹

这是三重橹的附属建筑物，在城郭中很普遍，建造数量相当多。调查建筑构成之后会发现，即使上重一定会比下重还小，不过偶尔会出现上下同规模的案例（也就是所谓的重箱形式，姬路城カ之橹和冈山城西丸西手橹都是很好的例子）。名古屋城东南隅橹与西南隅橹在内部是三层楼，冈山城月见橹则有部分具地阶，二楼城内这边的入侧加上了屋檐，大坂城乾橹的平面造型是L字形转折的重箱形式。松本城的辰巳附橹则是附属于天守，在二楼

二重橹・平橹的构造

早期的二重橹

后期的二重橹

重箱橹

一重二阶橹

△ 姬路城西之丸力之橹（现存）
一重与二重同规模的橹

△ 佐贺城鯱之门续橹（现存）
连接橹门的一重二阶橹（老照片），拥有其他城天守级的规模

△ 骏府城巽橹
平面为 L 字形的二重橹

△ 姬路城西之丸多闻橹
有长长的多闻橹成群连至西之丸西面

另外，三重橹、二重橹的平面图都会是正方形或矩形（长方形），两者之中以矩形较多。虽然也有少数梯形或菱形的例子，但是却很难把这种按照技法归纳。

平橹、多闻橹

这也称为一重橹。虽然外观看起来比较单调，但是内部却不只有一阶，而常会加上地阶与半地阶。像这种一重二层构造的橹，若要以姬路城来举例的话，则有备前丸折回橹、带郭橹、化妆橹。

多闻橹也会写成多门橹，是从中世的走矢仓发展而来的，原本是建构在垒上的细长形长屋状建筑物。其由来是松永久秀的信贵山城（或称多闻城）在橹内供奉了多闻天，因此该城就被视为多闻天信仰的灵城（《甲子夜话》《武教全书讲义》）。它不仅是把桁延长而已，在橹与橹之间还有连接用的建筑物，称为渡橹、长橹、走橹、续橹等。

开有火头窗。

另外，虽然是独立的二重橹，但还有像姬路城西之丸的又之橹、ル之橹，以及彦根城的二之丸佐和口隅橹、天秤橹门两端的橹那样，在多闻橹（长橹、渡橹）上搭建瞭望楼的形式。如果多闻橹是二重的话，那把瞭望楼算进去也能将其视为三重橹。虽然没有留下遗构，但在久留米城与金泽城中都存在过。

平橹与渡橹都是一重，因此很难区别，若以建筑构成、机能性、位置来看，前者会建于较高的橹台上，采取可以瞭望四周的独立形式；而后者则是指延续自长屋的附属形式。不过也有像熊本城的七间橹、十四间橹、东十八间橹、北十八间橹，以及高知城的东多闻、西多闻那样，可以解释成独立平橹或多闻橹的例子。

守护城堡 **065**

石落、窗

从看不见的地方来攻击敌人除了石落之外，用来采光、通风的窗户，也具有独特的巧思

◀姬路城大天守的石落
设置于天守隅部的裤腰状石落

▶名古屋城东南隅橹的石落
在出窗下设置有隐藏式的石落

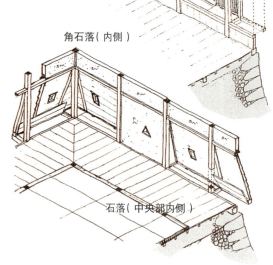

角石落（外侧）

出格子狭间（外侧）

出格子狭间（内侧）

角石落（内侧）

石落（中央部内侧）

石落

城郭是在土垒或石垣上进行守备，以枪矢铁炮迎击，并投掷石块、沸水、秽物等。而在塀与建筑物内侧射箭和发炮要通过"狭间"，至于投掷石块则要靠"石落"这种装置。在绘制于日本中世的《后三年合战绘词》中可以看到，在塀上围有搔盾的瞭望台下方土墙上开有小小的口，从那里有绳子把石头垂下来。可以看作狭间、石落的原型，从很久以前就有人想出来了。

石落在近世城郭的天守、橹、门、塀上一定会装设，且有各种形式。

它会装在建筑物的角落或是壁（塀）的中间部位，将地板的一部分向外突出成细长的孔洞，且附有盖子。这个盖子就是足下狭间，会设置在橹门上方。从设备形式来说，有将外壁下方倾斜扩大的裤腰状，以及外突状的设计。另外有时也会兼具出格子窗，也有例子是把建筑物整个从石垣面向外突出，将整圈都设成石落（熊本城天守、萩城天守、高松城天守）。

一般来讲，石落会设置在一楼，但若从外面来看的话，也有从二楼突出制作成出窗形式，隐藏在第一阶屋檐下的设计（松江城天守、名古屋城天守、福知山城天守等）。有一些还会特别外突，让破风设置成一直向外突出到屋顶末端（会津若松城天守、白河小峰城三阶橹），这是比较巧妙的例子。

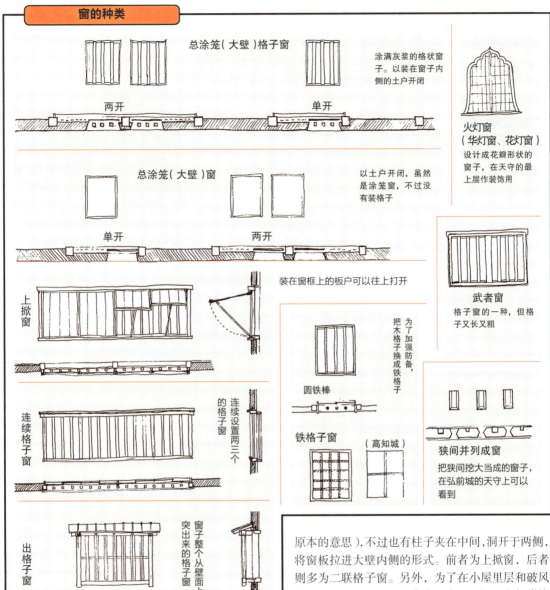

各式各样的窗

另一方面，开在墙壁上的窗子除了用来看外面之外，还有采光、日照、通风换气的功能，不过城郭建筑为了防备需求，会在竖格子上涂满厚厚的灰浆，并于内侧加上土户，这称为格子窗、武者窗。如果外壁张有下见板的话，就会配合装设木格子，做成突上板户。另外还有连续格子窗和出格子窗，其中有的会加上铁格子，甚至可以看到把狭间加大当成窗子的例子（高知城与弘前城等）。

窗户的位置多在柱子与柱子之间（这是"间户"原本的意思），不过也有柱子夹在中间，洞开于两侧，将窗板拉进大壁内侧的形式。前者为上掀窗，后者则多为二联格子窗。另外，为了在小屋里层和破风内采光，会开设中窗或高窗，为了监视天守与附橹之间的出入，会开设小窗（狭间、窥视窗、无双窗），或是把窗扉做成双层设计，在许多看不见的地方都花费了不少心思。

天守的最上层为了做成望楼风，会加上一圈栏杆，并且以火灯窗装饰，或设置装在屋内的内缘式中敷居窗，也设置了雨户形成开放感，相当注重外观设计。若是包含第一重半地阶在内的两层建筑，会在外壁设置上下两列并排的窗户，或是像多闻橹那样在横长的壁面上将窗户开设在柱子之间，如果嫌规则性重复开设二联窗太单调的话，就会想办法赋予变化。

由此可知，城郭的窗户各式各样，除了考虑到军事用途外，也相当重视外观设计。

天守

**天守从瞭望橹发展而来
最后演变成权威的象征
越建越是高耸**

▲名古屋城天守（观自西南上空）
连接小天守的连接式天守。建于本丸的西北角

▲冈山城天守西北面（老照片）
带有附橹的复合式天守。建于本丸的东北角

▲丸龟城天守西南面（现存）
独立式天守。本丸建于中央里侧

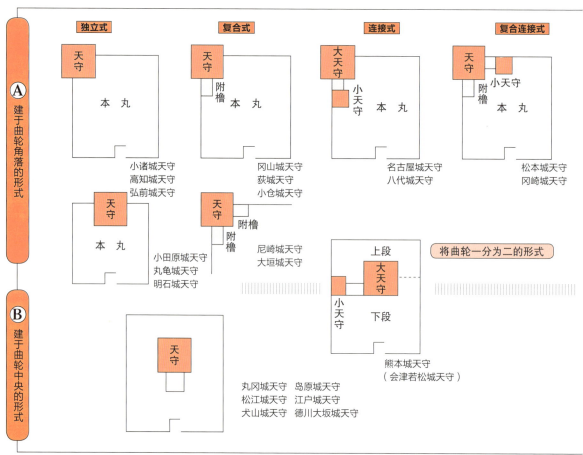

A 建于曲轮角落的形式

独立式　本丸／天守
小诸城天守
高知城天守
弘前城天守

小田原城天守
丸龟城天守
明石城天守

复合式　本丸／天守／附橹
冈山城天守
荻城天守
小仓城天守

尼崎城天守
大垣城天守

连接式　本丸／大天守／小天守
名古屋城天守
八代城天守

复合连接式　本丸／天守／附橹／小天守
松本城天守
冈崎城天守

将曲轮一分为二的形式
上段／大天守／小天守／下段
熊本城天守
（会津若松城天守）

B 建于曲轮中央的形式

天守
丸冈城天守　岛原城天守
松江城天守　江户城天守
犬山城天守　德川大坂城天守

虽然天守的起源有各种说法，不过它主要是被当作城郭的核心建筑物，在发展时越建越高，规模越来越大。天正四年，织田信长在琵琶湖边的安土山建城时，盖了一座五重七阶的正式天守，这就是天守的嚆矢。当然，在这之前应该也有相当于天守的建筑物（高楼、大橹）存在，但由于始发期的建筑构成无法具体得知，因此没办法说明白。

根据能够清楚判断出天守样貌的遗构与古图，最古老的只能追溯到关原之战（1600）。被视为最古老遗构的犬山城天守并非室町时代末期的建筑，而是在庆长年间修改过的，而关于丸冈城天守的通论也存疑，应该不会比天正四年还早。传说松本城天守、冈山城天守、广岛城天守是在文禄年间（1592—1596）建立，但因为缺乏明确证据，所以无法笃定（两天守皆因战灾而被烧毁）。

以下针对天守的形式，挑选能够明确分析建筑构成的例子来加以考察。

▲松本城天守南面（现存）
附有小天守与附橹的复合连接式。
建于本丸西南角

▲广岛城天守南面
连接两个小天守的复连接式天守。
建于本丸西北角
考证／三浦正幸，作画／野上隼夫

▲姬路城天守（现存，东北上空俯瞰）
大天守与三个小天守以渡橹相连的联立式天守。建于本丸东北角

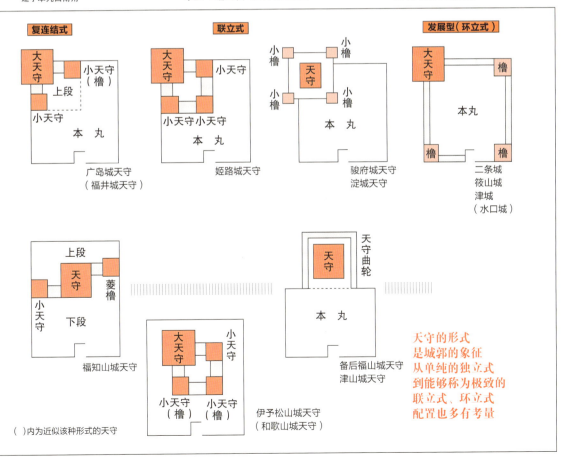

天守的形式
是城郭的象征
从单纯的独立式
到能够称为极致的
联立式、环立式
配置也多有考量

天守的位置

关于天守的形式，可以根据在绳张上的位置，以及建筑设计来看，将之进行分类。

前者的形式依据天守建立的位置以及考量到与附橹、小天守的连接关系，以独立式、复合式、连接式、联立式作为基本形态。这再加上复合式变形、复合连接式、复连接式之后，就能像前一页的参考图那样来考察其变迁过程（大类伸、鸟羽正雄《日本城郭史》、藤冈通夫《日本的城》）。

但是在调查过各地的天守之后，就会出现一些无法单纯分类的案例，例如天守所在的本丸在绳张上所处的位置，以及天守曲轮在形成上的认定等，都还留有很多检讨改进的空间。因此研究天守在绳张上的位置时，就会发现有 A 建在本丸的角落（包括建在垒线中间的在内），或是 B 建在本丸中央这两种例子。

就像模式图所画的那样，独立式与复合式在 A 与 B 上都能看到，不过连接式、复合连接式、复连接式则几乎都属于 A 型。而熊本城天守、福知山城天守、会津若松城天守是位于将本丸一分为二的位置上，属于不算 A 也不算 B 的中间类型。不过，虽然熊本城天守是连接式，福知山城天守是把复连接式的两翼扩大后的形式，但在挖掘调查天守台的时候，却发现当初只有大天守（接近独立式），其他都是之后才增建的，因此要把这点也考虑进去。另外，虽然松本城天守是复合连接式，不过若辰巳附橹与月见橹都是后世增建的话，那么当初就只有大、小天守形成连接式。

天守屋顶形式的推移图（见藤冈通夫《日本的城》）

联立式可谓极致的形式，除了姬路城天守之外，还有伊予松山城天守、和歌山城天守（A 与 B 都有）。与此类似的，还有骏府城天守与淀城天守那种形式。这是在天守台中央建起一间规模较小的天守，然后在周围的四个角落构筑小橹，并以塀或多闻橹围起来，可视为衍生型的联立式。

这种跟联立式很像，会把本丸划分几个区域，并以其中一个据点曲轮来巩固独立式天守的守备，形成所谓的天守曲轮，或是包住本丸内的殿馆，以多闻橹、渡橹围住天守和三个角落的橹，形成完整的形式。天守曲轮在备后福山城天守和津山城天守可以看到例子，而围住本丸的完整形式（有时也会特别称之为环立式）则可在二条城和名古屋城中看到。

天守的建筑设计

天守为三重至五重（内部阶数则会更多），是城郭的核心建筑物。虽然始发期的建筑构成一如前述无法判明，不过在大屋顶上搭建望楼或瞭望橹的形式应该比较古老。与下重相比，上重会显得比较小，平面造型也不工整，会配合天守台的形状立起柱子与架上屋梁，架构方法须花上许多心思，而外观也不对称，设计极富变化。

以关原一战到大坂之阵（1600—1615）为巅峰期，就如同《锅岛直氏谱考补》中所记载的"庆长十四年（1609）天守御成就，今年日本国中的天守数二十五立"那样，此时建造了许多天守，技术也很发达。以架构法来说，第一、二重的大小相同，三重天守会在大入母屋的屋顶上搭建望楼，而五重天守则会想出各式各样的方法。

其一为一、二重大小相同，上面搭建递减式的三重橹，另一种为大、小入母屋搭建两次，共有二重。前者可在姬路城天守、广岛城天守、茨城天守、松江城天守上看到。后者的最好例子则是冈山城天守（一、二阶与三、四阶同大小，各自为重叠的入母屋，然后架上五、六阶的望楼）与熊本城天守（在第一重大入母屋上面加上二阶入母屋，然后再架上二阶的瞭望橹）。

至于各重的递减关系，三重天守跟三重橹一样，构造有朝向 A 型（下阶的入柱侧会形成上阶的

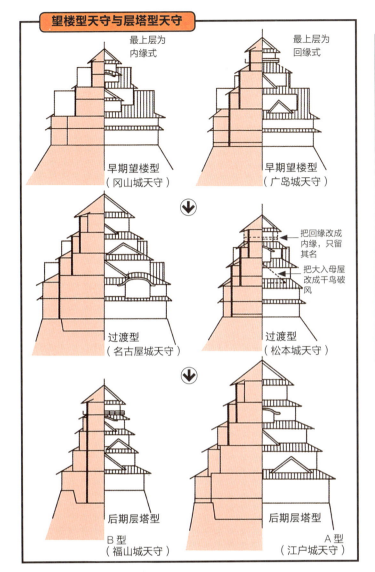

望楼型天守与层塔型天守

column

天守屋顶的造型

天守的大屋顶或破风使用的是入母屋造、切妻造、寄栋造等屋顶形式。切妻造是把妻（屋顶的短边，长边则称为"平"）切掉的形式，寄栋造是将栋从屋顶顶部的两端往四个方向向下延伸的形式，入母屋造则是在切妻造的四方加上庇屋顶，就像在寄栋造上面搭建切妻造的形式。

外壁，并重复此模式的架构法）或是 B 型（第一重身舍周围的柱子会直接延伸至最上阶外圈，并让各重入侧宽度依次递减的架构法）发展的倾向。这两型架构法的基本原理同样适用于五重天守，可以直接套用。举例来说，A 型可以在江户城天守、德川重建的大坂城天守上看到，B 型则出现于备后福山城天守上。

如果天守所占的平面较大，入母屋的妻面也必然会跟着增高，破风会突破上层的屋檐形成交叉。虽然以外观设计来说有变化而较有趣，但是屋檐与破风交叉的部分要怎么处理，以及如何导引雨水则须多加考量。因此为了避免出现这种状况，就会把大入母屋破风改成适当缩小的千鸟破风，以收进屋檐底下，或是将其分成两个小破风，改成并列的比翼入母屋，将外观做调整。前者的千鸟破风改法可参考松本城天守，后者的比翼入母屋破风则能在名古屋城天守上看到较早的例子。把比翼入母屋改成比翼千鸟破风的话，最后会形成下层两个、上层一个的三角形组合，后来还会加上唐破风，逐渐往装饰性破风的方向进展。

在此同时，天守台的四个角会改成直角，形成正矩形的平面（长方形或正方形），然后把柱子的间距调整齐，消除参差不齐的尺寸，借此能够形成由下往上规则性递减的构造，调整成像能仰望高塔一样的形态。屋顶收拢隅木的方式也有所改良，各重都做成四方葺下，配合千鸟破风、切妻破风、唐破风的对称性，或是出现了省略掉装饰破风的天守案例（小仓城天守、津山城天守、岛原城天守等）。

另外，还有把最上层外圈的栏杆装在室内入侧的内缘式，以及上层比下层突出的"唐造"（南蛮造）等例子（小仓城天守、岩国城天守、高松城天守）。

根据已经判明的资料，可以分类为早期的望楼型与后期的层塔型，由前者发展至后者，规模越变越大，而且是越建越高。介于两者之间的就是所谓的过渡期，靠着形式手法可以探究出变迁的过程。

御殿

**城的御殿除了是城主的居所
同时也是治理一国的政厅
必须讲究格局与威严**

江户城弘化度本丸御殿平面图

广义来说，御殿就是住宅建筑。自从平安时代的"寝殿造"以来，经过镰仓、室町时代，主殿与会所就变成举行接客、会面、飨宴、典礼的建筑物而受到重视。其因此会具备上段、床、棚、附书院、帐台构等各种要素，进而形成座敷的室内空间，在安土桃山、江户时代发展成为"书院造"。但由于中世城郭是在战时才进入山城或寨中，平时则住在山麓的居馆或根小屋里，因此规模并不是很大。

书院造的形成，是由武家住宅扮演着主导性的角色，后来因为城郭成为政治经济的核心据点，移往小丘陵（平山城）或平地（平城），在构筑石垣与建造天守的同时，城郭的规模也越来越大，因此在主要曲轮会设置殿舍。最近，各地都在挖掘中世城馆，特别是越前一乘谷馆、根城迹、八王子城迹等成果最为显著。找到础石与掘立柱穴之后，就可以推知出殿舍规模与配置状况，但是要重现平面隔间与立体构造则相当困难。

虽然近世城郭形态的起源可以在信长的岐阜城、安土城上看到萌芽性要素，不过丰臣秀吉的大坂城还是比较完整。在中井家藏的"本丸图"中画出了外与内两个殿舍群，可以当作参考，但这图很小，内容也说不上完整。以关原之战掌握天下的德川家康在江户城开设了幕府，并且扩充其规模与设施。诸大名也在各地构筑居城，把城内殿舍当成藩主的居住设施，在确立幕藩体制之后，也兼作为执行政务机能的厅舍。

像这样，在近世城郭中不仅建造了许多殿舍，也不断重复着烧毁与改建的动作，最后在明治维新后因版籍奉还而废弃，很多被拆毁，因此现在只有二条城二之丸御殿、高知城本丸御殿（怀德馆）、挂川城二之丸御殿、川越城本丸的一部分留下来而已。

值得庆幸的是，有若干古图流传下来，因此可以一窥其规模设施。

殿舍配置

城郭殿舍会因为敷地大小与限制条件、曲轮形状等因素而各有不同，但大致可分为表向与奥向两种。表向是执行接客会面、仪式典礼、政务等公家机能的地方，配置有玄关、远侍、式台、御广间（大书院）、对面所（小书院）等主要建筑物。相对于此，奥向则是供藩主（城主）生活的私人部分，配置有居间、休息所、寝间等。由于藩主于公于私都住在城中，因此有的还会设有表居

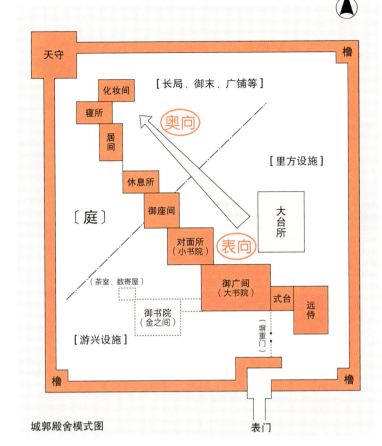

从执行会面、仪式、政务等的公共殿舍，一直连接到作为城主日常生活空间的私人殿舍，有如此多的殿舍栋栋相连并排

城郭殿舍模式图

间（御座间）、表寝所，以及奥居间、奥寝所，两者之间会以御锭口、铃之廊下严格区分开来。其中也有供夫人、小孩居住的地方，但由于参勤交代制度开始后，停留在江户宅邸的时间会比较长，因此设置化妆间、茶之间、长局、广铺、御末等设施的状况就会变得比较少。

除了表向与奥向之外，还有包含供藩士家中执行勤务、用餐、打杂用的里方部分，以及日常生活用的中奥部分。其中含有奉行诘所、诸役部屋、番所、料理之间、围炉里、台所、纳户、物置等各种大小的建筑。

像这样盖起许多建筑物和房间之后，不熟悉内部的人就会迷失在其中。而且就算当初够用，经过江户时代后因为藩政机能扩大，所以必须要增建更多栋来对应。由于这会使城内用地变窄，因此就转移至其他较宽的地方，或是将役所分散到各曲轮去。

殿舍配置如同前述，会分成表向与奥向，主要建筑物会从表至奥前后并排，而在大多数的场合中，它们都会以斜向方式连接成雁行状。既然是住宅建筑，就要考虑到方位，以南方作为正面会比较理想。如果天守位于主要曲轮（本丸）的西北角，那么殿舍的入口就会设在东南角，然后边走边向左

转，沿着连接在一起的房舍往里面前进。也就是说，城门、天守与殿舍的位置关系及方位（也包括家相上的考量）、动线规划通常会像左方的模式图那样配置。

御广间（大书院）与御书院（金之间）

殿舍群中的重要建筑物是御广间或大书院，不仅规模很大，室内的规格也有较多装饰。这原本是从中世寝殿或会所发展而来，变换成为"主殿"性质，而具有车寄与中门廊则属于古老的形式。在阐述木工设计理念的《匠明》中，有"昔主殿"与"当代广间"图示，前者是隔成田字形的四间，而后者的规模则有扩大，隔出排成二列的六间，或是排成三列的九间。

实际上，综观流传于各地的城郭殿舍古图，虽然在早期是以御广间与对面所构成，不过后来却陆续改称为大书院和小书院。平面图也变成二列六间的隔间法，但是越到后期，殿舍机能更加分化，因此就转而改为排成一列的隔间。就如下页模式图所表示的一样，有朝向上段的单一方向 A 型，以及到上段里面之后直角转折的 B 型两种，并且各自有其推移谱系。

另外，呈现出自镰仓、室町将军以来古老格局的车寄与中门廊，到了江户时代后会被视为幕府权威的象征，因此各大名的殿舍不敢再使用，只有广岛城本丸的御广间还留有车寄。除此之外，由于御广间的前庭还要设置能舞台，因此就无法留下车寄与中门廊了。

话说回来，御广间或大书院的附属建筑是朝内的对面所或小书院，而御书院或金之间的存在也不能被忽略。从古图中可以发现在早期会有很多，除

守护城堡 **073**

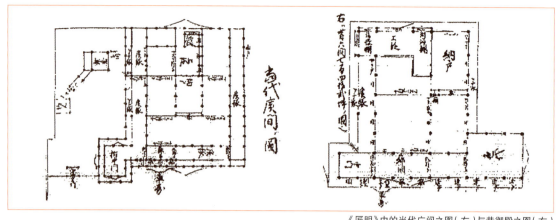

《匠明》中的当代广间之图（左）与昔御殿之图（右）

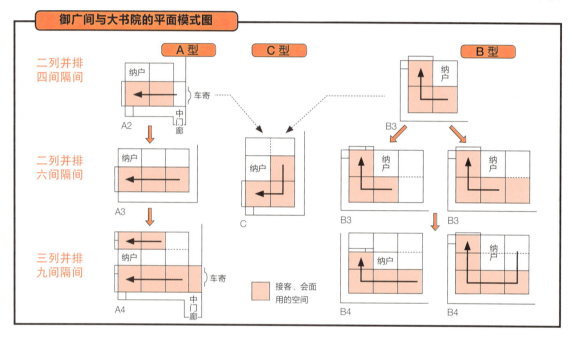

了连接雁行状的部分之外，要注意在西南部与庭园相接处也有配置。平面隔间的设计并没有固定形式，装饰的设计也较自由具弹性，有的还会附设数寄屋、锁间、茶室。以配置上的殿舍机能与性质来推断，应该是用来迎接与招待客人的游兴设施，相当于御成书院。

这在过了江户中期之后，因为式正御成的机会变少，就消失不见或是不再建造。有的则是因为城内的殿舍用地不敷使用，改在西之丸、山里等较宽广的别郭设置数寄屋设施或庭园，取代了它的功能。

武装性殿舍

城郭殿舍如果是盖在高处等用地较狭窄的地方，就无法具备完整的设施，因此必须多花心思。在早期为了配合城郭目的，常可以看到防御坚强的殿舍。像小仓城本丸、津山城本丸、飞驒高山城本丸等，都会以城门兼具玄关、式台，另外还有在姬路城的带之橹与西之丸化妆橹上能看到的那样，在橹内设置有座敷（厅堂）。

同样的设计在丰后冈城的月见橹、凉橹，以及仙台城挂作家、久保田城御出书院、姬路城备前丸御对面所、鸟取城二之丸走橹等处也有，这些都处于能够展望主要曲轮的绝佳位置，也是应该称作所谓"橹座敷"的建筑物。

至于熊本城本丸的御殿则可说是登峰造极，相当于御广间的昭君之间、若松之间、桐之间、梅之间、家老部屋、喜之间、露之间等并排成南北两列，跨过城内被石垣包夹的通路上方建造而成。该御殿是梁间9间余、桁行22间半的大规模长条形，与其说是殿舍，不如说是施以武装的建筑物，是独树一帜的特例。

名古屋城本丸御殿的殿舍

🔺广间（表书院）（战火烧毁前）
御殿在庆长年间创建时最高规格的殿舍

▶书院（上洛殿）
（战火烧毁前）
宽永十一年（1634），为了将军上洛而营造的殿舍

🔺名古屋城本丸御殿（战火烧毁前）
从东南眺望本丸殿舍群

🔺广间（表书院）内部（战火烧毁前）
广间上段之间

▶书院（上洛殿）内部（战火烧毁前）
一之间的东北面

以上老照片皆为《国宝史迹名古屋城》所收

熊本城本丸御殿复原图

将熊本城本丸御殿复原成江户中期样貌的图，从东南面观之。以图中央的大广间与大台所为中心，在石垣上建有各种殿舍

考证／北野隆
作画／野上隼夫

column

城与水

🔼 **大喜多城残存的水井**
现存于二之丸的大井户，是本多忠胜筑城时设置的

▶ **岩村城涌泉迹**
对海拔 721 米的岩村城来说，涌泉是非常贵重的

▶ **姬路城三国堀**
几乎是正方形，除了用来把敌人分成两股之外，实际上应该也具有消防用水的功能

　　城池必须随时假设处于战斗状态。在对应短期决战方面，强化土垒、壕沟、建筑物等防备都不能懈怠，而若要应付笼城战，则必须花上更多的努力与心思。

　　当笼城战一拖长，确保武器、粮食、水就会很重要；为了撑过每一场笼城战，要在城内储存充分的量是相当不容易的事情，其中无法维持水源供应这点就是守城方的最大弱点。城内用来供应饮用水、消防用水的水井或涌泉、河川等重要水源称为"水之手"，必须严加戒备。

　　水井在城中各曲轮上要尽量多设置，其中还有像姬路城的井郭橹那样把水井设在橹中把守的例子。另外，有时还会为了保护水井而设置特别的曲轮，或是设置用来从河川引入用水的曲轮（水之手曲轮、井户曲轮）。城池的水源并不是全都很充沛，对山城来说，就连涌泉都很珍贵，还会设置用来储存雨水的天水桶，致力于水源的确保。

　　而就攻方而言，他们会锁定水源攻击，在笼城战中因为水源断绝而陷落的例子比比皆是。特别是武田信玄在永禄五年（1562）进攻武州松山城，以及元龟四年（1573）进攻野田城时，曾经动用一群称为金掘众的矿工去破坏城池的水井，用上很多这种断绝水源的战法。另外，他在元龟元年（1570）进攻二俣城时还用放流木筏的方式破坏了水源，因此取得胜利。

　　笼城方除了死守水源之外，若陷入长期敌我对峙时，万一真的用水不足，还要避免被敌人知道。有个称为白米传说的有趣传闻：如果守城方的水已用尽，就会把剩下的白米浇在马上，或是拿米来洗衣服，用来欺骗敌人的耳目，说明笼城战的惨况。

城的要义
包围、据点、权威

文/平井圣　78—85 页

　　中井均　86—89、102—107 页

　　堀田浩之　90—95 页

　　松冈利郎　96—101 页

　　加藤理文　108—111 页

　　高田彻　112—121 页

　　三浦正幸　122—134 页

由军而政：
日本城堡的历史

在各式各样的过程中发展变化的日本城堡

说到城堡，一般来讲会浮现在脑海里的就是天守、橹、城门等建筑物，或是高耸的石垣与静静的护城河。这种形象来自现在处于都市中的城堡，也就是近世城郭，但可以想见日本的城堡并不是近世才出现的，而是在时代的洪流中，为了应对各式各样的变化才发展成近世城堡这样的形式。

为了抵御外敌或划分出自己生活用的领域，就会出现把四面围起来加固这样的想法（也包括宗教上的观点），这会与人们之间的抗争历史一并出现，可以说是城堡的原点。不过在观察城堡变迁时，核心过程却不会只有一个，由于它是用来划定出人群或统治者的专属空间，在建造时可能会展现出政治中枢的形态，或是适用于军事攻防的形态，有各式各样的种类，而且互相具有关联性。

以下，就从城堡的历史来概观古代城池，然后以军事观点为核心探讨城池在历史上的发展与变化，并讲述其如何成为政治中枢，从而将城郭的发展过程介绍一遍。

明示出专有空间

在弥生时代的竖穴住居聚落中，不论在平地还是高地，都发现了以二道、三道壕沟围起来的遗迹。这些聚落恐怕不只有水壕，还要加上栅栏等物围绕起来。水壕与栅栏都是人们拿来表明自己居住场所的设施，并且还能抵御来自外部的入侵。到了古坟时代，聚落以及统治聚落的豪族居所，开始出现以壕沟围起来的现象。

另外，前去经营虾夷地区的律令国家，会构筑一种东北地方的人们称为"馆"的设施。其中有一座叫作七馆，在秋田县七代川右岸的和缓丘陵山脊上，有七块呈阶梯状的平坦地，以前在那边应该有过住居建筑。它应该会以每一层形成一个群组，并各自拥有竖穴住居群。以整体来说，形态看起来就像是从平原外突出去的城寨一样。馆大多会建在半岛状的山丘上，并在内部、背后伴随有竖穴住居。在东北地区的北半部发现了很多这种遗迹，而且类似构造的城寨从北海道到西伯利亚地区也都有发现，令人相当感兴趣。

进入战国时代之后，就出现了被环壕围绕的城镇或都市。而像山科本愿寺或石山本愿寺那样，为了防止敌人袭击，把寺院与周围门徒所住的城镇全部用二道、三道壕沟包围起来的，就称为寺内町。另外，在因海外贸易而发展起来的界，自治组织为了自我防卫，会把城区用水壕围起来，借此跟战国大名对抗。

围住政厅

从飞鸟时代到平安时代，出现了道路配置成棋盘状的藤原京、平城京、平安京等都城。平城京与平安京是在南侧划分出建地，穿过中央的朱雀大路东西两边分别有广阔的右京、左京地区，把整个城包起来，大内里则设置在最里面。平安京东西约4.5公里，南北约5.2公里，北边有平安宫，市集与寺院等会以左右对称的方式配置。

另外，位于现在福冈县太宰府市的太宰府，是设置于天智三年（664），为了管理西海道诸国与对外关系的总督府。九州北部距离朝鲜半岛很近，因此从史前时代以来就已经在跟该半岛交流了。在传入各式各样文化的同时，双方也会爆发武力冲突，不仅可从九州渡海去攻打朝鲜半岛，反过来被朝鲜半岛进攻的危险性也很高。因此，在设置太宰府政厅的山谷东西两侧丘陵上，就建了大野城与基肄城，用于防卫太宰府。这些城池学习自朝鲜半岛，构造类似于利用天然地形的朝鲜式城寨（山城）。山谷东西长1—2公里，是河川冲积成的平地，在这里设置了堤防状土垒的水城。水城高约10米，底边宽度约35米，长1—2公里，规模相当大，在此拦截河水造出了人工湖，可能是有计划以决堤的方式对敌进行水攻。

另外，朝鲜式的城郭不只在北九州出现过，受到来自朝鲜半岛的海路文化影响所及的中国地区、濑户内海沿岸地域也都有构筑。因源平的屋岛之战而闻名的香川屋岛，传说也留下了蛛丝马迹。

另一方面，位于现在宫城县北部的多贺城是建造于8世纪上半叶，为统治东北地区的行政府。在约900米见方的外城当中还有内城，并于该处设置政厅。从7世纪中叶到9世纪初，律令国家会以多贺城为据点，陆续建造一种称为"城栅"的寨子，对虾夷地展开经营。

城轮栅是这种城栅的一种，是边长约720米的正方形城寨，周围立有板子充当防壁。根据柱子遗物的挖掘结果，各边的中央开有门，四个角则推定会设置瞭望用的橹。

另外，虽然明显可以看得出是都城，不过日本的城池却和欧洲城堡，或是曾与日本直接交流的中国都城在本质上有非常大的差异。虽然欧洲城堡也有单独存在的例子，不过大多数都是在都市的周围

> **column**
>
> ## 日本时代的常见划分
>
> **日本原始时代**：旧石器时代（10万年前—1万年前）、绳纹时代（1万年前—前3世纪）、弥生时代（前3世纪—250年）。
>
> **日本古代**：古坟时代（250—592年，又称大和时代）、飞鸟时代（593—710年）、奈良时代（710—794年）、平安时代（794—1192年）。
>
> **日本中世**：镰仓时代（1192—1333年）、室町时代（1338—1573年）、安土桃山时代（1573—1603年，又称织丰时代）。
>
> **日本近世**：江户时代（1603—1868年）。
>
> **日本近代**：明治时代（1868—1912年）、大正时代（1912—1926年）、昭和时代前期（1926—1945年）。
>
> **日本现代**：昭和时代后期（1945—1989年）、平成时代（1989—2019年）、令和时代（2019年至今）。
>
> 另有两个称呼与上述时代有所交错，即南北朝时代（1336—1392年）和战国时代（1467—1615年）。

盖起城墙，以保护市民不会遭遇战祸，而中国也会在市街的周围或国境线上筑起厚实的围墙，以抵挡其他民族的袭击。

以日本来说，东北地区会有原住民族与大和阵营的争端，之后则以国内各方势力的抗争为主。即使一般民众也常会遭遇战祸，但战争大多只是同族之间的纷争。因此，即使日本的城池用土垒和壕沟等把总构围起来，也无意使用高耸的城墙。

出现为了打仗的城堡

构筑于天险之地的山岳城郭

就这样，从古代一直到中世，人们为了各式各样的目的，构筑起各式各样的"城"，但在镰仓时代武士团成立之后，这些城就整合为用作战争基地，使城池开始出现变化与发展。

不论是在寿永二年（1183）的源平之战中，木曾义仲为了攻打平维盛，率领6000余骑围攻燧城，还是在南北朝之战时期（1333—1392）所建筑的城，都是位于险峻山岳地带的战斗用城寨。但就像在战记中所看到的那样，这些当时的城寨并没有太多永久性设施，且因为战斗是以弓矢和刀枪进行的，所以在建筑上几乎没有防御设施。最知名的就是楠木正成被围的千早城或赤坂城，虽然它是位于现在的大阪府与奈良县交界处，但是却没有被土垒、壕沟、石垣围起来，因此并未留下任何遗构。根据战记所述，楠木正成因为势力较单薄，所以还用上假人来壮大声势。他也对攀登上崖壁的敌军投以石块或是浇注热水进行攻击，但因为城寨本身只是战斗用的临时建筑，所以应该顶多会架起对敌瞭望用的橹，并在四周围上木盾牌而已。

○但马竹田城（山城）
以海拔约352米的虎卧山为天险要害构筑的山城。15世纪左右由太田垣氏所筑，天正时期由赤松广秀修建为石垣造，是一座占地广大，有石垣围绕的战国时期军事要塞

永久性军事据点、山城

从南北朝末期开始，各地方的土豪为了防备与邻近势力的冲突，会在宅邸四周挖掘壕沟，于门旁边架起橹，将宅邸当作城寨一样固守，形成称为"馆"的据点。

在这些土豪当中，有些人的势力逐渐增强，到了室町时代末期，便在各地形成割据。以席卷全国的应仁之乱为契机陷入群雄割据的战国时代后，战争的规模就越来越大，而且在铁炮传入之后，战法也随之产生变化，使得当作根据地的城寨规模不仅变大，也变得更复杂，趋向永久化。

当时的土豪大多会把被山或丘陵包围的平地当作经济基础，会在山顶附近寻找能够俯瞰穿越平原周边山丘道路的适当台地，或是挖凿山腹开辟出平地，在四围设置土垒、石垣、壕沟，形成曲轮，作为在战争之际迎击敌军的军事据点。

最后，随着战争陷入长期化，城寨也会越盖越坚固，在战争时必须能够在此抵挡住敌人。在山上的城寨中，建造出了为笼城而设的居住设施，以及储存兵粮弹药的储藏库，应该也设置了橹。像这种利用天然要害的山城，是纯粹为打仗而设立的军事基地。由于山城平常不适合作为城主的居住空间以及练兵基地，因此就会另外在山麓上搭建领主的居馆以及供家臣团、商人、职人起居的建筑。

从打仗用的城转变为统治用的城

构筑作为统治领国据点的平山城

山城的选址是基于战略观点上的考量，因此交通极为不便，地形大多也不适合形成城下町。当城寨的目的不再只是防备邻国，而是逐渐转变为治理一个国家的据点，也就是领国的中心时，就会改为将城寨建在支撑领国经济的平原中地形较高的小丘陵上。

建在这种位置的城就称为"平山城"。

平山城之所以会出现，还有一个理由是战斗方法的改变。之前的战斗是以刀枪、弓矢进行的个人战、近身战为主，依靠地形的山城会比较有利。不过当铁炮普及之后，就可以从远距离击倒敌人，等到使用铁炮的组织性作战展开之后，就比较常在视野较佳的平原迎击敌军，因此导致平山城出现。

进入桃山时代之后，平山城越建越多。就算到了江户时代，除了领国中心没有适当丘陵之外，几乎所有的城池都是平山城的形式。由于平山城在防御上是以平原战斗为考量，因此就跟山城一样，攻城方根本无处掩蔽，是易守难攻的城。特别是桃山时代的各大名都已经确立了领国统治，因此城池对于笼城也有万全的准备，单纯只从四周进军攻击，要攻陷城池几乎是不可能的事情。

往中国地方进军的羽柴秀吉，在进攻鸟取城、三木城、备中高松城时，都是采用了兵粮攻法或水攻法等，最终陷入长期战争当中，证明了要以武力直接攻陷山城或平山城是极为困难的。

简单来讲，就是城的防御力已经凌驾于敌军的攻击力之上。在战国时代的战斗中，攻城战要比野战多上许多，就是因为守城比较容易的关系。

◐姬路城（平山城）
姬路城的本丸盖在播磨平原上的独立山丘姬山（高约50米）上，西之丸位于鹭山，藩主居馆则盖在前方平地的三之丸上

◐名古屋城（平城）
以天下普请建成的名古屋城，将本丸、二之丸、西之丸以及御深井丸几个曲轮配置成梯郭式，拥有广大的绳张

成为政治据点的平城

不过，在此同时，也不能忘记城池不仅具有军事上的意义，也具有政治上的意义。

随着战乱时代的结束，城池从战略上的据点转变为治理领国的政治中心也是理所当然的事。因此就会陆续出现带有政治意图、建在领国政治经济中心的平原上，即使没有丘陵也照样建的城池，而这就是所谓的平城。拥有涂满白灰浆天守的平城，对于领民来说是统治者的象征。

丰臣氏在大坂夏之阵灭亡之后，日本战国时代结束了。德川幕府制定了一国一城令，对全国各大名持有的城下达限制。这项禁令的主旨是只允许大名拥有一座在领国内当作根据地的城池，同时整修城池与新建筑物都必须获得幕府的许可才行。不过，这项禁令也不是绝对限制一国只能有一城。

结果就导致江户时代中期以后重建的天守当中，有些外观乍看之下跟以前没有两样，但其实变大了一圈，外观为一重但内部却有两层，或是让设计较为简单的隅橹去取代天守（称为御三阶橹等），出现了各式各样别出心裁的例子。

城的要义 **081**

表现出武士威严的天守与御殿

从战国末期出现平城一直到藩政时期，城郭的性质越来越从军事据点转变为政治中枢，而这种现象最明显的表征，就是天守与御殿了。以下就针对可谓近世城郭核心的天守与御殿，来概述其历史发展。

天守的起源

天守的起源始于在橹或城主的馆上搭建的瞭望用望楼。这在中世寨还只是相当简单的瞭望台，不过到了室町时代末期，就已经开始出现在矢仓上搭建二阶座敷的天守原型。根据记录，松永久秀在永禄四年（1561）建造的信贵山城已有天守，而尾张柴田城则依据"永禄以前的初出之事"所传，在高2间余的坛上，建起长7间、宽5间的矢仓，然后在其上搭建了八块榻榻米大小的二阶座敷天守（《遗老物语》）。

在二阶座敷中奉祀有八幡大菩萨与爱宕山权现，证明了城主与武士们都把这里视为最后的据点，寄予相当的重视。当然，二阶座敷在战时基本上还是被当作瞭望台来使用。可以通视领国的瞭望台，对领主居馆来说是不可或缺的。

天守的变化与发展

像这样，这种用来当作瞭望台，以及战时作为最后据点的天守就成为城郭的中心，开始发达了起来，而完成于天正六年（1578）左右的织田信长安土城天守，则是近世城郭正规天守的始祖。只有这座信长的安土城天守，才能说是武将用来当作威示天下的手段所构筑的"天主（天守）"先驱。

根据传教士弗罗伊斯的报告，该天守外部各层分别涂上白、朱、青、金等不同颜色，窗子涂上黑漆，高度约16间半，比现在的姬路城大天守还要高一点点。由于信长最喜欢当天下第一，因此如此威容应该是前无古人。过去在这座建筑连接京都与北陆、美浓交通要冲的安土山之六层天守上，应该可以望见行经街道的人们所露出的惊讶表情。

虽然安土城天守揭开了天守建造黄金时代的序幕，不过当时天守的建构法还没有那么发达，主要都是像丸冈城、犬山城那种在具有大入母屋屋顶的主屋上方架起望楼，也就是所谓的望楼型天守。安土城天守也是在单层的橹上加盖二层橹，然后继续在上面搭建二层望楼形成五层构造，根据记录，屋顶里面还有一层，因此内部加起来总共有六层，安土城天守的形式应该就是这个样子。据说是模仿安土城天守建起来的古风冈山城天守形状，可以为这种说法提供佐证。冈山城天守的形式是在建有大型入母屋屋顶的橹上再叠一座较小的橹，然后在上面架起望楼。可于姬路城与熊本城的天守上看到，建在上层望檐上的大型破风，就是从重叠搭建的橹的大屋顶演变而来的。

这种天守的构造，以当时的技术而言，要堆砌出形状整齐的石垣是一件很困难的事，因此第一层的平面就比较不工整，第二层以上则会考虑到屋顶的收纳方式。随着时代演进，石垣就可不受敷地条件的影响而砌成工整的形状，天守的平面也能以有规律的方式自各层递减，产生了层塔型天守。至此，为了收纳屋顶而必须具备的破风这种构造也不再具有必要性，因此出现了像津山城天守和小仓城天守那样没有破风的天守。不过，就算以技术而言不再需要破风，但普遍来讲大多数的天守还是会加装唐破风或千鸟破风，用来装饰屋檐。

天守的建筑构造从望楼型转变为层塔型，而其构成除了单独天守的独立式之外，也开始出现带有附橹的复合式，以及靠渡橹连接小天守的连接式，最后则建造出以天守及三座小天守连接形成天守曲轮的联立式天守。至此，天守建筑便可以说达到了顶峰。

天守与住居

在安土城天守的内部，装饰了金碧辉煌的障壁画。根据《信长公记》记载，各层有好几个座敷都装饰有狩野永德一派所绘制的花鸟或人物障壁画。这应该是为了让安土城这座信长的居城，能够对来访的内外人物宣示其君临天下的威荣。

另一方面，推断完成于庆长年间中期的熊本城小天守，则设计成住宅风格的平面。相对于大天守一楼的座敷并未特别施以装饰，小天守的一楼则设置有具备地板、附书院的书院住居风格的座敷，据说是为了迎接丰臣秀赖用的。另外，冈山城天守也在第二层设置有具备地板、违棚（放置文具图书的架子）、帐台的座敷。

像这种早期的天守，到底是会让内部提供城主日常起居之用，还是会另外设置附属于天守的殿舍，并不是很明确。但一般来讲，天守都是一种窗子很小的建筑物，居住性并不是很理想，以规模、设施而言，即使在天守中设有座敷，那也是为了笼城之际而准备的，所以应该还是会另外建造供城主日常生活用的殿舍才对。

事实上，在秀吉的根据地大坂城中，虽然有以各式各样障壁画将内部装饰得很华丽的本丸御殿，以及将设计重点置于外观上的天守，以展现天下人的威荣，不过天守内部却几乎没有装饰，并且用来当作金银、茶汤道具、武器类的仓库。

城郭的御殿

虽然城郭内殿舍的全貌得以判明，是在城郭建筑到达鼎盛时期的庆长年间之后的事情，不过在天正年间（1573—1592），各大名的居城应该就已经建造出了整齐的殿舍。

最能代表平城本丸御殿格局的，就是名古屋城的本丸御殿了。

名古屋城的本丸御殿建造于元和元年，占据一块超过1万坪的广大地区，形状几乎是正方形。根据中井家所藏的本丸地图，当初的主要御殿有车寄、远侍、御广间、御对面所、御料理之间、御书院、御殿，另外还附属有御风吕屋、御台所、小台所，以及多数长局，是座壮大的御殿。这些殿舍与当时的公家、武家等上流贵族宅邸一样是栋栋相连，呈雁行配置。各御殿的构成与平面，可谓近世武家御殿的先驱。这座本丸殿舍是御三家尾张藩的正式御殿，格局也最高，形式相当完整。

为追求更高便利性而建造的二之丸御殿

平山城的本丸御殿，其基地因为武备的关系会设在稍高的丘陵上，使得建筑物的配置受到限制，导致给日常生活带来不便。因此，为了度过平时生活，会另外选择够宽广的土地建造日常用的御殿以方便配置。即使是平城的本丸御殿，因为其目的是举行仪式、典礼，属于最高规格的殿舍，形式上较为豪华，也不适用于日常生活。因此平山城同样会另外选择土地来建造以居住为主要目的的御殿。

以属于平山城的仙台城来说，本丸因为防御的关系设置在较高的复杂地形上，考虑到日常生活的问题，就在平坦的土地上建造了二之丸御殿。二之丸御殿从宽永十五年（1638）开始耗费了几乎一年的时间建造完成，由包括广间（玄关）、小广间、大书院、御座间、寝所在内的多座御殿组成，在构成方面与本丸御殿几乎没有什么两样。不过御殿的平面配置则经过整理，让各自的形式能适用于接客、会面、居住。

进入此时期之后，在天守建筑上已经过了鼎盛期，受到以一国一城令为首的各种禁令影响，城池被加诸多种限制，没有再出现什么醒目的新发展。反过来说，天守本身甚至越来越无用武之地。经过三次大火之后，江户城不再重建天守，各地的城郭也常把天守当作仓库来用，这些例子都在证明此种现象。在从军事转变至政治的巨大洪流中建造起来的天守，到了政治稳定时期后，就不再被需要了。

从绳张开始到出入口为止
遍布城池各个角落的巧思

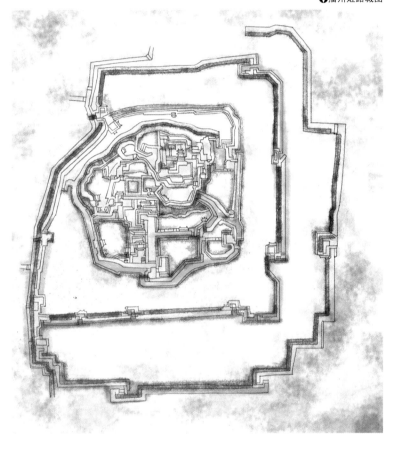

▼播州姬路城图

像这样，从暂时性的战斗用城寨，经过山城、平山城的过程，最后转变成作为统治一国象征的平城，日本城郭可说是完全改头换面。但基本上城池既然是敌军想定中的军事据点，那么为了抵挡敌方攻击，以及充当自军的补给基地，就要在许多地方花费心思。

以高度和距离防御敌人

日本城堡的主体采木造，即使在天守和藏等建筑的土墙上涂有厚厚一层灰浆，依然很怕火灾。因此，在敌军到达天守所在的本丸之前，就要先想办法把他们挡下来才行。山城大多会构筑在险峻的山岳上，靠着山的高度来保持本身与敌人的距离，形成不易接近的要素，而表现城郭整体平面构成的"绳张"也因此会依据地形呈现不规则的形状。但是到了近世之后，平山城或平城成为主流，虽然它们也会依凭河川、湖泊、丘陵等地建造，不过以险要性来说却远不及山城，因此就会在绳张上特别下功夫。在有些军学书中，会以构筑相对于城内人数来说较宽广的城堡为戒，提倡尽量把外圈设成圆形，并且越短越好的说法。不过对于大多要迁就多山地形的日本城堡来说，根本没有城池能建成完整的圆形，一般都是不规则形状。

至于平山城和平城，虽然也是呈不规则形状，不过还是有分成轮郭式、梯郭式、连郭式等基本的绳张形态。轮郭式是以本丸为中心，将二之丸、三之丸配置成同心圆状的形式；梯郭式是以本丸为顶点，加上末端延伸的二之丸、三之丸的形式；连郭式则是以本丸为中心，在两侧连接上二之丸、三之丸的形式，而实际上的日本城郭，则是这些种类的变形以及复合。

是为平山城的姬路城，在本丸西侧有二之丸与西之丸，南侧有三之丸，绳张可以看作连郭式的变形。它利用丘陵起伏配置绳张，并将进城路线设计得极为复杂，展现最大努力使敌人难以入侵。而是为平城的名古屋城，在本丸东侧有二之丸，西侧有西之丸与御深井丸，属于梯郭式的变形，不过各曲轮的绳张本身形状则很单纯。但由于各曲轮比较宽广，因此整个绳张都很宽阔，并以围绕护城河的方式防备敌人攻击。

石垣是城池最重要的防御要素之一，而当城堡从山城转变为平城之后，其重要性又与日俱增。一般来讲会从直接用自然石往内砌成长条状，形成用巨大石块堆起来的野面积，变化成把石块表面敲平后组合而成的打石接，以及把石头切削整齐，以没

◐江户城大手门枡形
此为江户城内曲轮的正门,以一之门（高丽门）与长大的二之门（橹门）构成枡形门

◐大坂城石垣
二之丸的高石垣上全都设有横矢射点,垒线呈现曲折状

有缝隙的方式堆砌的切石接。由于在堆砌巨石的时候没有办法堆得很高,因此通常野面积会呈现凹状曲线的和缓斜度,而打石接却能够以直线状的陡峭斜度砌起石垣。也就是说,石垣就是因为要追求高度以及陡峭斜度,所以堆砌方式才会如此变化。

相对于山城是以高度来作为防御基准,平山城或平城则是利用宽广的平面让构造更为复杂,借此提高防御力。

巩固作为城郭出入口的门

由于石垣或塀在渡过壕沟进入城郭的入口部分会中断,因此就会形成弱点。虽然一般在作战之际都会把桥破坏,但光是这样还是无法完全抵挡敌人入侵,因此就必须另外花点心思。譬如说在入侵路线上设置障壁,或是让道路曲折,使入侵难度增加。若要设置障壁,也不单只是放置障碍物而已,后来还演变成在入口前面构筑土垒形成防御据点（马出）。另外,让道路曲折的做法也从交错设置出入口发展成"枡形"。枡形是把出入口用四方形围起来,然后将门设置为前后两道,使敌人因此无法直线前进。

以横矢攻击敌人死角

枡形除了能让敌军无法一口气挺进之外,还有一项优点就是能从四周攻击里面的敌军。像这种施加在城池各处的机关,就称为"横矢"。石垣、土垒、塀在设计时不会采直线构成,而是做成转折或凹凸状,使守军可以从城内的侧面进行攻击。以德川氏的大坂城石垣来说,横矢会在几乎所有的石垣上连续出现,可见这是防守上的一个重点。

以上这些各式各样的巧思,都像前述那样,是由于战斗已经从刀枪弓矢的个人战和近身战,演变成依靠铁炮的组织战,能从远距离攻击,因此城池也必须具备较高的守备能力所致。

城郭变迁史 ❶　环壕聚落与都城、寺内町

包围

以护城河与土垒包围起来的各种命运共同体

▷大盛山遗迹
（和田山町教育委员会提供）
从空中鸟瞰遗迹全景，可看出以曾有聚落存在的山顶为中心绕有两道壕沟

围住聚落

以包围的形式构成的防御设施，最古老的就是围绕在聚落周围的壕沟了，在弥生时代就已经有环壕聚落出现。弥生时代的环壕包括围绕在平原聚落上的壕沟，以及台地上的壕沟，大部分都是干壕。平原地带的环壕聚落被认为出现于弥生时代前期，在那珂遗迹中，围绕有 V 字形的外壕与倒梯形的内壕两道环壕。在 2 世纪的代表性环壕聚落吉野里遗迹中，则有壕沟围住南北 1000 米、东西 450 米的广大范围，里面还分成两个内郭。北侧内郭以二道壕沟围绕，在中心建有楼阁。壕沟设有数处外突，建有瞭望橹。而在出入口的地方则设有交错式的栅

形。公元前 1 世纪的朝日遗迹会在壕沟当中设置逆茂木，并在外侧打了好几道尖端斜切的杭，再加上围绕的土垒，可以说是一座具备铜墙铁壁防御功能的聚落。像这种在平原上的环壕都不会只有一道，千之乡遗迹有三道，在河内平原与奈良盆地甚至还能找到三至十道的多重环壕。

至于丘陵上的村落，在公元前 3 世纪则有像扇谷遗迹那样，于花岗岩构成的硬质山地上挖了 V 字形的绵长壕沟。古曾部、芝谷遗迹选建在险峻的山尾上，是座东西 600 米、南北 500 米以上的大规模聚落，环壕切过山尾的陡峭斜面围绕着聚落，只在南侧有开口。这道环壕不只围住古曾部村，连芝谷村与兴天神村都被围在里面，应该不单纯只是山

环壕聚落的壕沟
左为扇谷遗迹，上为大盛山遗迹的壕沟挖掘状况

麓上安满遗迹的分村，而是在 2 世纪时集体移居过来的。在大盛山遗迹中，山顶附近有两道环壕围绕。北侧的环壕并未绕圈，只是把斜面切削掉而已，南侧则是在陡峭斜面上沿着等高线连接环壕。在南侧有两栋竖穴住居，通往环壕内的出入口也专门找到了栅状遗构。这两栋住居应该是同时存在的，但两道高地性环壕则不会只是为了其而设置，应该是与其他居住区的集团相辅相成。

话说回来，观察弥生时代的环壕聚落分布后可发现，靠太平洋这边最北端的极限是千叶县佐仓市大崎台遗迹，靠日本海那边的则是新潟县新津市的八幡山遗迹，再往北的话目前尚未发现，可见弥生战争应该是没有波及北方。

在古坟时代，出现了以三寺遗迹为代表的豪族居馆。不过这里的环壕却不是围住整个聚落，而是只围住豪族的宅邸。馆的内部分为南北两区，北侧区块有侍者住所与仓库群，南侧区块则有豪族住处，以及在最深处围住祭祀场和王家水井的正殿。居馆规模为边长 86 米的四方形，周围有宽 30—40 米、注满水的水壕围绕，于好几处设置有突出部，并筑有石垣。

在弥生时代环壕聚落的延长线上，有近年挖掘出来的东北地方防御性聚落。高屋敷馆是古代末期的防御性聚落，在以竖穴住居构成的聚落周围绕有环壕。从构造上来说，在环壕外圈会绕有土垒，与弥生时代环壕聚落的土垒用法相同，应该是在古代东北的军事紧张状态中出现的。在东北地方，除了像高屋敷馆这样把整个聚落围住的类型之外，还有像千洼Ⅰ、Ⅱ遗迹那样，在尾部末端建有数栋竖穴住居，然后沿着尾部设置简单的堀切的防御性聚落类型。

围住都城

除了像这样把聚落和豪族宅邸围绕起来的之外，还有以壕沟围住都市的都城。都城制度起源自中国、朝鲜半岛，以进行早朝的太极殿为中心，形

平城京模型
（奈良市役所藏）
以朱雀大路与平成宫为中轴，以西侧的右京和东侧的左京配置而成的平城京，规模为东西约 5.7 公里，南北约 4.8 公里，当时的人口数量推测约有 10 万

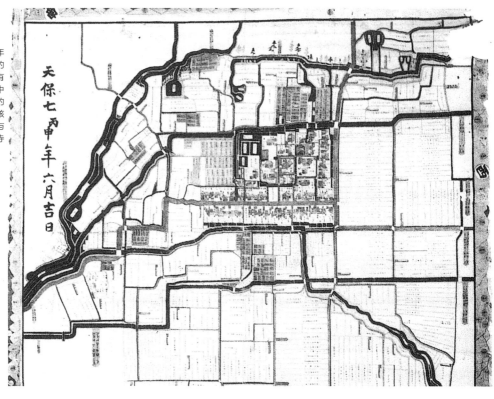

▶金森村绘图
（善立寺藏）
绘图为天保七年（1836）时金森的样子，当时已经有金森道场（绘图中央的方形区域）的痕迹，以道场为核心，呈现出用壕与土垒围绕起来的寺内町样貌

成朝堂院区，是一种把中国、朝鲜的律令体制具象化的空间。而中国都城与日本都城最大的差别，就在于有无包围住京域的罗城。在中国，会在京域四周建起高大的城墙，绵延数公里围住整座城，但日本的都城则没有这种城墙存在，用来划分出京域区块的是筑地与沟。以东亚世界的都市来说，市民全体都必须要能打仗，而日本的都市民众却不用参与战争，这两种都市构造即表现出了以上差异，相当值得注意。在日本，出现像东亚世界那种城塞都市的并不是古代律令国家，而是天正十四年（1586）秀吉所营造的聚乐第，以及天正十九年（1591）构筑的土居。

围住寺院与城镇

在战国时代，环壕被引进寺院，出现了寺内町。宽正六年（1465），大谷本愿寺因遭到山门众徒的攻击而被破坏，本愿寺八世莲如将亲鸾画像移至近江金森，但是金森也在同年遭到山门袭击。为了抵挡来自山门那边越来越严重的袭击，以道场为中心的门徒村落就挖出环壕作为自卫手段，使其具有城郭的特色。根据《本福寺迹书》记载，金森也是"城中有荣誉之兵，在困守期间，也不会轻易被攻破"，呈现出城郭的样貌。

文明三年（1471），莲如从近江前往越前吉崎。关于吉崎，莲如在《文》中形容为："此处恐怕没有可以称作弱点的地方。"完成之后的吉崎御坊更成为一座"宛若大国城郭一般的美丽布灵场"（《真宗怀古纱》）的寺院。这是座把真宗教义中的"佛法领"在地上具体实现的都市，出现了属于宗教命运共同体的"寺内町"。

文明十年（1478），莲如移至山科本愿寺。这座山科本愿寺有留下相关绘图资料，因此其构造比较能够判明。根据光照寺所藏的绘图，山科本愿寺具有御本寺、内寺内、外寺内三层构造，并各自以土垒和水壕分隔，属于环壕都市。御本寺位于寺内西侧中央，建了桧皮葺的御影堂以及瓦葺的阿弥陀堂。内寺内有一家一族坊官的宅邸，以及在文明十四年（1482）率领寺僧42坊皈依莲如的佛光寺经豪所建立的兴正寺。外寺内依据记载中的"山科八町街道"（《一期记》），"坊迹自御堂亭中居为止有八町街道"（《天文日记》），可以推知此处曾有八町的町屋。在这町中住有绘师，以及买卖饼、盐、酒、鱼的人，还有钟、大鼓、澡堂等设施。

天文元年（1532）山科本愿寺因为与细川晴元不和，遭到近江守护六角定赖与法华宗徒的攻击，寺内町全部被烧毁。自莲如创设后维持五十余年的

环壕聚落与都城、寺内町

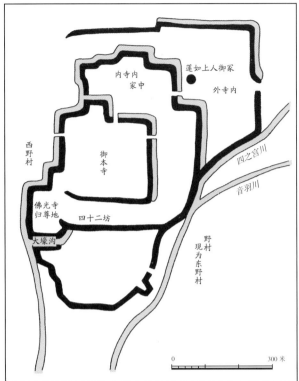

◐ "野村本愿寺古御屋敷之图"
（中井均氏根据光照寺本描绘）
三道围绕的土垒与壕沟有曲折，呈现出可以发射横矢的状态。可以看出本来是以传教为目的的道场，变成简直就像是座城郭一样（比例尺是把古图对照现状后订出的）

◐ 山科本愿寺残留的土垒

山科本愿寺，至此化作一片焦土。

这座山科本愿寺，就像"关于山科本愿寺的破城"（《经厚法印日记》）所记载的那样，简直就是一座可称为中世城郭的伽蓝设施。御本寺、内寺内、外寺内的这种构造，相当于近世城郭的本丸、二之丸、三之丸。观察现在流传的绘图以及残存的土垒，可以发现土垒相对于门会弯折成钩形，形成横矢射点的构造，简直就像城郭的垒线一样。

话说回来，这种曲折的土垒出现在城郭上，是16世纪中后期的事情，不过山科本愿寺的建造却早了大约一百年。因为这个年代鸿沟，使得山科本愿寺的构造在以往的城郭史研究上被忽视，没有获得应有的评价。究竟在图画上看到的山科本愿寺是否真的是莲如所建造的吗？根据莲如时代的记录，除了御本寺以外的记录都不被认可，因此事实上在莲如时代可以认定并没有完成如图画中所见的那种三层式寺内町。再加上近年挖掘调查中出土的遗物里，有些东西属于16世纪前半期的物品，因此寺内町的完成应该在接近天文元年的实如、证如时代。即便如此，它的垒线曲折还是比中世城郭早了二十年左右出现，依旧值得瞩目，甚至可以说是山科本愿寺的营造对中世城郭带来了影响也不为过。

那么，这种防御技术又是从哪里传过来的呢？山科本愿寺烧毁后，证如移往石山本愿寺。这座石山本愿寺被记载为"其构营大，殆如城郭"（《本朝通鉴》），可以知道在参与营造的人员当中有修城的专业人士存在。就像"城作勾当城木会侯……建城松田罢归侯间，五百疋，梅染三端遣"（《天文日记》），"自加贺国，召寄修城者，相构方八町"（《信长公记》）所写的这样，石山本愿寺在营造上跟加贺国的修城集团有所关联。以首次出现是在天文六年这点来看，他们也很可能参与了山科本愿寺的修建。

由修城专家建造的石山本愿寺，在之后撑过了与织田信长的十年奋战，始终没有被攻陷，可见其自卫机能得到了充分发挥。石山本愿寺开城后，因为该地的重要性，使丰臣秀吉在那里建起了大坂城，因此现已无法得知其构造，不过应该要比山科本愿寺更加坚固才是。

至于山科本愿寺，除了绘图之外，也还残留有御本寺、内寺内的一部分土垒。这些土垒既宽且广，非常高耸，像小山一样，是战国时代近畿地方最大的土垒。不过近年伴随土地开发，这些贵重的土垒也濒临消失的危机，希望能尽早提出保存策略。

曲轮、郭的检视

城郭的空间构成是基于什么样的概念来设计的呢

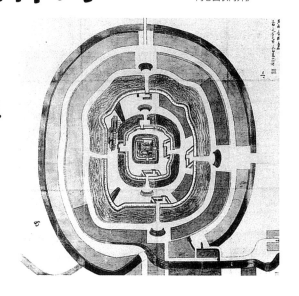

○田中城古图
（藤枝市乡土博物馆藏）
田中城是构筑在东海道要冲之地藤枝上的城，本图据说是宽永九年（1632）所绘制的。以中央的方形本丸为核心，二之丸、三之丸采同心圆状向外扩

曲轮为什么要称作"丸"

如果城郭的原则是划定、保住需守护的"内圈空间"，那曲轮就相当于城郭实际上的构成了。而使城郭之所以看起来像座城郭的曲轮，在规划上会变成表现城郭固有形状与性格的最佳指标，因此自古以来就是军事学的研究对象，并出现各式各样的理论。以下，就通过整理这些曲轮的概念，来确认一些基本事项。

曲轮有时候会被冠以量词、方位、植物等名称，称作"某某丸"。为什么会称作"丸"呢？根据军事学者的说法，把曲轮的外圈设成圆形时，内部空间的面积会达到最大等级。就几何学的角度来说，这的确是个合理的见解，不过以现实的城郭事例而言，反而是以直线为主体的四边形设计比较多。这跟受到自然地形影响而必须将曲轮配合设计成不工整形状的山城不一样，建在平坦地上的城郭明明可以设计成自由自在的图形，但是却看不到规划成正圆的例子。这是因为在城郭周边还有城下町与耕地等具有计划性的土地利用区块，从而导致这种必然的结果。另外，在城内配置设施与家屋时，曲轮设计成圆形也一定会产生很多问题。还有一个原因，就是当作"政厅"的场所必须要有适合其特性的基地形状，在这方面有一些必须因袭传统的观点。所以说，曲轮称呼中的"丸"，就像日本的船舶也会被称为"某某丸"一样，是种独特的称呼方式，具有像营运组织那样的机能特性。

以量词来概念化的近世城郭曲轮

那么，不管是哪边的城郭，只要有数个曲轮并排在一起，就会听到像本丸、二之丸、三之丸这种共通的熟悉名称。重新想想这件事之后就会发现一些奇妙的事情：究竟这是不是只有三个曲轮才会有的称呼？是否有四个以上的曲轮存在？疑问可谓源源不绝。就像在姬路城上可以看到的那样，城内曲轮并不一定只有三个，类似的例子在其他地方也能找到。以近世城郭的整体发展流程来说，曲轮会逐渐少量化、扩大化，而姬路城在主郭部位采取把旧城范围做最小限度修改的方式施工，因此会留下比较多小规模的曲轮。像这种形式的城郭，如果将曲轮冠上以空间序列为前提的量词名称，就无法与拥有一定规则的曲轮群形成对照，甚至会造成额外的混乱。

另一方面，像广岛城还会把本丸两虎口的角马出直接称为"二之丸"，因此实际上称呼曲轮的方式，通融性可谓相当高。也就是说，被视为近世城郭共通用语的量词称呼，单纯就只是把伴随着曲轮少数化、扩大化理念的编组替代、凝缩为三个数值

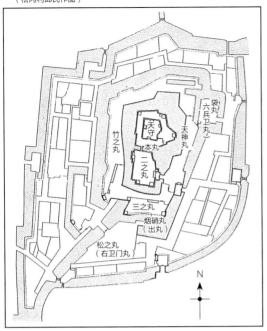

● 大垣城绳张图
（松冈利郎氏作图）

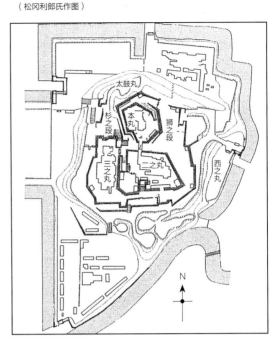

● 高知城绳张图
（松冈利郎氏作图）

之后普遍使用而已。这恐怕也是为因循上级权力指示的城郭管理方针而制定出的新型概念规定（符号化），为军学提供背书而出现。依据上级权力而正式认定的城郭，会把范围限制在本丸、二之丸、三之丸上，第四之后的曲轮在形式上则消失无踪。其中还要加上各城恣意将量词附会、运用，导致名称与实际上的曲轮构成形成差距，使得近世城郭的本质被掩盖。所以说，在此要表达的就是，若是太过执着于以量词称呼的曲轮，就会出现漏掉城郭固有特性的危险。

曲轮形态的检视法

接着，要来研究关于曲轮形式的问题。在城郭的一般概说书中，除了轮郭式、梯郭式、连郭式等基本形式之外，有时还会列举出并郭式、涡郭式、阶郭式、棱堡式等项目，乍看之下分类很整齐。不过真正属于这些形式的典型范例却比想象中要少很多，如果不加以变形，或是采用复合式弹性运用的话，就会有很多城郭无法配合实际情况。曲轮形式的整理，源自很久以前由大类伸、鸟羽正雄合著的《日本城郭史》，当时只有依据近世城郭的平面设计图来分析，提出轮郭式、梯郭式、连郭式三种大致上的类型而已，就连形式名称也是"暂称"。这充其量只是概念上的基本型，如果把它反客为主套用在现实的城郭上的话，就连分类好的形式论本身都会偏离现实，必须加以注意。

话说回来，即使没有经过充分检讨，这在今日也已经形成定说，而且还更加细分化。

若要直接解释城郭在空间上的扩展，脑中就会浮现出同心圆的构造。也就是说，会归结到以城郭为中心往周围全部方向展开附属空间的形式，也就是所谓的轮郭式概念。根据可以施展这种扩展方式的立地条件，则会衍生出后方较坚固的梯郭式、山脊相连的连郭式等各种次型。在此不用太钻牛角尖，只要确实掌握城郭的空间运用原理就没问题了，如果随便乱分类的话，项目就会太复杂，反而会招致弊害。像并郭式是来自中心曲轮形态的观点；涡郭式是采用进入路径的导线观点；阶郭式是采用了立面要素的观点；棱堡式则是来自国外城郭形式的观点，各自都打着很吸引人的内容，不过这跟以平面规划为依据的轮郭式、梯郭式、连郭式概念相比，则会出现无法在同一标准上讨论的限制，因此必须要避免轻易引用或言及这些形式。

但是关于曲轮形式的问题，由于目前依然没有简明的理论，因此根据今后的研究，还是留有继续发展的可能性。前面介绍的分类方法，主要是以人为造型来强加上去的，且题材都是近世城郭，对于城郭形状受到自然地形很大制约的中世城郭来说，会出现不同的曲轮（空间）概念也不是什么奇怪的事情。另外，曲轮的分析还不能仅限于平面规划，还要加上考量到景观要素的立面设计，才能进行整合性的评价。在从"战争对象"转至"观赏对象"的

各式各样的曲轮形态

● 像同心圆那样向外扩，才是城郭曲轮构成的主干

A轮郭式的其他曲轮是从作为中心的曲轮全方位往外扩张，可以看作城郭曲轮形态的基础。而背后有靠山或是河川的就会变成B梯郭式，如果城地又有更多限制的话，就会变成C连郭式

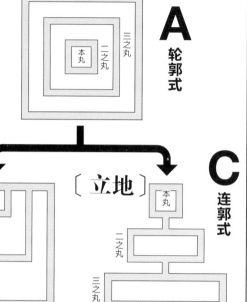

〔后坚固〕　〔立地〕

● 实际城池中的曲轮形态

虽然曲轮外扩的形态基本上由上述三种构成，不过城池在实际上却会受到立地条件与基地面积，或是筑城者在设计的限制，因而大多会像下面各图一样出现将此三种形态加以复合变化的曲轮形式

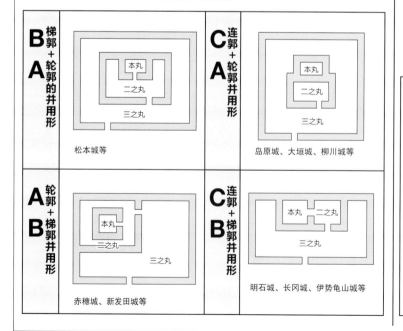

● 不同观念的曲轮形式

D 中心曲轮形态的观点

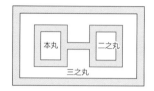

● 并郭式

本丸与二之丸并立，三之丸围绕在周围

E 立体的观点

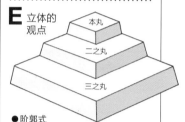

● 阶郭式

从本丸以阶梯状往下连接二之丸与三之丸

F 进入路径的观点

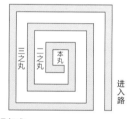

● 涡郭式

以本丸为中心点，二之丸与三之丸呈涡卷状配置

外国城池的形态

● 棱堡式

为欧洲城郭的曲轮形态，绳张是由星形曲折的垒线构成

曲轮・郭的检视

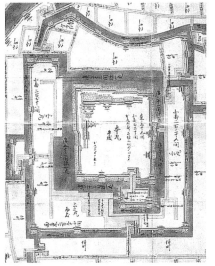

○《安艺国广岛城所绘图》
（国立公文书馆内阁文库藏）
图中央的本丸下方设有大型马出，此处被当成二之丸看待

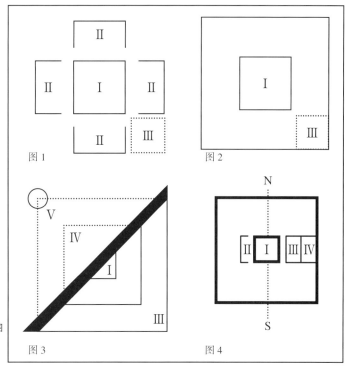

▷曲轮空间的模式图
（堀田浩之氏作图）

这种城郭史推移流程中，外观的视觉效果要如何考量，要如何在设计上活用高低落差，都必须循着当地的人类视线来考察才行。

另一方面，织丰时期城郭开始带有政治色彩，此后城郭的曲轮形式论还会出现其他角度的理念提示。此即为城郭设计的模仿、流传现象，将主郭与门前的马出组合在一起构成的"聚乐第样式"就是一个能一探究竟的例子。当时的掌权者将能够沿袭城郭形式，视作某种意义上的荣誉，同时也能对外体现出掌权者是被置于系列底下的一员。在江户时代，由于城郭还具有表示各大名家格的机能，因此抽出伴出伴随城郭样式化的几种"型"是非常重要的。

以空间概念与动态来看城郭的绳张

最后要以模式图来进行补充说明。图1为表示主郭部（Ⅰ）与附加的二次型曲轮之间的关系，是在四边备有马出（Ⅱ）的形态。右下角的虚线围起来的空间（Ⅲ）是设想会有被塀围住的宅邸，若把位于（Ⅲ）上方与左侧的马出有机性关联度提高的话，就能转换成图2那样巨大的空间概念。虽然（Ⅲ）并不算是正式的城郭设施，但由于具有结界的机能，因此还是能够把它包括在城郭空间构成的范畴之内。如此一来，图1与图2虽然看上去的形态不一样，但在空间概念上来说，具备两道遮蔽构造的视点是相同的，也就是说，图2的曲轮（Ⅱ）在细

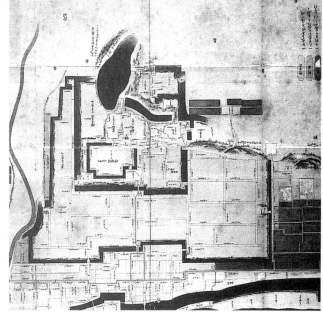

○《播磨国明石城绘图》
（国立公文书馆内阁文库藏）
图左方的中堀围出一块正方形的区块，其中央左起为并排的西曲轮、本丸、二之丸、三之丸

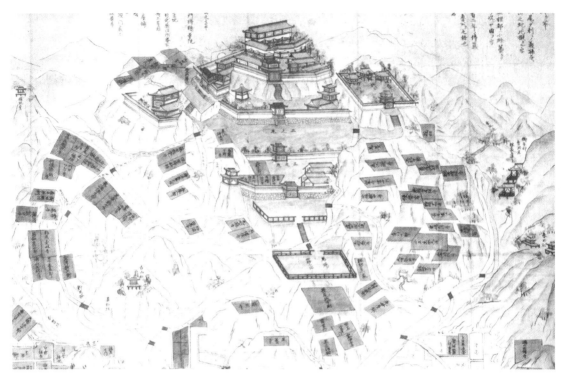

↑春日山城古图

分之后形态就可说相当于图1。借助曲轮内部的重新划分，或是空间概念上的整合，即使观察到曲轮形式在表面上有变化，依旧有可能不会影响到宏观上的曲轮编组。

图3就是所谓"后坚固"城郭类型的想定。从右上至左下斜向画出的粗线是用来表示天险所在的线，从中央的主郭部往右、下方有三层曲轮（Ⅰ、Ⅱ、Ⅲ）呈梯郭状（反而不称为梯郭式）突出，粗线的反方向（左上方）则是依凭天险，而不正式拓展城郭设施。不过即使有攻防难易度上的问题，基于城郭空间的原理，还是要用虚线补上，使它看起来是向全方位扩展（隐藏的Ⅳ、Ⅴ曲轮）。另外，在长程攻城道具出现之后，对后背天险的关注也因此产生变化。如果被"后坚固"这个语感所呈现的曲轮形式印象束缚住的话，就有掉入把城郭视为固定形式陷阱的危险，而只去分析正规城郭设施的话，也有可能招致忽略城郭动态性评价的缺陷。图3在左上画出了一个小圆，用来表示位于郊外的点（独立丘、河川、卡、湖沼、宅邸、寺社等），用来当作确保后背地区空间的参考。这些虽然不属于城郭设施，但在有事之际，却能够成为担负城郭一翼的"代用据点"。举例来说，将本丸背对旭川建起的冈山城，在"后坚固"的对岸地区设置了后乐园，以备不时之需。即使它表面上是座庭园，但是到了战时它能

发挥相当于城郭设施或曲轮的机能则一点也不令人意外。

图4是把明石城的绳张模式化之后画成的。在中央有一町四方形规格的本丸（Ⅰ），二之丸以下的二次型曲轮群则是左右排成一列，这是活用延伸如舌状的山尾地形来配置曲轮的必然结果。另外，明石城最令人感兴趣的，就是以粗线表示的外圈正方形（中堀线），是以本丸为核心将规模放大四倍后包围住连郭状的曲轮群，可以看出有两种不同层次的平面规划混合在一起。它的形式在此已超越采取"连郭式"的主郭部（Ⅰ—Ⅳ）的曲轮编成，让本丸、中堀明显形成了二层的轮郭构造，再加上以前的山城部（狭义的城郭），可以看出在延续自山麓城下空间的展开，成为总合性的绳张。附带一提，在以虚线表示的南北等分线上，在没有画进去的南方城下部上，配置了中堀追手、外堀追手、波止崎（明石港的出入口）等主要关门，可以视为明石城的主轴，并且跟本丸连成一线。容易让视线集中的本丸，在四个角上建有三重橹，使其在景观上能与其他一连串的曲轮群做出区别，强调更高一层的衍出效果，这点也相当有趣。在把近世城郭的平面规划以图形的方式整理考察之后，可以发现它们是以统治之姿刻画于大地上，而曲轮的设定则是近乎洁癖的理论性武装。

column

姬路城的内曲轮

姬路城有内、中、外三道壕沟在城下围绕成涡卷状，分别为主郭部与城主居所所在的内曲轮、武士宅邸专用的中曲轮、包含町家与寺町的外曲轮。这些曲轮就相当于荻生徂徕在《钤录》中所提到的本丸、二之丸、三之丸这种大城规模，那些在内曲轮之内的称呼跟上述的规模分类则是两回事。不过，在江户时代提出的姬路城修理伺图中，除了内曲轮之外，还把中堀、外堀的垒线也一并画入。另外，因为这些都是向幕府请愿修缮的对象，所以这应该是要表达也是可以将公认的量词曲轮概念套用于其上的。另一方面，由于狭义的绳张指的是内曲轮以内的编组，因此天守下面的备前丸就会是本丸，三国堀北侧的小区块是二之丸，除去山城部的南半边与喜斋门内的东部区域则被视为三之丸。硬要在古早的绳张上套用本、二、三这种新的曲轮序列所造成的结果，就是会出现这种混乱与怪现象。在姬路城中，还有像菊井户所在的曲轮被称为上山里，は之门内称为乾郭那样，冠有既定名称的区块。只要去探讨它们各自的意义，就会明白为什么不沿用本、二、三这种编组。

另外，关于内曲轮山城部的绳张，有备前丸、上山里、乾郭等所在的姬山，以及作为西之丸基础的鹭山这两座并立的小山当作高位的主体，从菱之门往右（东）走的区隔线把两者的山谷连接、封锁起来。在构造中还有设置当作水之手的三国堀，因此无法依据以往的轮廓式或梯郭式等曲轮形式来作分类，必须要找出另外的看法。

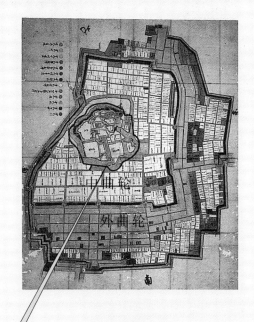

◐ "姬路侍屋敷图"
（姬路市教育委员会藏）
以13色范例描绘出来的酒井氏时代姬路城绘图，从藩校好古堂的位置可以推知这是文化十三年（1816）以前的东西。比例为1∶1600，由于测量技术的发达，使其精度不会逊于近代的地图。范例中除了堀、道、侍屋敷、町家、神社、寺院等之外，还有门、城主的东御屋敷、下御屋敷，以及家老的下屋敷、年贡地、山伏、组屋敷、中间屋敷等众多资讯。城郭与城主屋敷所在的内曲轮周围以由侍屋敷构成的中曲轮所包围，其北、东、南则有以町家和寺社地组成的外曲轮

◐ 姬路城的内曲轮
内曲轮的大半是由南边的三之丸所占据，在此有居城（藩主居馆）与向屋敷。北面的姬山上有本丸（备前丸），鹭山则有西之丸，两座山之间的山谷则是二之丸，把两者连接在一起。本丸南边有上山里曲轮，二之丸北面则有乾郭

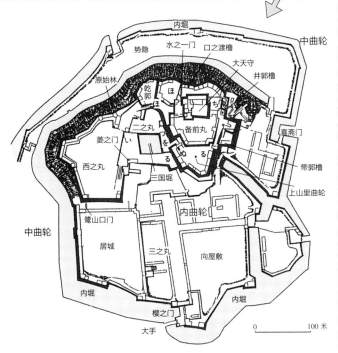

绳张的极致——总构 信长、秀吉、家康的总构

以包含城下町的总构来完成城的防御

所谓的总构

"总构"在广义上来讲,一般指的是包围住整座城与城下町的外堀、土垒等设施。而在近世城郭中,也会称其为外郭、外曲轮。总构的功用如下:

一、把城郭的规模扩大,让防御范围变广;

二、由于在幕藩体制中会把政治、经济全部掌握住,因此町屋也会围在里面;

三、明确划分城与城下町的界线。

虽然在日本并不像中国或西欧那些大陆国家因为要抵御外族侵略,而把市民围在城墙里面保护(罗城、城塞都市),不过在中世则出现了垣内、环壕聚落、寺内町等,以村或町为单位共同生活,并且借此在战乱中自我防卫。除此之外,武家所建的城郭则会被当作扩大领国的中心据点,从山城演变为平山城、平城,规模也越建越大,在附近聚集了根小屋、市场、宿等家臣团,以及工商职人、社寺,逐渐形成城下町。

虽然在此无法详尽说明总构的成立过程,不过它首次明确形成则是在后北条氏的小田原城上。在此之前,建造近世城郭的先驱者织田信长也曾建构出近似于总构的建筑,而对天下发号施令的丰臣秀吉以及开设幕府的德川家康是如何看待总构,在此也有一窥究竟的必要。不过由于信长、秀吉、家康这三位英杰的居城都没有留下太多遗构,因此不明之处相当多,在此仅就可以确认的地方加以讨论。

信长的居城——安土御构

信长似乎从很早以前就已经开始设置总构,在出击美浓之际,曾命令留守的家臣"不要让任何人进入清洲城,町人要以总构固守城户,直到信长回来为止都不要放人进入"(《信长公记》卷首)。在江户时代初期描绘的《清洲村古城绘图》中,除了本丸外圈有内堀围绕,还有利用旧五条川形成的外堀,可以看出它属于轮郭式绳张。

在清洲城之后移住的是小牧山城,整体是在略高的山上开辟多处曲轮,周围有土垒与堀围绕。在《小牧古城绘图》当中,可以看到山麓东侧有木津井堀筋,写着"由此南总堀八丁贰拾间"。岐阜城把加纳的市场当作乐市,在围绕着山麓居馆以及家臣团宅邸的堀之外,外圈还设置有长十八町的总构。总构之内为内町,外侧则称作外町,城户开有七口。关于这点,在绘制于承应三年(1654)的《浓州厚见郡岐阜图》中,则画有沿着长良川、井川围绕全体的土垒。

接着,他在安土山上以石垣建起了七重天主,在山腹、山脚下盖有许多宅邸,南侧的平地上则设有乐市乐座,聚集新兴工商业者使城下得以繁荣。在《信长公记》中可以找到这样的记载:天正八年(1580)闰三月十六"在安土御构之南,新道之北挖开江水,填平田地,建造宅邸给传教士";天正九年(1581)一月初一"于安土御构之北,松原之西海端建造御马场……"

虽然安土城下町的具体构成不甚明了,不过要注意在上丰浦与千丰浦的境界附近留有"总构土手"这种地名。但光靠这一点点的"安土御构"就推知它是总构还有点言之过早,从《信长公记》的文章来推断,搞不好这些指的只是以空前高层建筑天主为中心的城下町。无论如何,在清洲、小牧山、岐阜中都能依据文献史料找到总构存在的蛛丝马迹,不过可惜的是既然找不到遗迹,就无法确认它到底是不是从信长在城当时就已经存在。

秀吉的总构

继承信长衣钵的秀吉也在大坂城、聚乐第、伏见城规划了总构并且建造之。而秀吉在统一天下的

过程当中，曾经在包围后北条氏的小田原城时，目睹了敌方的巨大总构。

因此秀吉在征服小田原之后，就开始想要建造京都御土居与大坂城总构。直到统一天下为止，他在各地攻取城池，特别是以长期包围中的兵粮攻法（三木城干杀、鸟取城渴杀）与水攻法（备中高松城、纪伊太田城、武藏忍城）在战史中最为有名。这些都是投入许多兵力把城池周围全部席卷进去的作战，并且也顺利劝敌投降。有了这样的实战经验以及参考小田原城总构之后，秀吉就把它们都吸取入自己的居城总构中，不过立场则是攻守互换。这恐怕是要在夸耀太阁殿下的权力之余，也同时为将来未雨绸缪，强化防备。

秀吉着手进行总构设计，是从文禄三年（1594）下达"伏见之丸之石垣，同总构堀，大坂总构堀"（《驹井日记》）的命令开始的，此时已接近他的晚年。大坂城总构的北侧为天满川（淀川、大和川的合流），西侧为东横堀，东侧以平野川、猫间川当作外堀，由于南侧有上町台地，因此就是靠空堀与土垒造成，后者之后被称为新堀（《时庆卿记》）。另外，在秀吉死后的庆长三年（1598）也于本城（本丸、二之丸、西之丸）与总构、新堀之间设置了三之丸。三之丸比总构还要晚建成这点，可以跟小田原城这种从中世城郭逐次扩建的城两相对照，看出计划上的差异。

京都御土居建于天正十九年（小田原征伐的翌年），东为鸭川西岸，北为上贺茂至鹰峰，西侧沿着纸屋川南下，在四条附近一边转往千本通（平安京的朱雀大路），一边围向东寺，总长达到22.5公里，可以比拟都市城墙。由于天正十四年建造的聚乐第几乎位于御土居的正中央，因此御土居便可视为它的总构。不过关白秀吉则在翌年进行洛中检地、天正十八年执行地割整理，接着十九年于聚乐第采取禁里，设置公家、武家宅邸，把町屋撤除，将零星分布的寺院集中至寺町，在洛中采取一元化政策。也就是说，比起防御面，这些事业可以解释为是用来改善被御土居所围绕的京都在中世的社会经济关系。

接着是伏见城，当初有巨椋池、宇治川以及指月之丘，并于文禄三年任命山城宫内少辅为町奉行，订立了城下町计划（《总史愚抄》），不过却因文禄五年（1596）的大地震而毁坏。因此，地点就移往东北部较高一段的木幡山上，构造也从平城变更为平山城。根据古图和遗迹的残存状况来推断，在西侧似乎开凿了通往北侧七濑川的曲折外堀（现在的濠川），伏见城下的面积据说东西10町余、南北20町，配置有多栋大名宅邸与社寺、町屋（至今仍留有地名）。

另外，由池田辉政改建的姬路城以及宇喜多秀家的冈山城、毛利辉元的广岛城等，都受到了秀吉城构的影响，拥有大圈围绕住城下町的外堀和总构。特别是大和郡山城，在文禄四年由继承羽柴秀长、羽柴秀保的增田长盛建造了外郭总堀。在《正保城绘图》中写到的"北南总构之堀限差渡690间，西东之堀限差渡768间"，现在依然留有遗迹。

家康的总构

庆长八年，就任征夷大将军的家康在江户城开设了幕府，不过在大坂之阵灭掉丰臣家之前，他还是必须打稳基础，采取让权力得以巩固的政略。他除了扩张整备江户城之外，还必须要据守当时依旧是政治中央舞台的京都二条城（馆城）以及伏见城，借此压制大坂方面和西国外样大名。另外，他为了监视畿内周边，还下令各大名协助进行筑城工事，顺便让他们花费大笔开销，以削弱反抗幕府的力量。这就是所谓的天下普请，家康依此建了以下几座城：

庆长六年	膳所城（户田一西）、福井城（结城秀康）
七年	加纳城（奥平信昌）
八年	彦根根（井伊直胜）
十四年	筱山城（松平康重）
十五年	名古屋城（德川义直）、丹波龟山城（冈部长盛）
十九年	高田城（松平忠辉）

在此期间，还包含了增建江户城，以及修筑家康的隐居所骏府城。在这之中，有总构、外曲轮的则是江户城、膳所城、筱山城、名古屋城、丹波龟山城。

不过在筑城当时也有总构计划，但是后来却没有实现的例子，留有可供讨论的空间。最早通过天下普请建的膳所城，在《正保城绘图》中把围住整个城下町的绵长外堀以灰色描绘出来了，并写有"以来堀仕度中上候所"，必须加以留意。由于内郭的护城河是涂成水蓝色，因此在一开始应该是还没

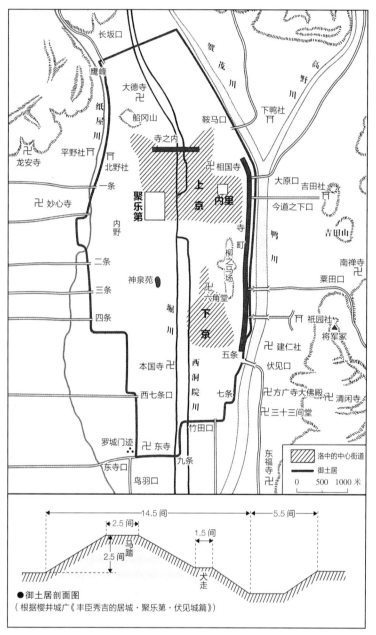

○京都御土居
秀吉的御土居是在小田原之战胜利翌年即天正十九年，以聚乐第为核心，采用与平安京规划大不相同的形状，把京都的中心部位包围起来建构而成的

●御土居剖面图
（根据樱井城广《丰臣秀吉的居城·聚乐第·伏见城篇》）

有外堀（总构为灰色），画在图面上的只是表示计划而已。至于篠山城也一样，在《正保城绘图》中把町屋从外侧用薮土居与水路包围起来，但要说它是总构，却又显得贫弱了些。另外，名古屋城在《蓬左迁府记福记稿》中写道：

一、外曲轮，南以古渡，东以矢田川为界，西至枇杷岛川边的笘侯处。由于大坂御阵猝然发生，故往后顺延，等到大坂御阵凯旋，元和二年，大御所（德川家康）御他界，其后安全，故外曲轮便未完成。

工程因此中止。如果名古屋城的外曲轮能被建造出来的话，规模几乎能与江户城匹敌了。据说丹波龟山城在庆长七年建了总构，十一年设置内堀，不过这个时间点却是在天下普请之前，因此尚存疑（在《正保城绘图》中则画有总构）。

总结来说，确实完成了总构的只有江户城而已，它的规模毫无疑问就是最大的。在家康去世之前，江户城的本城（本丸、二之丸、三之丸）与西之丸下、西之丸、吹上、北之丸、大手前、大名小路范围，就已经跟小田原城与秀吉大坂城的总构差不多大了。不过继承家康遗志的二代将军秀忠、三代将军家光又开凿了神田川，从西侧的曲町台一直挖掘外壕通到武藏野去，连接到南侧的溜池，建构出更大一圈的外曲轮。小田原城、秀吉大坂城在有台地的地方设置空壕，不过江户城的总构不仅更为广大，而且全部使用水壕，完成度相当高。但是前述两座城的总构在小田原征伐与大坂之阵当中都经历过实战，测试过实际效果，江户城因为是在庆应四年（1868）靠着西乡隆盛、胜海舟等人的会谈而无血开城，所以并没有办法证明它到底坚不坚固。而且又因为彰义队在上野战争中败逃，所以江户城总构到底有没有办法对抗欧美的近代战略，至今依然呈现意见分歧的状态。

信长、秀吉、家康的总构②

column

城的绳张规模比较

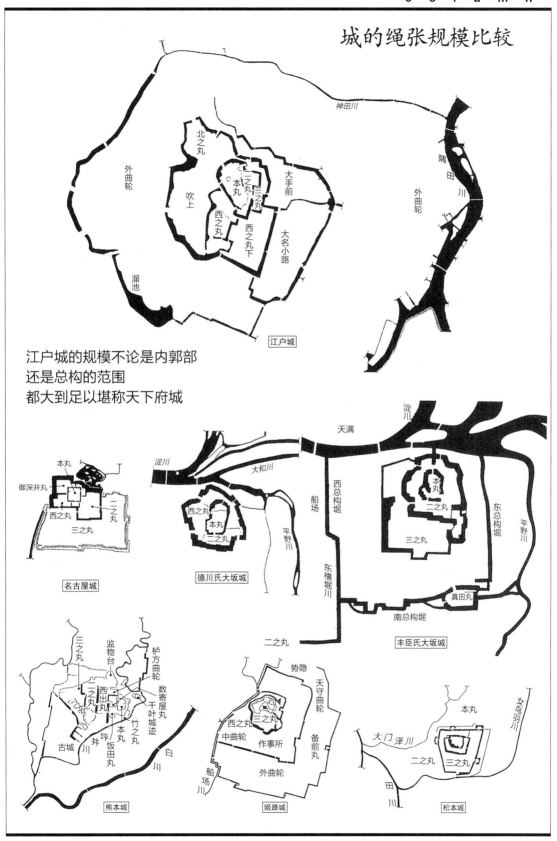

江户城的规模不论是内郭部
还是总构的范围
都大到足以堪称天下府城

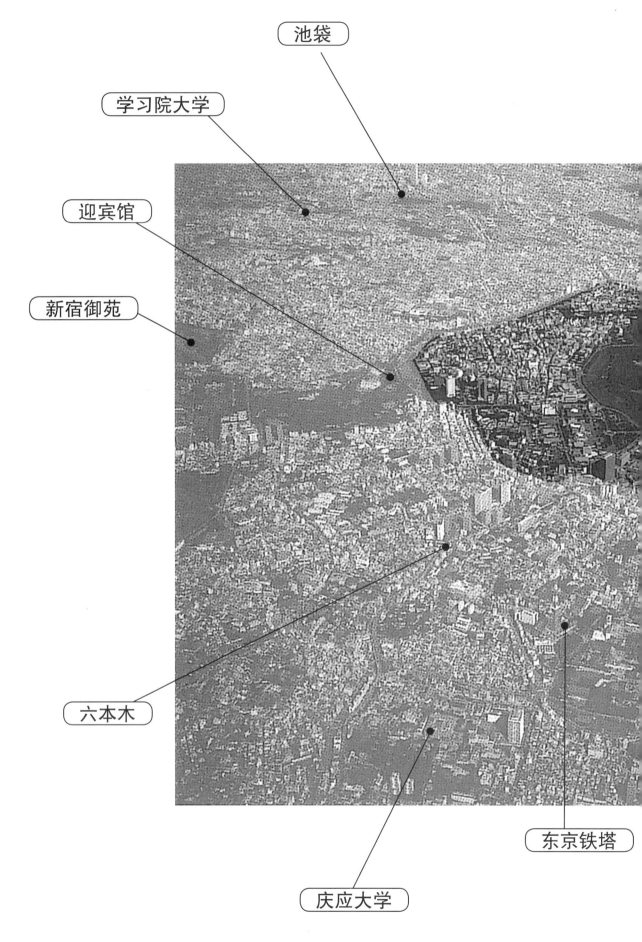

- 东京巨蛋
- 上野公园
- 滨离宫
- 滨松町站

◐从南方眺望江户城迹
由跟左页相同的方向看过去的照片。可以根据照片中稍微偏右的内曲轮为基准，找出广大的总构（外曲轮）界线。另外，牵引框内的文字是现在的地名

column

江户城三十六见附

在巨大的江户城总构（外郭）中，随处都有配合其规模的巨大桝形门，俗称"三十六见附"。不过因为在这当中还包括有内曲轮的门，所以要确定是哪三十六门则是很困难的事情。外郭的门是控制主要街道通往江户的入口，包括虎之门、赤坂门、四谷门、市谷门、牛迂门、小石川门、筋违桥门、浅草桥门等，就算是太平盛世，人马出入依旧会受到监控。见附橹门的大门开门时间是上午6点到下午6点，小门在午夜12点之后也会紧闭，超过门禁时间的话，即便是武士也不见得能够放行。就连卖弄权势的春日局，都曾发生过因为超过门限，怎么样都进不了门的平川门故事，可见"三十六见附"的规定非常之严格。仙台藩的片仓小十郎从伊达家中出府至江户时，因为在通过浅草桥门时没有取下火枪上的火绳，所以被门卫挡下。即使他主张伊达家中在六十年前出府之际也是像这样直接过门，于伊达藩留有先例，不过浅草桥门却因为火灾的关系没有留下门卫记录，所以就一直挡着他们直到晚上。

城郭变迁史 ❷　山城与平城

◐从空中鸟瞰灵山城遗迹
照片中央的山棱就是灵山城遗迹。灵山城是把位于阿武隈山地最高处的灵山（高约805米）当作要塞的城，由本城、国司馆、诘城构成

据点

因军事紧张而生的城郭据点变迁

在日本的城郭史中，于山上构筑城郭可以分成两大时期，其一为南北朝时代，其二则是战国时代。在这两个时期中，城郭的构筑有着爆炸性的进展，简直可谓"大筑城时代"。

用来当作据守要地的山城

南北朝时代的山城大多会选择建造在险峻的山顶上，而这种选地方式则透露出了南北朝时代战争中的城郭使用方法。在南北朝时代的记录中，时常会出现闭笼、构城郭等词，这说明南北朝时代的山城即是用来据守的场所。

话说回来，有很多传闻建造于南北朝时代的山城，在经过挖掘调查之后，却时常没有挖到属于南北朝时代的遗构或遗物，这到底是怎么一回事呢？"闭笼"这个词，在此似乎隐含着很大的意义。所谓南北朝时代的"城"，跟削平山脊整地为曲轮、设置堀切、井楼，以栅列围绕的战国时代的山城不同，是把据守在山上的"闭笼"这个行为本身视为"城"。也就是说，南北朝时代的山城指的并不是建筑物，而是将"闭笼"在山上的这个体制行为本身当作"城"。

像南北朝时代这种用来"闭笼"的山城，常常会利用被信徒称为灵山的山岳来充当。灵山是修行的场所，除了山势险峻之外，主要也是因为建立灵

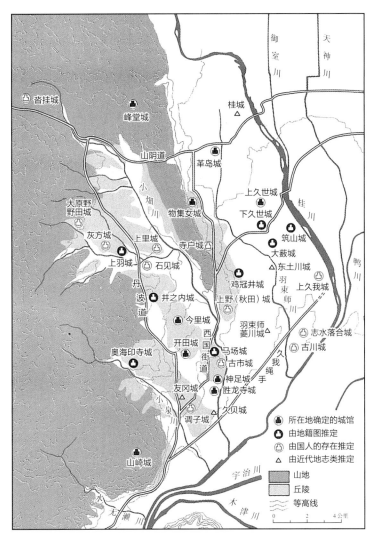

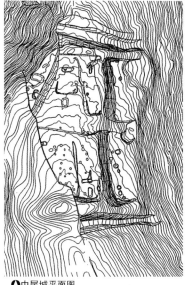

○中尾城平面图
（兵库县教育委员会《中尾城迹》所收）
规划以南北向的堀切划分出区块，整体近似于长方形

○乙训郡西冈的中世城馆遗迹分布图
（中井均氏作图）
在乙训地区，历代领主所世袭的并非山城，而是以图中这种好几座方形居馆所构成。居馆位于阶地、丘陵、低地上，四周有土垒与壕沟围绕

山的天台、真言两宗，为了要呼应后醍醐天皇，已经在上面建有寺院等建筑物。包括北町显家当作陆奥国府的灵山城在内，还有播磨摩耶山、伯耆船上山等灵山都是这样。另外，据守在这种灵山上本身就是一件很重要的事，有控制地区上神奈备山的意义。

当然，"闭笼"这个行为，也不单只是困守在山上，而是会搭建一些不会留至今日的简易设施。根据《太平记》的记载，在后醍醐天皇于元弘元年（1331）据守的笠置山上，有"切石为沟……橹有木户，有矢间之板"，可知该处存在壕沟、木户和橹。不过这些设施都是非常简陋的。在《真如堂缘起绘卷》中所描绘的阵城属于应仁之乱时期，而这只是把盾牌立起来排列成屏障，以便张开阵幕而已。在南北朝时代用来"闭笼"的城寨构造，应该也是类似这种的简单设施。

话说回来，近年在东北地方调查的猪久保城，是于14世纪下半叶以切岸的方式开辟出平台，设置有堀切，还有主殿与半地下式仓库，是座完成度很高的山城。另外，在宫崎县也发现了12世纪下半叶以横堀围绕的山城。像这种位于边陲地域的南北朝时代山城，在做法上与近畿地方的山城有明显差异，而这种差异则与之后战国时代的城池差异互有关联。

山城的出现使得以往的战斗形态为之一变，镰仓武士过去都是"操弄弓矢者"，以骑兵为主力部队，因此大铠也是骑兵用的样式。对于这种骑兵来说，最不适合的就是发生在山岳地带的步兵战斗。因此后醍醐天皇阵营的山城策略，也是为了对抗镰仓武士用的手段。

南北朝时代最为有名的山城就是楠木正成的上赤坂、下赤坂城以及千早城，不过正成在南河内的城池并不只有这三座。他以金刚山为中心构筑了多座城寨，也称作金刚山城塞群。这些城寨并没有铲

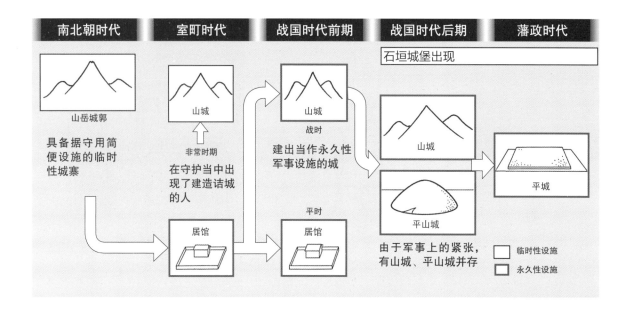

平山头，只是在山脊上设置堀切而已。在面对镰仓幕府军时，并不是单靠一城来战斗，而是在依靠位于山脊上的城塞群确保必要退路之下进行游击战。就这点而言，它跟吉野山城塞群是基于同样的战斗思想而构筑的。

作为"诘城"出现的山城

当席卷整个列岛的空前内乱结束之后，险峻的山城就全部荒废了。这也就表示它们的特性并非如同诘城（作为根据地的城池），而是只在作战时用来"闭笼"的城塞。在此同时，地方上的国人与土豪阶层生活在平地的居馆当中。另一方面，有力的守护阶层则会根据南北朝时代的经验来建构诘城。举例来说，近江守护六角氏，就把根据地从之前位于平地的金刚寺城居馆转移至观音寺城，当然，平时他们是住在山麓上的居馆当中，而国人、土豪阶层则只拥有村落内的居馆。在南山城地区，会像"自烧没落"中所说的那样，讲到"城"就是指村落内的居馆。另外，在乙训地区（京都府）虽然有丘陵和山地，不过被称为足利尊氏以来御家人的西冈中筋御被官们，都会建造出方形的居馆。他们在之后组织了乙训郡中总，因为具有团结力的关系，直到最后都不需要山城，而是选择在平地建造居馆。而这些城馆组织之所以遭到解体，则是迫于织田信长的外在压力。

同样地，在湖北地方（滋贺县），于村落内也建了很多居馆。以湖北平原的高产能作为基础，在南北朝时代以后出现了一种称为总村的自治村落。对于领主来说，在村落当中构筑居馆，就代表能够治理这座村落。就连从南北朝时代就已经出现在文献里的湖北国人下坂氏，到最后都没有舍弃位于平地的居馆。

在甲贺（滋贺县）与伊贺地区，出现了很多不是建在村落内部，而是建在村落背后的城，其构造与平地居馆一样都是方形单郭式规划。甲贺组织有郡中总，伊贺则是有"惣国一揆"体制，其主体以拟制血缘关系来缔结同盟，彼此互不相克，并构筑了多座城池。除了这种特殊地域之外，让平地居馆一齐改为构筑山城的契机则是应仁之乱。南北朝时代以后的平地居馆，虽然拥有能够抵御与邻村对战等级的防御设施，不过在面对有中央权力介入的大规模战斗时却没有办法承受。基于这种状况，除了平时的居馆之外，就会另外构筑用来当作防御设施，称为诘城的山城，这也就是山城构筑的第二高峰期。

根据挖掘调查的结果，中尾城（兵库县三田市）只在 15 世纪下半叶到 16 世纪上半叶被使用，这是极为重要的事例。其构造是把山脊的两侧以堀切切断，开辟出一个接近方形的区块当作城域，规模小而简单。不过在这座城寨当中出土了大量生活遗物，可以得知它虽然是座山城，但也是座居住用的城寨。在 16 世纪下半叶的山城调查中，大半城寨的出土遗物都很稀少，显示山城并非平常的居住设施，平时是生活在山麓上的居馆中。而中尾城的例子，就显示出了在应仁之乱后，平地居馆会直接被改成山城。

应仁之乱后的山城与南北朝时代的山城不同，虽然一般并不会在此地生活，不过它也不是为了打仗用的临时设施，而是可用来当作诘城的永久性城郭，因此会有许多防御设施。山城自此从"闭笼"

▲山城在曲轮的周围设有土垒❶和横堀❷以加强防御，堀底设有堀障子❸和亩堀❹当作障碍物。城的出入口是防御最严谨的部分，因此设有可以从侧面射击的横矢❺，以及用来防御正面与兼具出击点功用的马出❻。另外，为了防止山腹的敌人沿着山脊移动，会用堀切❼或亩状竖堀❽来切断（作画／板垣真诚）

这种据守山岳的行为，转换为军事性防御设施。它所依靠的不只是险峻的山顶这种天然要害，而是会发展出削平地（曲轮）、堀切、土垒、亩状竖堀群、桝形虎口、横矢（垒线的曲折）、马出、堀障子、亩堀等防御设施。

就这样，在应仁之乱以后的战国时代城池，就如其字一般，是以土来构成。所谓永久性山城指的并非建筑物的恒久性，而是指普请；构成绳张的土木作业本身才是战国之城，而建于其上的设施只是临时性质。

采用石垣、作事
近世城郭诞生

超越土城堡的，是在天正四年由织田信长所组建的安土筑城。由于其海拔比琵琶湖面还要高出109米，因此是座山城。这座山城全部是由高石垣构筑而成，在高石垣上建有葺着瓦片的橹与塀，山顶则耸立着五层七重天守。

这种技术并非因为信长而突然出现，而是来自尾张、京都、奈良的社寺营造技术。不过这些技术以往只用在社寺上面，而没有任何一位战国大名将它用在城池上。信长在城郭中除了用上普请这种防御设施，还以作事的方式采用了社寺的技术。原本隶属于营造社寺的技术人员集团，被信长重编成直属的技术组织，让以往的土城模式完全改头换面，近世城郭就此诞生。对于已看惯在山顶围起栅列的战国时代山城之中世人民来说，这种七八层楼高的建筑耸立于热闹的乐市乐座城下町中的高石垣上，中央还有金碧辉煌的天守，一定会令他们震惊不已。这已经不单只是防御设施，而是表现"天下布

○安土城石垣
在安土城建成之后，时代就进入了从土城到石城的转换期

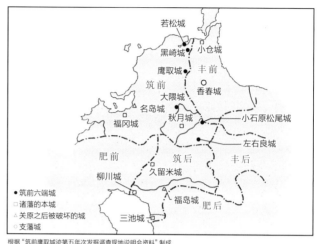
根据"筑前鹰取城迹第五次发据调查现地说明会资料"制成

武"的具体象征，是座"用来看的城"。

而安艺的毛利氏也以郡山城为根据地，在元就以前的阶段还只是利用东南山脊的小规模山城，不过伴随着元就的势力扩大，后来就把整座山都当作了城域，到了辉元时代还建有天守。话说回来，当辉元成为丰臣大名之后，本城就于天正十九年移至广岛城，而这座广岛城的规划，则是模仿秀吉于天正十四年在京都营造的聚乐第。城池的构筑是在太田川的河口三角洲地带进行，其工事称为"岛普请"，还因此遭到世人嘲笑。会在这个三角洲上建城筑町，就连当时的毛利家人也没有料想到。从这一点就可以看出尽可能利用自然地形的战国时代山城，与即使以人工方式改变自然地形也要按照计划进行城池构筑的近世城郭之间的差异。

战时的山城、平时的平城

以从郡山城移动至广岛城这现象，可以看出自山城转变为平城的时代变迁。这种由山城移至平城的变迁，绝对不只是受时代影响而已。伴随信长的安土筑城于近江建造的家臣居城，包括羽柴秀吉的长滨城、明智光秀的坂本城、织田信澄的大沟城等，都是在湖岸边的平城。而在天正十一年，秀吉从一座称为山崎城的山城移居至大坂城，天正十三年（1585）他也在近江建造了家臣的城池，包括丰臣秀次的近江八幡城、中村一氏的水口冈山城、石田三成的佐和山城等，这些都属于山城，可谓反时代而行。这种差异，可以说等同于以安土城这座山城为中心来完全掌控近畿地方，在领国内构筑平城的信长，与为了提防东边的后北条氏而构筑山城的秀吉之间的差异。从山城转移至平城并不单纯是时代的变迁，而会受到军事紧张关系的极大影响。

庆长五年，在毛利氏移封防长之后，入封安艺的福岛正则开始建造防卫领国用的支城。虽然他自己是以毛利氏的广岛城作为本城，不过值得注意的是，六座支城当中的龟居城、神边城、五品岳城、三次城、鞆城这五座城都属于山城。同样地，筑前黑田氏也是以平城的福冈城作为本城，但是用来保卫领国而构筑的筑前六端城，包括鹰取山城在内全都属于山城。也就是说，虽然德川氏靠着关原之战得以逐步巩固幕府权力的基础，不过全国的大名之间在此时期依旧在军事上维持着相当高的紧张关系，到之后的元和元年建造的国境城池，绝大多数都属于山城。

庆长五年，伴随着毛利氏移封防长，在萩开始筑城。其规划乍看之下是平城，但其实诘之丸是位于指月山的山顶，本丸则是在山麓上以壕沟划分出区块，这种形态与战国时代的诘城和居馆相同。虽然毛利氏建出的广岛城完全是平城，不过在萩筑城时却采用了与时代走向相反的筑城方式，相当值得注目。同样地，彦根城也是把本丸设在彦根山的山顶，即便它是近世城郭，依然还是在山尾上设置了堀切，表御殿是建在山麓上，以竖石垣和山顶的本丸接续，完全呈现出战国时代山城与居馆的形态。

等到幕府巩固地盘，进入天下太平之世后，山城的使命也告完结。以山城为本城的大名们，也纷纷采取维持城寨的相应做法。举例来说，大和高取城位于山顶部分的城郭部除了卫兵以外已经无人居住，藩主转移至位于山麓的居馆。岩村城和备中松山城也一样在山麓部位建起根古屋，将藩政、藩主居馆这些藩内中枢从山上移动至山下，结束了山城的时代。

如此看来，城郭会因为军事上的紧张关系不断往上移，等到和平到来之后则又搬回平地，以此不

山城与平城

○ 从空中俯瞰广岛城
广岛城是在天正十九年由毛利辉元在太田川与京桥川流域的三角洲地带,也就是箱岛上面,以极为困难的工事构筑而成

○ 鹿儿岛城石垣
留存于本丸的石垣。鹿儿岛城由本丸与二之丸构成,在本丸设有藩主居馆,背后的城山则当作诘丸

○ 眺望荻城
从南边眺望,照片中央稍微偏上方可以看见天守台,天守台后方的一角是以前的本丸,背后的山是诘丸所在的指月山

断重复,从山城转移至平城绝对不只是肇因于时代的变迁。

话说回来,即便是近世城郭,东北地方诸藩的城郭却极少使用石垣。针对这一点,过去一直认为这是因为东北地方没有石材,所以才用土垒建造。不过近世城郭之所以是近世城郭,在郊外没有石材的状况下,也是会想办法从远方运来,因此以土垒建造的城和石材的有无并无关联。真正的原因是东北的诸大名是自战国时代以来在关东、东北的有力大名,而这些地方的筑城思想都属于土造城郭,所以即使进入江户时代,在普请这项土木面上,也都维持着祖先传下来的土造城郭。反过来看,东北和关东甲信越地方的全石垣城,都曾有丰臣的直臣入主,不然就是很早就成为丰臣大名,因此而采用了秀吉的筑城技术也说不定。与东北大名不同,西国大名很早开始就是丰臣大名,并以石垣来进行筑城。

话说回来,在南九州虽然也使用石垣,不过其规划却是承袭自镰仓以来的居馆形态。举例来说,鹿儿岛城的岛津氏、人吉城的相良氏虽然都在山顶部设置有诘城,但是藩的核心却还是位于山麓上的方形区域中,这应该可以视为南九州大名的权威。由于镰仓以来的方形馆属于武士的居馆,因此南九州大名可能是想借此表示他们的地位已经从地头变成了战国大名。

△控制通往骏府馆街道的各城郭

控制陆路

进击与迎击
以城池扼守街道两边并将街道组于其中

在要冲之地筑城

控制交通要冲，是城池"地选"的重要元素之一。掌控街道的"关"，早在大化二年（646）就已经制度化。当时的畿内防卫要冲，有东海道铃鹿、东山道不破、北陆道爱发这三关。其他在相模足柄、上野碓冰、陆奥白河等处也设有关卡，用来当作控制街道的军事据点。不过这种关卡随着律令体制的崩毁，也变得有名无实了。

后来轮到武士登场，为了治理领地而出现了馆。进入军事持续紧张的时代后，开始利用在战略上具有优势的天险来筑城。不过在应仁之乱以后，全国陷入战乱之世，以天险为本位的要塞开始急速衰退。

战国大名与在地国领主会顺应时代的需求，建造兼具领地统治与军事据点机能的山城。山城在一开始主要是为了拥有居高临下的视野而建造的，但在之后伴随着他国入侵与挺进他国等军事活动的恒常化，改为在交通要地筑城。

在此时期构筑的城池，大部分是以通往邻国街道的境界，或是街道交叉的地方作为据点。通过在能够经常监视街道往来的地方筑城，来使军事活动更为顺畅。另外，还有一种在边境上的城会把街道组进城内，以关卡功能作为优先。战国时期的筑城，会把控制交通要冲视为一个很重要的点。在进攻他国的时候所重视的，就是如何攻下控制街道的城池，以确保住部队挺进的桥头堡。

信长的安土城、秀吉的大坂城也都是建在交通要冲上。特别是安土城，它的所在位置可以控制东海道、中山道、北陆道，也能监控千草越与铃鹿越。

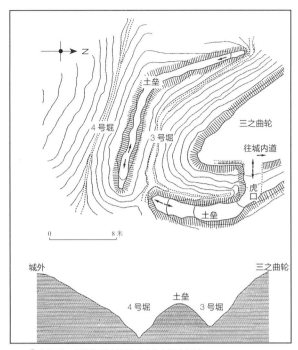

△高根城二重堀切的平面（上）与剖面（下）
（水洼町教育委员会《高根城Ⅳ》1997 年）

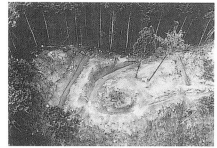

△从空中鸟瞰三之曲轮与二重堀切
二重堀切的宽度约可达 30 米

△二重堀切的外侧部分
左侧为土垒。外侧的堀切约比内侧堀切深 1 米，总延长约达 35 米

到了江户时代，主要街道陆续变更为城下町，发展成以城堡为中心的政治、交通要冲。

纳入市镇的骏河今川氏

骏河的领主今川义元，是以面向东海道的骏府馆为居城，就军事面来说重要性不高。骏府是一方面海、三方有峻险山岳包围的天然要害，地形与镰仓非常类似。

即便骏府馆的军事性比较薄弱，它依然能泰然自若，这是因为在通往骏府的东西两侧入口已经筑有防线。建在东边的是横山城（清水市），这是一座控制萨埵卡（卡指鞍部）的山城，在它的东侧还有一座可以俯瞰东海道的蒲原城（蒲原町）。西边则有控制宇津谷越后方的丸子城（静冈市），正面有德之一色城（藤枝市）。另外，在日本坂越方面，有后方的持舟城（静冈市）、正面的花泽城（烧津市）。像这样在东西两边设下双重防线，再加上配置固守用的重臣，可谓准备万全。

由于骏府馆背后的翻山路线无法让大军移动，因此背后的防备就交给了具有看守西侧迂回路线功能的贱机山城。骏府靠着筑起可以控制两侧鞍部街道的城郭，把市镇本身当作地域城，属于战国前期的事例之一。

伴随武田信玄西上作战的筑城

元龟三年（1572），武田信玄开始入侵远江平原。他带领了 2 万余名军士，沿着伊那谷南下，跨越信浓、远江国境的青筋卡、吴越卡，让部队推进至远江。在入侵远江时最危险的预想，就是国境上的卡道。信玄为了确保此时跨越路线的安全以及控制信州街道，就把高根城（静冈县水洼町）大幅改建。

高根城从平成元年开始实施挖掘调查，依此确认了武田军的改建。在此之前，它是当地国人领主奥山氏在南北朝时期构筑的城池。高根城由三个曲轮构成，最北端为本曲轮，在南端三之曲轮的南侧设有武田氏特有的半圆形二重堀切。本曲轮的眺望视野良好，跨越青崩卡、兵越卡的武田军可一览无遗。

为了确保跨越卡时的安全而大幅改建的城，是以切削山上的岩石挖出宽约 30 米的二重堀来提高防御性。二重堀切的中央部为土垒起点，北侧堀切经测量约 10 米，土垒宽约 1.5 米，南侧堀切约 8 米。从三之曲轮的平坦部至北侧堀底高约 8 米，自北侧堀底至土垒上面约 3 米。从城外平坦部至南侧堀底高约 9 米，自南侧堀底至土垒上面约 4 米，属于大规模的堀切。

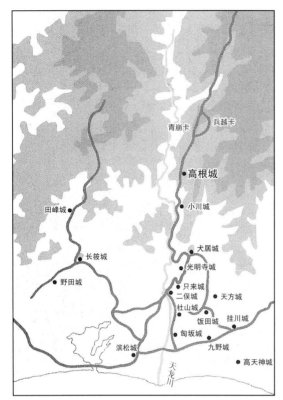

◐信玄企图入侵的远江平原诸城

高根城是在什么样的情况下实施修改,详情无从得知。以周边各种情况来判断的话,最早是在西上作战的前一年,最晚则会是数个月前。根据调查结果,堀切的凿削很可能是由专业集团在短时间内施作的,因此信玄能在短时间内完成如此大规模的改建。这是因为他判断出控制信州街道的鞍部,对于西上作战来说是不可或缺的要项。只要能够掌控跨越国境之处,一直到远江平原就不再存有危险地域。信玄控制住了街道要冲,以万全的态势对远江展开进攻。

安然跨越国境的信玄,最初的攻击目标是二俣城(静冈县天龙市)。二俣城位于连接远江平原与北远江山间的接点,是扼守远江平原北门的据点。连接至信州的街道,以及来自挂川、见附、滨松、滨名湖等远江各地的街道,还有通至三河的三州街道也都在此交叉。

取得二俣城,就等同于控制了这些街道,对于家康来说,这种情势仿佛是一把利刃直指喉头。即使这次的作战以失败告终,夺取二俣城依旧是通往下一阶段的一大步,信玄必须要能掌握可以随时从信浓、奥三河推进至远江平原各据点的要冲。

事实上,在信玄死后,家康第一个反应就是进行二俣城规复行动。根据《三河物语》所述,家康在杜山、合代岛、渡岛构筑了城寨,准备夺回二俣城。由此可知,控制街道交叉点的二俣城对于家康来说是多么重要。

将街道组进城内的后北条氏城池

永禄十一年(1568)以后,为了防止武田氏入侵关东,后北条氏就在各地对城郭实施整备修改。其中特别受到重视的则是控制跨越国境鞍部的城,以及主要街道沿线的城,包括控制三增卡的津久井城(神奈川县津久井町)、足柄卡的足柄城(神奈川县南足柄市)、甲州街道与足柄街道要冲的深泽城(静冈县御殿场市)等。这些城在构造上都巧妙利用了天险,以迎击跨越国境而来的敌军。

其中足柄城是把足柄街道组合进入城内,并配置能够随时从头顶上进行攻击的土垒。街道在城内不仅有曲折,通过空堀内部,加上很大落差等,设计出各式各样的巧思。

跟足柄城一样把街道放进城内的城池,还有山中城(静冈县三岛市)较为有名。山中城为了抵御天正十八年时秀吉的进攻,由后北条氏倾全力进行了修改。来自骏东的三岛道与来自伊豆的韭山道,在山中城出丸下的韭山辻交会,通过城之后越过后箱根卡通往小田原。

由于山中城的形式是沿着街道扩张,因此会呈现出把街道包夹在内的长形延伸状。原本说起来,像这种巧妙利用自然地形,靠着挖掘壕沟来灵活连接各曲轮以补其不足的城池,在后北条氏这边并不在少数。不过山中城在构造上与其说是具有相互补足的机能,还不如说正因为把街道组了进来,各曲轮才能发挥独立机能。这恐怕是因为要在这座原本目的为控制通往小田原街道关卡的城上,另外加上为迎击丰臣军的防御设施而产生的现象。

把街道组合进来的城,在与同等级的军力对战时,可在局部地区战斗中发挥很大的效用。但如果面对的是滚雪球而来的大军,依旧还是束手无策。战斗本身的形态已经出现变化,到了这个时代,已经无法再用以往的方式利用城池了。

通过城下町的街道所产生的变化

等战国时代告终,由织田丰臣政权转移至德川政权,使政权持续稳定之后,控制要冲的城池也产生了很大的变化。在织丰政权之下机能一面倒向军事面的城池,在此也转以政治为背景,开始重视外

控制陆路

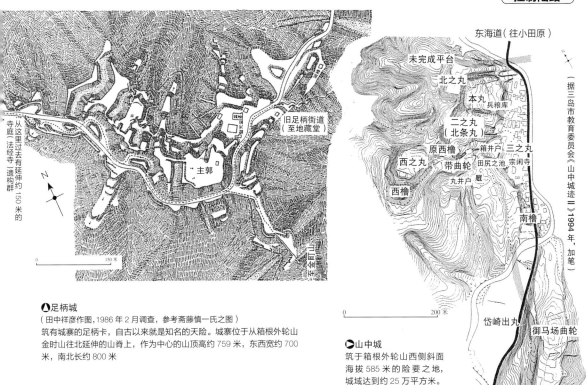

○ 足柄城
（田中祥彦作图，1986年2月调查，参考斋藤慎一氏之图）
筑有城寨的足柄卡，自古以来就是知名的天险。城寨位于从箱根外轮山金时山往北延伸的山脊上，作为中心的山顶高约759米，东西宽约700米，南北长约800米

○ 山中城
筑于箱根外轮山西侧斜面海拔585米的险要之地，城域达到约25万平方米。本丸位于扇形的枢轴位置上，并巧妙利用往三方延伸的山脊设置各个曲轮

观的象征性。

远江的要冲滨松城，在今川氏灭亡之后的元龟元年，由德川家康进行修改，成为经营远江、三河的据点。东海道会朝着滨松城北进，然后在城下直角转弯继续向西行。虽然这条路线基本上并没有太大变化，不过跟丰臣之下的堀尾时代相比，可以看出在江户时代观点已经出现了相当大的变化。

堀尾时代构筑的石垣，在建设的时候重视的是东侧（关东的家康领国），于东海道上从江户往大坂方向仰望城堡的话，会正对着石垣与天守。当然，从南侧看过去时，东海道也会正对着天守。

进入江户时代之后，滨松城的大手门就从东侧移至南侧，而东海道的位置也同时配合改变；东海道所面对的不再是天守，而是大手门与旁边的隅橹。南北轴向往西移动，东西轴向则往南移。到了《正保城绘图》阶段，可以知道滨松城已经没有天守了。德川政权把东海道的路线连同象征丰臣的天守一起废除，改采以大手门为中心的新视点。

战国时代采行的是以控制街道与要冲的军事面作为最优先，进入江户时代的稳定政权后，控制街道就转变成为政治目上的利用。

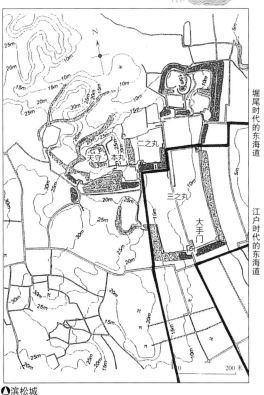

○ 滨松城
（滨松市博物馆《滨松城印象》1995年，加笔）
天正十八年，丰臣麾下的堀尾吉晴建了最初也是最后的天守，推测仅维持了五十年就遭到废弃。在江户时代还被称为通往幕合的登龙门

控制水路

利用海洋与河川掌握军事、经济流动的城郭群

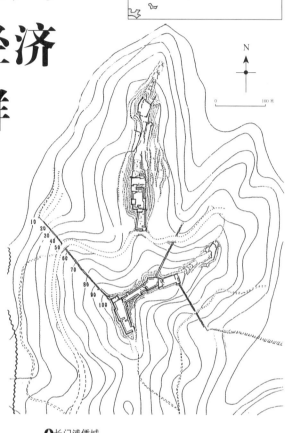

△长门浦倭城
（高田彻氏作图）
筑于长木湾口的倭城。文禄庆长之役冲入长木湾的李舜臣，与阻挡他的福岛正则军队就在此爆发海战

建在海岸、湖沼旁边，或是将海上岛屿整个城郭化的城，称为水城、湖城、海城。这跟平城、山城一样，是以选地来大致区分的城郭分类称呼。以下就要通过几个实际案例，针对构筑于海岸、河川、湖沼附近的城郭，说明它们担负怎样的角色，以及筑城者的意图。

监视海洋的城

首先，让我们来看看构筑在水际的城郭在军事上扮演着怎样的角色。

在文禄庆长之役（1592—1597）中，丰臣军队基于统治地区、战略驻扎等各式各样的理由，在朝鲜半岛上构筑了多座城郭，总称为倭城（这原本是遭受侵略的朝鲜这边用来对日本式城郭的称呼，不过现在已经成为日本、韩国的研究固定用语）。其中建在朝鲜半岛南岸的城郭群是全石垣型，且大多数的整体规模都很庞大。倭城的特征在于它会建在海岸或大河旁边，而且在城内几乎都拥有港湾设施。这是因为占领地所需的粮食、生活物资、兵员、武器几乎都必须仰赖来自日本国内的运送供给。为了让横渡朝鲜海峡而来的船舶安全靠港，并且确实守住运上岸的物资，把港湾组合进入城郭内部的做法是最为有利的。

话说回来，当时朝鲜阵营的李舜臣所率领的水军，会操作一种称为龟甲船的军船，对日本水军发挥压倒性优势。日本水军连战连败，到最后甚至还没看到敌船的影子就弃船上陆撤退了，完全束手无策。为了掣肘朝鲜水军的航行，确保日本水军在近海的制海权，就得靠这些倭城了。朝鲜水军为了歼灭日本水军，曾经几度想要冲进倭城周边的港湾当中。不过筑于山上的倭城则能居高临下攻击港湾，该处与水上不同，脚盘相当稳定，因此能够自由射

击铁炮。另外，来自敌军的反击也能靠城墙挡下，使战斗因此变得极为有利。再加上日本水军还能在来自倭城的射击掩护之下，对敌军挑起接近战。而这些控制重要港口的连绵城郭群也会使朝鲜水军找不到停泊地，以结果来说着实限制住了朝鲜水军的航行范围。

无论是在文禄庆长之役时进行的水军战，还是一连串大规模的沿岸筑城，在日本国内几乎都没有发生过。在此只要能理解像以上这种构筑于水际的城郭，在军事上的角色是可以对水上航行的船舶行动进行监控、限制，还能从陆上掩护自军船舶即可。

在倭城之前，以同样的军事设想构筑的城池还有建在濑户内海的海贼城。这是把整座岛屿或海岬的末端建为城堡，大多会位于连接海峡或航路的海

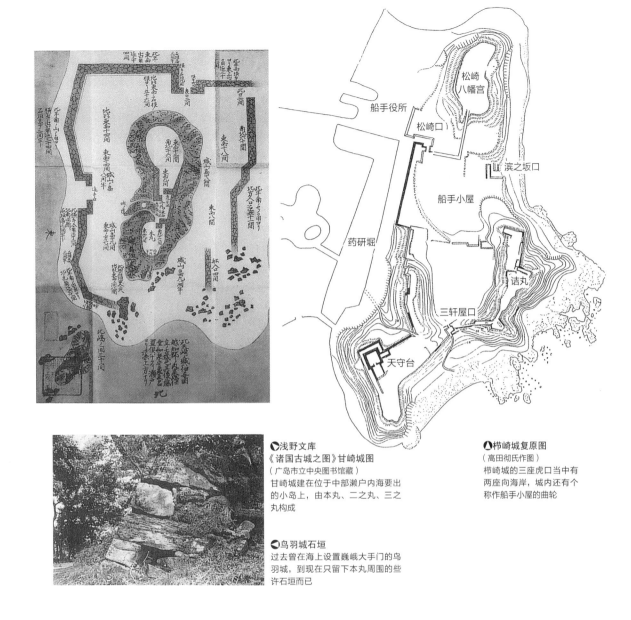

◉浅野文库
《诸国古城之图》甘崎城图
（广岛市立中央图书馆藏）
甘崎城建在位于中部濑户内海要冲的小岛上，由本丸、二之丸、三之丸构成

◉鸟羽城石垣
过去曾在海上设置巍峨大手门的鸟羽城，到现在只留下本丸周围的些许石垣而已

◉栉崎城复原图
（高田彻氏作图）
栉崎城的三座虎口当中有两座向海岸，城内还有个称作船手小屋的曲轮

上交通要冲上。这种城的规模较小，构造仅为相连的曲轮。另外，有很多城也能在海岸的岩礁上找到多数柱穴，这应该是系船用的栈桥痕迹。天正十年，由来岛通总把守的鹿岛城（爱媛县北条市）被毛利、村上水军包围，撑过了火炮的攻击，充分发挥了要塞特性。包围城堡的海洋以及潮流，对于拦阻敌人也很有效。

倭城之后，筑于庆长八年，福岛正则麾下的支城龟居城（广岛县大竹市）把港口和山阳道包进城内，在规划上可以一口气控制水路和陆路。

同样地，筑于庆长七年（1602）的毛利辉元支城栉崎城（山口县下关市）则是位于邻近周防滩的丘陵上。由于坛之浦附近的潮流速度很快，因此能够在海上安全航行的航路相当有限。而栉崎城正是位于能够俯视这条航路的位置上，一旦有事发生，就能拦阻船舶航行。另外，由于它的天守是面向大海，因此即使在平时也能充分对船舶发挥威吓的作用。

在文禄三年经过大幅修改之后成为近世城郭的鸟羽城（三重县鸟羽市），其大手门并不是面向陆地这边，而是面向海的方向。由于鸟羽城是建在与谷湾式海岸相接的山上，因此在靠陆地这边并没有适合作为城下町的平坦地形。反过来说，由于靠近陆地的水比较深，因此可以充分发挥出让大船靠岸、停泊的良港机能。不过以近世来说，最大的问题就变成维持像鸟羽城这种构造以控制港湾的军事性理由已经消失殆尽。再加上水上交通要比陆上交通发达，伴随而来的经济效果可以说会直接掌握城郭的存在与否。另外一点不能忘记的是，鸟羽城的筑城者，是在织丰政权之下率领水军大显身手的九鬼嘉隆。

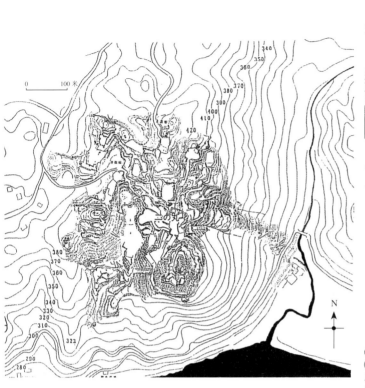
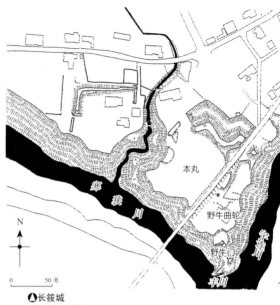

○长筱城
（高田彻氏作图）
本丸东侧下方有野牛曲轮，野牛门面对南方的宇连川和寒狭川开启。在《长筱之战图屏风》中画有从野牛门通往对岸的桥梁，不过从现状来看则存疑

○苗木城
（高田彻氏作图）
从二之丸走下九十九折的隘路后就会到达开于木曾川畔的大手门。分布于本丸、二之丸周边的削平地有寺院、家臣宅邸等，城下町则位于较远的北方山麓上

面向河川开设的大手口

除了海之外，苗木城（岐阜县中津川市）则是把大手门面向河川开设。苗木城建在屹立于木曾川旁边的岩山上，武家宅邸设置于围绕着城郭的山谷与山脊上，城下町位于北方的平地部位，稍微有点距离。如果是通常的话，陆地这边应该会面对城下町设置大手，至少不会连虎口都没有。不过苗木城却是把大手门设置在靠近木曾川的险峻隘路的山道之下。虽然城下町不在大手附近，不过只要渡过河川沿着陆路走，就会抵达中山道，使用船只还能跟流域中的川凑取得联系。简单来讲，这座大手同时控制了水路与陆路，以位置来说可以汇集从这两种路线运来的物资。除此之外，在河川能够渡河的地点上构筑城郭，除了能在平时监视往来通行，有事之际也能发挥阻断通行的功能。就这点而言，比起城下町，把大手门设在交通和军事节点的河岸边，就是这种构想的具体呈现。但是到了近世之后，不仅陆路的交通体系日趋完整，掌控木曾群山的尾张藩为了搬运木材，也想要进一步强化木曾川的水面控制，没有町场的大手门在功用上遂逐渐衰退。不过，在藩主参勤交代的时候，木曾川畔的大手门反而会派上用场，展现出苗木城原本的筑城意图。

同样的例子，还有属于中世城郭的长筱城（爱知县凤来町）。长筱城以作为天正三年长筱之战的舞台而闻名，这座城是建在寒狭川与宇连川汇流成丰川之处。由于它三面都被河川包围，因此在选地上是出了名的天然要害。当然，围绕着该城的断崖，对于防止敌人入侵也十分有效，而这座城在面对汇流点的地方，则开有一座称为野牛门的虎口。河川不仅是天然屏障，也能通过虎口发挥连接上游与下游水路的功能。包围长筱城的武田胜赖军除了从水上以船只进行攻击之外，据说为了防止城兵从河上逃脱，还在水中围上了挂有鸣子的网子。即便这也许是后世的创作附会，但是也能由此得知河川不仅能挡住敌人，还有联系城郭内外的作用，令人很感兴趣。

将港湾组合进来

接着，要来举个不只有军事面，而是连作为经济活动的中心港口都一起确保的例子。新宫城（和歌山县新宫市）是纪伊德川家附家老水野氏的城堡，建在熊野川河口旁边的山上。根据近年的挖掘调查，在该城东北山麓的熊野川旁边发现了码头与炭纳屋群的遗构，出土了13余栋炭纳屋的遗迹。新宫炭是高级的暖炉燃料，而水野氏则一手掌握了从生产到贩卖的事业。根据挖掘出来的遗构，木炭应该是先从新宫城附近山上的森林地带汇集至城内储存，

控制水路

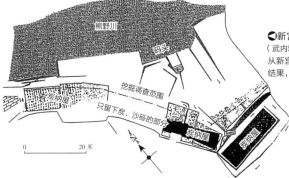
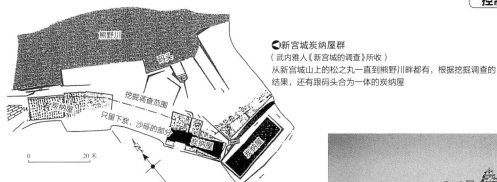

○新宫城炭纳屋群
（武内雅人《新宫城的调查》所收）
从新宫城山上的松之丸一直到熊野川畔都有，根据挖掘调查的结果，还有跟码头合为一体的炭纳屋

○桑名城《正保城绘图》
（国立公文书馆内阁文库藏）
桑名城是座活用流经图右的揖斐川与流经图下方的町屋川这两条河川作为天然屏障的平城

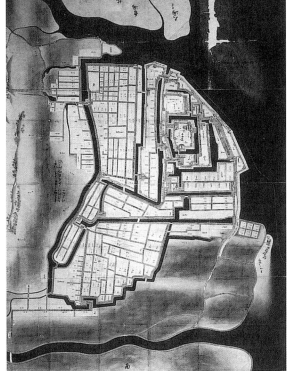

然后再通过这些设施转送至他处。邻近河川这点，对于这种经济效果能够发挥很大的功用。在筑城之际开凿新的水路以通往城郭的例子，还有名古屋城（名古屋市）的堀川、姬路城（兵库县姬路市）的三左卫门堀等。另外，还会一并设置在城内外储藏物资的藏、运出物资的河岸、搬运船用的船藏、船坞。目前船坞在大村城（长崎县大村市）留有例子，船藏则能在萩城（山口县萩市）看到。

如果能在与海岸或河川连接处建起城郭，就能于水际形成天然防线，发挥阻绝线的功用，而大多数城郭在构筑时都会靠近小河川等水面。

不过除了因河川或海岸侵蚀陆地形成的台阶地形之外，只要船舶可以靠岸，就不能轻视来自该方面的攻击。举例来说，桑名城（三重县桑名市）会沿着海岸线建起石垣，并以一定间隔设置橹，各橹之间则以土墙连接。像这样的例子还有唐津城（佐贺县唐津市）、广岛城（广岛市）等。筑城者绝对没有天真到只把水面当成防线，因此疏于警戒。

另外，存在于北海道、千岛、桦太（库页岛）的城，则已被认为是由爱奴人构筑的城寨。其中也有一种称为面壁式的类型，构筑在突出于河川、海岸的地方，有说法认为这是监视渔场用的。近年来，在新潟县内与河川相邻的城郭，也被认为跟渔场和渡河点有关，相较于军事性，这应该是以日常性为主要着眼点。选地于水际，会跟城郭、城主所涵盖的各种权益（是说这也算是广义的军事性）有关，今后必须要更加注意这方面的课题。

如上所述，构筑于水际的城郭除了控制着交通、经济动脉，也能对航行于水面的船舶发挥军事性功能。不过，并不是所有建在水际的城郭都拥有这样的机能，不能随便就将之定义为海城、水城，而是要就选地、遗构方面进行正确的检讨，才能对其加以定位。

参考文献
中西豪《朝鲜侧史料所见之倭城》，《朝鲜学报》第125期
山内让《海贼与海城》
武内雅人《新宫城的调查》，《日本历史》第584期
横山胜荣《中世河边的城馆》，《两越地域史研究》第1期

支城

从战国到太平盛世
为了补足本城
而持续存在的支城

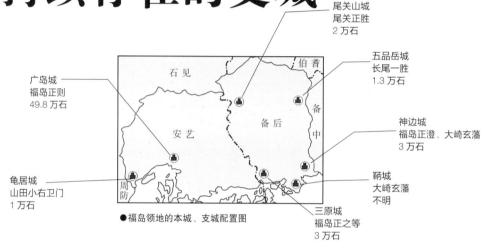

●福岛领地的本城、支城配置图

尾关山城
尾关正胜
2万石

五品岳城
长尾一胜
1.3万石

广岛城
福岛正则
49.8万石

神边城
福岛正澄、大崎玄藩
3万石

龟居城
山田小右卫门
1万石

鞆城
大崎玄藩
不明

三原城
福岛正之等
3万石

　　进入战国、织丰时期之后，统治领域达某种程度的领主阶层，就会在军事、政治、经济中枢之地构筑本城（居城）。不过为了管理广大的领域，除了本城之外，还必须有用来补足各种机能的城郭。简单来讲，这些用来补足本城的城郭就是支城（端城）。

　　据说战国时期普遍都会构筑许多狼烟台、瞭望台、出城等支城。不过这大多只不过是以现代的眼光把存在于本城周边的城郭直接当作支城看待，而无视城郭时期与城郭性质，可以从文献或遗构上来证明本城与支城关系的例子则极为稀少。文献史料倒是有所留存，而在城郭遗构方面，较具特色的后北条氏属城，则有相对于本城小田原城的八王子城、韭山城等支城比较广为人知。虽然这几座支城从平时的维持管理状况到当班武将的动向都能一窥究竟，不过其他大名到底是不是采取完全相同的支城体制则不得而知。因此，在这里就要以庆长五年的关原之战以后的支城作为讨论主题。在关原之战之后，特别是支城的盛衰较为剧烈，因此支城的存在意义、机能等都能通过对照全国事例的方式，让人更容易理解。

关原之战后的支城

　　关原之战之后，相对于西军大名遭受到改易、所领减封等严厉处罚，东军阵营的大名则有多位因立下战功而增加了领地。特别是由于来自畿内、东海地方的丰臣恩顾大名大幅增加的缘故，使他们入封西日本的新领地。另一方面，虽然丰臣秀赖已经没落为领有摄津、和泉、河内的一位大名，但是他依旧健在于大坂城中，对丰臣恩顾大名具有很大的影响力。对于德川氏来说，促成东军胜利的丰臣恩顾大名实力不容小觑，换句话说，丰臣、德川两大势力至此已经处于一触即发的紧张状态。在这种状况之下，为了巩固自己领地的统治以及防范与邻国大名的纷争，各大名除了整备本城之外，同时也会对支城进行修改，或是建设新城。

　　以下就让我们来探讨从尾张24万石多增加安艺、备后50万石的福岛正则所属支城。安艺、备后原本是领有九国的西军总大将毛利辉元的领地，正则以毛利氏当作本城的广岛城作为自己的居城，并在领地内配置六座支城，各自派有重臣当作支城主。其中包括五品岳城的长尾一胜、神边城的福岛

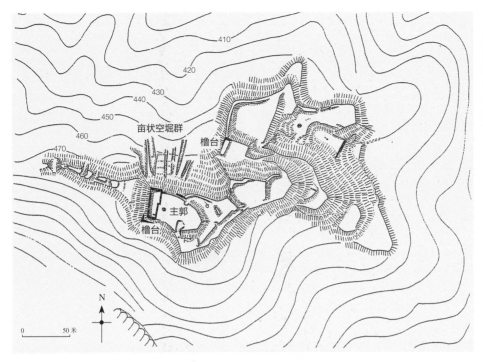

◐五品岳城
（高田彻氏作图）
配置有连郭状的曲轮，在以堀切与亩状空堀群防御的土城上加入石垣与土垒，成功把它改建为织丰系城郭

正澄、鞆城的大崎玄蕃、三原城的福岛正之、尾关山城的尾关正胜、龟居城的山田小右卫门。各支城主都是领有1万—3万石的重臣，而三原、龟居城在之后则纳入正则的直辖管理之下。各支城的位置除了三原、鞆城之外，其他都是连续建筑在与邻国大名相接的国境线附近。其中，龟居城还隔着国境线与隔壁周防的毛利领岩国城形成对峙。如果两者之间的军事紧张状态升高，支城就能发挥阻止敌军靠近国境的功用。反过来说，若是在跨越国境线进攻敌领地时，支城则可当作最前线的军事基地，依此防范与邻国境界纷争。另外，在这个时期因为大规模转封的关系，使新的领主入封，而对此有所不满的旧领主遗臣则发起了许多一揆运动。为此，支城还有镇压领地内不稳局势的功用。

在福岛所属的支城当中，除了三原城之外，其他都属于山城或平山城。支城大多属于山城、平山城这点，可以跟属于平城的本城广岛城形成对照。有很多说法指出，从织丰时期到近世，会因为生活不便的关系而放弃山城，并陆续转移至平城，但这却不是正确的说法。山城与平城相比，险要性可谓更上一层。作为本城的广岛城由于是领国中心，因此除了军事面之外，还要重视政治、经济面的机能；而支城之所以是山城，就完全是要发挥军事上的功用。另外，鞆城、三原城、龟居城还把海港组合进入城内，使它们能够一并当作濑户内海的港湾基地。

六座支城当中，以龟居城在规模、构造上最为突出，而尾关山城不仅规模狭隘，于构造来说也缺乏技巧性。关于支城的构造规格，跟支城主的性

column

以狼烟串联的情报网

狼烟是战国时期常常使用的讯息传递手段。虽然不清楚燃料是如何燃烧，不过通常是以干燥的松或杉的叶子混入狼粪。然后再加入湿的叶子后燃烧，似乎也会在橹上吊起釜来燃烧的样子，之所以称为狼烟，是因为加入了使烟能够垂直升起的狼粪

◑复原的狼烟台
（山梨县须玉町）

城的要义

格、军团或军事面上的强弱、支城各自担负的角色、机能设定有关。

至于具体的构造，在此要以五品岳城来当作例子。五品岳城（广岛县东城町）接近备中、伯耆国境，建在能够俯瞰东城市镇，相对高度190米的山上。这座城是由宫氏所建，庆长五年纳入福岛所属之后，由1.3万石的长尾一胜入主。在主郭西端建有四周以石垣包围的橹台，由于橹台周边有瓦片散乱，因此可以判断橹台上曾经有瓦葺的建筑物存在。主郭北侧斜面设有亩状空堀群，西侧的山脊则设有五道堀切。从主郭往东北延伸的山脊上围有连绵的土垒，在中继点则设置有具备石垣的橹台，城的东麓以备中街道为中心发展出城下町。像这种规划，首先要有一座以亩状空堀群与堀切为主体的城郭，转属给福岛成为支城之后，主郭以及重要部分就全部石垣化，并开始采用坚固的瓦葺建筑。即便它是沿用毛利时代的土城，但构造以石垣、瓦片加强中心部分的方式，可在军事面上变得更为牢靠。挖掘调查中的神边、龟居城，在曲轮内出土的日常生活遗物相当稀少。这是因为它属于纯军事设施，没有留下日常生活痕迹，而五品岳城的曲轮使用状况也推定与此相同。

五品岳城是把在毛利时期就已经存在的城郭作部分改建，而龟居、鞆城则是福岛时期新建的支城。可见靠近近世，城郭并没有缩小、淘汰，而是随着军事必要性来积极构筑新城。

话说回来，由于在支城周边有支城主的知行地集中，因此会堆积作为兵粮用的年贡米。支城主会以支城为据点实质统治支城周边地区，并在该处指挥常驻军团。由于大名与支城主（重臣）都率领有军团，因此相互的关系便趋近于对等。如此一来，支城主不时就会叛离、反目的状况便越来越明显。

像这样的例子，在此可以举出跟筑前六端城之一的鹰取城（福冈县直方市）有关的逸话来介绍。鹰取城是由黑田长政规划兴建，并派遣母利太兵卫担任支城主。根据《古乡物语》，相对于认为支城具有太多不必要军事性的长政，太兵卫则要求加高石垣以强化军事性，使两者形成对立。长政认为支城所扮演的角色是只要能够在有事之际坚守住一段时间，之后就等待本城派遣援军便足够了。就与邻国相接的支城来说，不能保证麾下有军团的支城主不会与敌方暗通款曲，假如真的发生这种事，支城就有可能会变成敌军入侵自国领地的桥头堡。因此

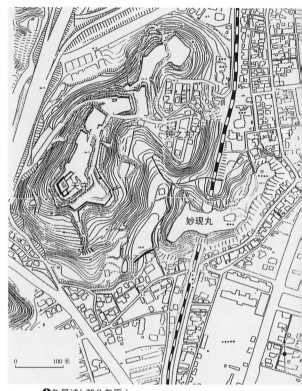

△龟居城（部分复原）
（高田彻氏作图）
龟居城拥有天守，且大半采用石垣。在天守东侧的山上设有妙现丸，本丸与妙现丸之间则以石垣连接。此城的城域也扩大到了现在的市街地区

就算国境线上的支城在军事上必须加以强化，但是也不能做过头。太兵卫对长政的干涉相当反感，还一时出现拒绝接城的事态。像这样，大名与支城主对于支城的想法未必会达成一致。

实际的鹰取城位于海拔550米的山上，中心部分全部以石垣构成，还有多闻橹和戒备森严的桝形虎口，在规划上相当注重军事性。不过它跟散布于周围的旧有中世郭遗构并没有灵活联系，被石垣围起来的部分则相当狭窄。这石垣的高度也相对较低，的确不适合进行长期笼城战。同样的例子，还有在庆长年间被肥前唐津城主寺泽氏改建为支城的富冈城（熊本县苓北町），它撑过了宽永十四年（1637）岛原之乱的一揆军猛攻，之后成为山崎家治的居城。不过支城时期的富冈城很狭小，土地也不够设置武士宅邸和城下町，因此他们就把海岸填起来，并且铲掉山壁，进行了大规模的改建。也就是说，虽然这座城在岛原之乱时曾证明其军事性的强大，但是作为一座领国中枢的居城，机能却有所不足。但搞不好这种不完整的构造也是依据大名的意思建造出来的也说不定。

支城

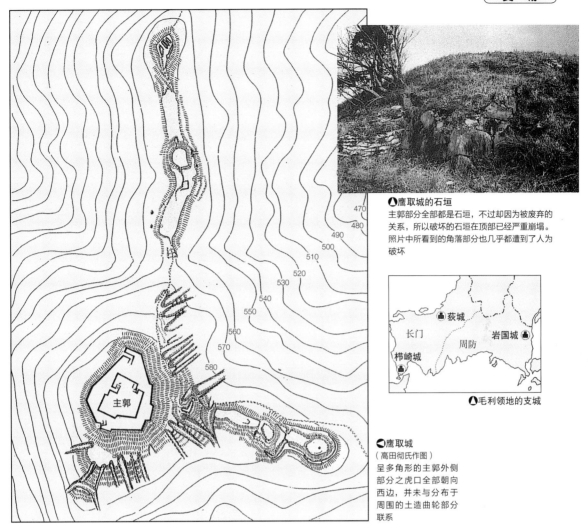

◐鹰取城的石垣
主郭部分全部都是石垣，不过却因为被废弃的关系，所以破坏的石垣在顶部已经严重崩塌。照片中所看到的角落部分也几乎都遭到了人为破坏

◐毛利领地的支城

◐鹰取城
（高田彻氏作图）
呈多角形的主郭外侧部分之虎口全部朝向西边，并未与分布于周围的土造曲轮部分联系

依据元和一国一城令废弃支城

元和元年由江户幕府发布的一国一城令，规定只能留下大名所属的居城（本城），其他支城则必须废弃。这是紧接在大坂夏之阵丰臣氏灭亡之后，对大名削减军事力量政策的一环，以此巩固幕府的势力。不过，这对于大名来说绝对不是只有负面影响而已。以大名的立场来讲，他们就能通过顺应幕府意思的方式，获得把常驻于支城的支城主与军团从支城分离的名分，以结果而言，大名权力还可能因此而强化。另外，既然德川氏已取得天下，如果不回避与邻国的军事冲突，就不能成为改易的对象，因此作为据点的支城必要性也就跟着降低。

不过由于在一国一城令的规定当中并没有具体记载详细废弃内容，因此对于"一国一城"这句话的解释，在大名之间也产生了许多疑惑。举例来说，

毛利辉元所属的周防、长门两国，在长门有本城萩城与支城枳崎城，周防则有吉川广家在城内的支城岩国城。对于必须遵守在整个毛利领地内除了萩城以外的支城全部都需废弃的辉元命令，广家则认为在周防只有岩国一座城，所以不需要废弃，对命令表示抵抗。不过最后他还是屈就于以幕府法令为挡箭牌的辉元之要求，将岩国城废弃。

另一方面，邻国的福岛领地却留下了在安艺的本城广岛城，以及备后的支城三原城，由此可知收到法令的各个大名也都各自有不同的对应做法。在出羽、陆奥，由于丰臣时期的奥羽处置而淘汰了多座支城，因此就被排除在一国一城令的对象之外。实际来讲，于元和八年（1622）改易的最上领地除了作为本城的山形城之外，其实还有多达14座支城维持着功能。一国一城令包括规定内容在内，其实在各方面都不是很彻底。

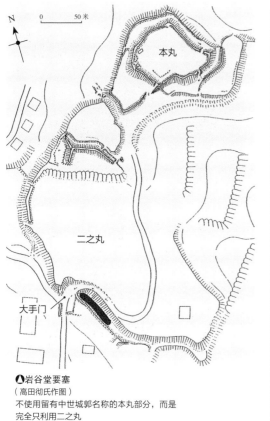

⬆岩谷堂要塞
（高田彻氏作图）
不使用留有中世城郭名称的本丸部分，而是完全只利用二之丸

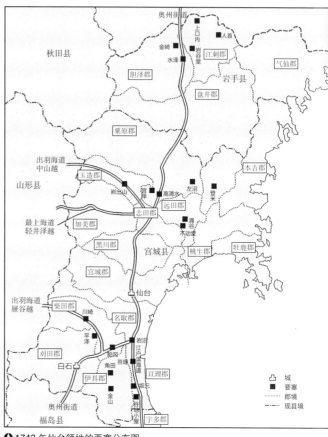

⬆1743年仙台领地的要塞分布图
（斋藤锐雄氏制图）
仙台藩除了白石城之外，在领地内还有21处要塞施行地方知行制

一国一城令以后的支城

虽然在元和一国一城令之后，有许多支城遭到废弃，不过因为法令不够彻底，存在于江户时期的支城依旧不在少数。

陆奥的伊达领地就以本城仙台城为中心，在领内的军事、交通要地上设置支城、要塞，这些支城交由重臣管理，以采地方知行制为原则。正式被承认的支城只有白石城，由片仓氏历代在城。要塞则多半沿袭自中世城郭，在领地内有21处。

在此要以岩谷堂要塞（岩手县江刺市）为例，来看看它的构造。这座城建在高约60米的山上，以主郭为中心，在各曲轮有土垒和横堀围绕。居馆（要塞宅邸）设置于二之丸，有广间、书院、奥座敷等。大手门是橹门，在两侧设有石垣。城外还有侍屋敷、城下町，虽然名称是要塞，不过实际上却是一座利用部分中世城郭的支城，在伊达家中也多称其为"城"。幕府方面也是以城为标准来看待它，若要修建改造则必须通过藩取得幕府的许可才行。

尾张德川领地除了本城名古屋城之外，还有支城犬山城，由成濑氏管理。成濑氏除了是尾张藩德川家家老之外也是幕臣，地位为监视尾张藩的附家老。如果幕府与尾张藩陷入对立状况的话，那这座支城到底会不会用来保护尾张藩就是个微妙的问题。尽管如此，成濑氏在幕府也不过是个尾张德川家的家臣（陪臣）。在江户时期有很多1万石等级的大名，不过成濑氏的俸禄虽然高达2万石（后来是3万石），却依旧不是独立大名。大名与陪臣，其身份上的特权可谓天差地远。为了打破这种局面，成濑氏就与其他的德川御三家附家老一起展开取得大名身份的家格上升运动。虽然最后并没有成功，不过幕末却准许成濑氏可以在犬山城使用有"剑片餐"花纹的瓦片。之前尾张藩或幕府管理的犬山城使用的瓦片是巴纹，而既然成濑氏把它改成了自己的家纹，就代表他已经将犬山城视为自己的居城。

同样的例子还有管理伯耆米子城（鸟取县米子市）的荒尾氏，从天明七年（1787）过世的七代成熙开始，突然在墓碑上写上了"米子城主"。像这些把支城当作自己居城的行为，都可视为为了获取

支　城

◐犬山城
尾张藩主德川义直的附家老成濑正成在元和三年（1617）入城，到幕末为止都是历代成濑氏的居城

◐米子城天守台石垣
即使在元和一国一城令之后，此城还是被认可为鸟取城的支城

◐今尾阵屋
（《岐阜县史》所收）
利用背对长良川的今尾城设置的阵屋，被堀与土垒围起来的部分可算是阵屋町

大名身份的支城主所展开的示威行动。

而跟成濑氏一样，尾张藩的附家老竹腰氏也在美浓设置了今尾阵屋（岐阜县平田町），建在直到丰臣时期都还在运作的今尾城二之丸上。渡边氏的寺部阵屋（爱知县丰田市）也是利用中世城郭构筑而成的。这些阵屋虽然没有石垣和多层橹，却拥有围绕着土垒和壕沟的武家屋敷、阵屋町。另外，尾张藩的重臣也接连在中世城郭旁边设置了宅邸，包括大高城迹（名古屋市）的志水氏，以及大草城迹（爱知县知多市）的山澄氏等。除此之外，在初期他们也会对位于领地内要冲上的古城进行测量绘图，以把握其范围构造。

虽然尾张藩获得承认的支城只有犬山城，不过领地内还潜藏有能够担负防卫功用的阵屋、屋敷、古城。实际上来说，尾张藩到了幕末为了要防范外国船只来袭，不仅建了台场、狼烟台，甚至还订立了让领地内的屋敷、古城都能担纲防卫一环的计划。

除此之外，还有肥后细川所属的八代城（熊本县八代市）、纪伊德川领的新宫城（和歌山县新宫市）、田边城（和歌山县田边市）等支城存在，这些城都是由家老掌管。江户时期的支城不只是像成濑氏的例子一样只重视军事性，还有标示近世社会之下重臣身份的功能。

另外，在支城废弃之后，其原本的统治领域多半会兴建新的代官所或阵屋。这说明支城除了军事功能以外，还要肩负引领国内政治、经济上的功用，因此在废弃支城之后，就必须要另外建造能够取代这些机能的设施才行。

参考文献
小林清治编《仙台城与仙台所属城池、要塞》
木岛孝之《近世初期九州的支城构造》，《福冈县地域史研究》第13期
笠谷和比古《近世武家社会的政治构造》
福田千鹤《十七世纪初的城郭政策展开》，《论集近世》第17期
高田彻《庆长时期的本城、支城构造》，《中世城郭研究》第9期

城郭变迁史 ❸ 天守的历史

为了将权威具象化
高层建筑、天守
遂大幅改头换面

天守的起源

天守出现于室町时代末期的16世纪中叶，它不仅是中世城郭演变成近世城郭的转捩点，也是在日本建筑历史上颇具革命的事项；能让人爬上去的高层建筑终于诞生。

根据近年挖掘的成果，在青森县绳文时代的山内丸山遗迹，以及佐贺县弥生时代的吉野里遗迹中发现了高楼，因此天守必定不是日本最早的高层建筑。但等到飞鸟时代从大陆传来先进的佛教建筑之后，有很长一段时间都持续着只有一层楼的建筑。出乎意料的是，寺院的塔严格来说并不能算是高层建筑。就算外观是五重塔或三重塔，其实内部都只有一层，在一楼的天花板之上并没有另外的地板或天花板，而直接是挑高的屋檐。即使高度超过100米的东大寺七重塔也是一层楼建筑，人是无法爬到上面去的。不光是佛塔，金堂也是一样，就算是拥有二重屋顶的法隆寺金堂或东大寺金堂（大佛殿），进到里面去一样都是只有一层楼。

至于人可以爬到二楼去的，要到镰仓时代末期的禅宗寺院才出现，其三门为二层楼建筑（禅宗以外的楼门虽然外观看起来是两层二阶，不过内部却没有建出来，只能算是一层楼）。进入室町时代之后，因为受到禅宗影响，将军足利义满在应永四年（1397）建了三层楼的金阁，足利义政在长享三年（1489）建了二层楼的银阁，不过高层建筑依旧极为稀少，以寺社建筑界来说，原则上还是都只会建一层楼。

到16世纪中期为止的中世城郭，虽然全国大小合计达到4万座城，不过其中大部分都是山城。在江户时代以后制作的中世山城绘图里，大多会在山顶本丸上画出白亚外观的三重、五重天守，但这几乎都只是想象。实际上不要说天守了，根本连像样的建筑物都不常见，通过挖掘发现的山城建筑遗构大多只是利用掘立柱建成的掘立小屋而已。

话说回来，在16世纪中期突然出现的天守，跟之前的掘立小屋可谓天差地远。天守是由正规的宫大工所建，是不输给寺社建筑的大规模高级建筑物，而且还属于高层建筑。虽然有很多人认为天守的始祖是中世城郭中的物见橹，但其实天守和中世的掘立物见橹根本就没有关联。另外，它跟以一层楼为基本格局的寺社建筑在概念上也完全不同，简单来说就是一种突然变异。

天守建筑的起源，最有可能是始于松永久秀在永禄三年（1560）左右始筑的多闻城（奈良市）当中的四阶橹。根据实际看过多闻城的传教士之报告，它的外观应该是白色墙壁。由于四层楼可谓空前的高度，因此它实质上就是天守。在江户时代写下的《和训刊》中，认为天守的起源应该是信长的安土城，不过松永久秀的多闻城也是另外一种说法。

天守这个词汇，在近世文献中会写成天守、天主、殿守、殿主这四种，而日语读音则全部都是"tensyu"。至于天守阁这种称法则是俗语。在文献上首次出现的是"天主"，包括元龟二年（1571）的二条城（信长为了足利义昭在京都建的将军邸）天主，以及元龟三年的坂本城（滋贺县，明智光秀的居城）天主。由此来推断的话，织田信长在永禄十年（1567）攻陷稻叶山城，并将其改名为岐阜城，开始进行大幅改建时，在岐阜城内创建的高楼虽然也命名为"天主"，不过这应该就是天守这个名称的起源。这座天主在之后移筑至加纳城（岐阜县），根据在享保十三年（1728）烧毁之际由木匠制作的绘图，可得知其规模为外观三重，内部五阶。而信长在天正七年（1579）则完成了地上六阶的安土城天守（滋贺县），揭开了巨大天守的序幕。

望楼型天守的发展

天守依据构造，可以分为望楼型与层塔型两种。望楼型天守是以大型的入母屋造建物为根基，在上面搭建望楼（古时候称为物见）的形式；层塔型天守则是像寺院的塔那样，直接把四边有屋顶的楼层堆叠起来。

这两者是以外观来作区别；除了最上层的屋顶之外，只要有一个入母屋造破风（位于屋顶上的三角形壁面）的就是望楼型天守，而完全没有入母屋造破风的则是层塔型天守。以往都是将有两个横向并列入母屋造破风的比翼入母屋破风（名古屋城天守的第三重、备后福山城天守的第二重、高松城天守的第一重与第二重等）分类为望楼型，但这并不算正确。另外，设置于出窗上的入母屋破风（会若松城天守等）也不构成形式分类的基准。

层塔型天守是关原之战后进入筑城大盛况时期所诞生的新形式，在庆长十五年（1610）由藤堂高虎献给德川家康的丹波龟山城天守是第一个案例。在此之前建造的天守，当然全部都属于旧式的望楼型。不过也有很多例子是在后世修理与移筑之际进行大改建时，由望楼型改成层塔型。就像前述的旧岐阜城天守移建为加纳城天守后，如果留下来的绘图是正确的，那么在享保年间（1716—1735）烧毁之前它应该就已经变更为层塔型了。

被认为是天守原型的多闻城四阶橹，外观应该可以想象为二重或三重的望楼型。由于望楼型天守根基部的入母屋造屋顶相当巨大，因此在里面能设置屋顶里层，有时也会在最上层绕有回缘，其下方又能当作另一层楼，所以外观的屋顶层数（重）大多会跟内部的楼层数目（阶）不一致。信长的安土城天守以及接下来的秀吉大坂城天守，都是推定属于五重六阶。而望楼型天守的重阶数目一致的，只有竣工于庆长三年的广岛城天守（五重五阶）与庆长十一年的彦根城天守（三重三阶）等少数而已。相对于此，对于没有入母屋造大屋顶的层塔型天守来说，除非采用特殊的建筑方法，否则重阶都会一致。

早期的望楼型天守，其天守台的石垣会明显歪曲。特别是最早期的安土城，是呈现不等边的八边形。这属于石垣建造技术上的问题，以当时的技术来说，要作出稳定的矩形（正方形或长方形）高石垣是很困难的，采用钝角多边弯折的石垣比较不容易崩塌。且由于在天守台上要承载重量庞大的高层建筑，因此较安全的做法就是采用八边形的天守台，而建在上面的天守第一阶平面，必然会跟着建成不工整的形状（宫上茂隆氏则主张在八边形天守台的内侧建矩形平面的天守）。天正十八年始筑的冈山城，于庆长二年（1597）完成了天守，而它的平面则是不等边五边形。

于天正十三年（1585）竣工的秀吉大坂城，在天守台的边缘设置有宽3间的武者走道，以避免天守的重量直接压在天守台的高石垣上。因为这样的巧思，使它得以不必使用钝角弯折的石垣，而能够建出接近矩形的天守台，但也因为武者走道的存在，使得天守台石垣与天守本体的连续性遭到破坏，多少降低了擎天耸立的天守壮大感。在秀吉的大坂城以后，除了天守规模因为特定原因而缩小的淀城（京都府）或会津若松城等之外，天守一般都会建

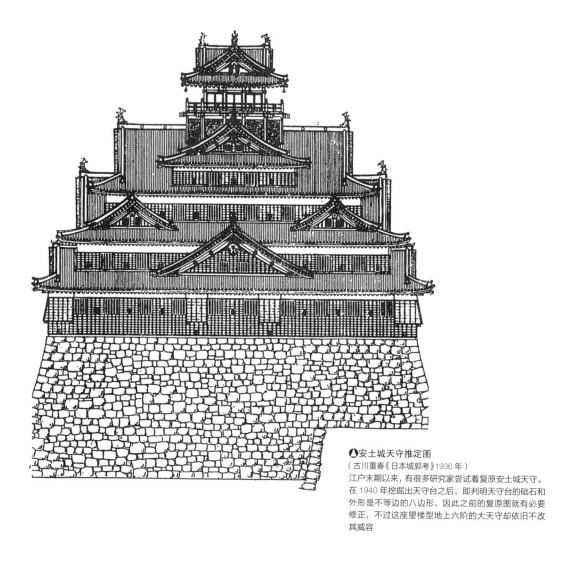

△安土城天守推定图
（古川重春《日本城郭考》1936年）
江户末期以来，有很多研究家尝试着复原安土城天守。在1940年挖掘出天守台之后，即判明天守台的础石和外形是不等边的八边形，因此之前的复原图就有必要修正，不过这座望楼型地上六阶的大天守却依旧不改其威容

满天守台的面积。而天守台的平面形状，也是除了安土城和冈山城之外都以四边形作为基本形状。但是就算想要完全建成矩形，大多数的天守台在竣工之后，也会因为建造技术尚未发达的关系，变成上面大幅歪斜的梯形或不等边四边形。也因为这样，几乎全部的望楼型天守在一阶部分的平面都是歪歪斜斜的。

自从安土城天守完成于天正七年以来，直到庆长十五年出现层塔型天守的将近三十年间，属于望楼型天守的全盛时期。在此期间，天守的建筑技术也陆续进步，特别是在回缘与柱子的位置上最为显著。

回缘是高级殿舍与社寺建筑的象征之一，设置于最早期的天守安土城和丰臣大坂城天守的最上层。不过后来，回缘就逐渐从望楼型天守上消失了。其首例为竣工于庆长二年的冈山城天守，到庆长五年的关原之后，拥有回缘的望楼型天守就已经成为少数派。其主因是回缘容易被风雨所伤，而必须承受强风吹袭则是高层建筑的宿命。庆长六年竣工的熊本城天守虽然一开始有回缘，不过到江户中期则在缘的末端新设置了雨户，把回缘藏了起来。到了望楼型的末期，庆长十三年的姬路城与十六年的松江城天守就首次把回缘设于室内。到很后世的延享四年重建的高知城天守虽然是座拥有旧式回缘的望楼型天守，不过这只是为了重现藩祖山内一丰在庆长八年时所创建的天守外观而已。

由于天守是高层建筑，因此在构造上必须要更加谨慎，最早期的安土城天守采用了通柱。不过天守上层的柱子大多会立在下层的梁，或是横跨于梁上的土居桁上，因此上下层柱子的位置不在同一处

天守的历史

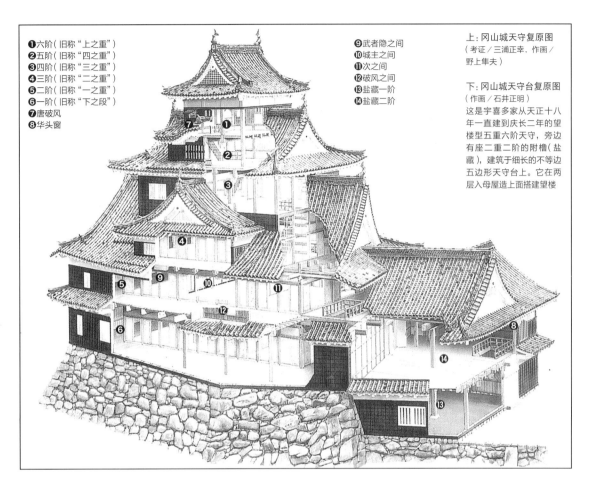

① 六阶（旧称"上之重"）
② 五阶（旧称"四之重"）
③ 四阶（旧称"三之重"）
④ 三阶（旧称"二之重"）
⑤ 二阶（旧称"一之重"）
⑥ 一阶（旧称"下之段"）
⑦ 唐破风
⑧ 华头窗
⑨ 武者隐之间
⑩ 城主之间
⑪ 次之间
⑫ 破风之间
⑬ 盐藏一阶
⑭ 盐藏二阶

上：冈山城天守复原图
（考证／三浦正幸，作画／野上隼夫）

下：冈山城天守台复原图
（作画／石井正明）
这是宇喜多家从天正十八年一直建到庆长二年的望楼型五重六阶天守，旁边有座二重二阶的附橹（盐藏），建筑在细长的不等边五边形天守台上。它在两层入母屋造上面搭建望楼

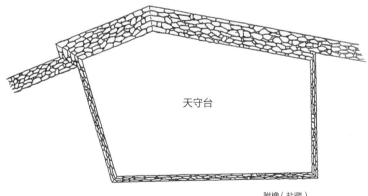

附橹（盐藏）

反而是常态。望楼型天守一直要到庆长十六年的松江城天守，才在构造上把柱子的位置调整齐。

层塔型天守的出现

　　层塔型天守比望楼型天守晚了约半个世纪，在庆长十五年由当时坐第一把交椅的筑城家藤堂高虎首次于丹波龟山城的五重五阶天守上完成。这座天守是把庆长十三年高虎自己的居城今治城（爱媛县）正在建构中的天守移筑过来的。除了最上层以外，并不具有作为望楼型基础构造的入母屋破风，就连装饰用的千鸟破风也完全没装，天守外观相当干净。这着实给应天下普请而集中至丹波龟山城的诸大名带来了强烈的冲击。

　　层塔型天守是按照由下层至上层规则性递减的方式依序堆叠起来的单纯构造原理建成，使用建材容易规格化，对于要求在短时间内完工的城郭建筑来说较为有利。等到丹波龟山城的天守完成之后，旧式的望楼型就不再被新建天守所采用，而层塔型天守则在全国各地陆续诞生。

　　话说回来，构造单纯的层塔型原本应该是要成

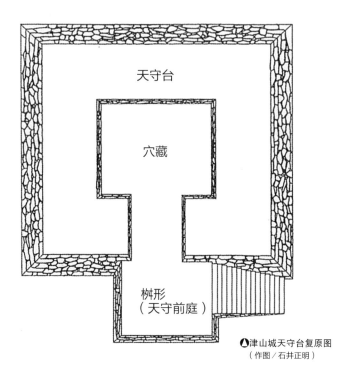

▲津山城天守台复原图
（作图／石井正明）

为天守的原型才对，义满的金阁其实在构造上也属于层塔型。另外，与安土城天守几乎在同一时期的天正四年建造于信长保护下的京都之南蛮寺教会堂，在《洛中洛外名所扇面图》中画成南蛮堂，看起来则是一座像层塔型三重天守的建筑。就算是望楼型天守，如果只看在入母屋造大屋顶上搭建的望楼部分，有很多其实原理都跟层塔型一样（例如广岛城或冈山城等）。因此层塔型的构造原理在建筑技术上并不是什么新东西，在起源上反而还要比望楼型更古老。

早期天守的构造原理之所以没有使用较为单纯的层塔型，是因为天守台石垣技术尚未成熟的缘故。要把天守台顶部建成矩形的高度石垣技术，要到关原之战后出现全国筑城大盛况时才告完成，高虎的丹波龟山城天守的天守台则刚好赶上。在此之前的天守台，几乎都是歪斜的梯形或不等边四边形。举例来说，完成于庆长六年的犬山城（爱知县）天守，就是北边比南边长1间的梯形，庆长十三年的姬路城天守在东南角则不是直角，而是钝角，且北边的长度还多了三分之一间。

旧式望楼型的优点，在于入母屋造的大屋顶可以修正掉一楼的歪斜平面，使得建在它上面的楼层比较容易整形成矩形平面。相对于此，新式的层塔型由于各层都是以四边长度均等递减的方式建造，因此天守台的歪斜就会直接延续到最上层，使得整座天守都变得歪歪斜斜的。所以说，将层塔型应用在天守上面必须要等到石垣技术发展起来之后才行。

另外，层塔型天守也有个重大的限制。那就是天守台的平面只能是正方形或是接近正方形的长方形，细长的长方形是建不起来的。这是因为层塔型天守的各层递减在长度与宽度上都要使用相同尺寸，如果第一层的平面是细长状，那么最上层就会变得像长屋一样细了。由于望楼型可以在入母屋造大屋顶的地方大幅改变长宽上的递减，因此即使天守台像冈山城天守（第一层的长边为13间，短边为8间）那样细长，最上层依旧能够建成完美的正方形。在望楼型天守的全盛时期，可以找到很多第一层平面是细长状的例子，不过等到层塔型天守出现之后，就一起转变成接近正方形的平面了。

层塔型天守重新采用了在望楼型天守上不再使用的回缘，在幕末重建的和歌山城天守与伊予松山城天守上都能看到。另外，虽然在属于早期层塔型天守的丹波龟山城、小仓城（福冈县）、津山城（冈山县）上完全没有设置千鸟破风，但在不久之后，像装饰有许多千鸟破风的名古屋城天守那种层塔型也普及化。而将层塔型的上下层柱子位置对齐则要到元和八年的备后福山城天守才得以实现，并成为之后天守的基本。

天守的历史

■ 望楼型天守一览

◎ ＝现存

○ ＝因战灾被烧毁

△ ＝明治时被破坏或烧毁

天守	规模	创建年	创建者
安土城	五重六阶、地下一阶	天正七年（1579）	织田信长
丰臣氏大坂城	五重六阶、地下二阶	天正十三年（1585）	丰臣秀吉
肥前名护屋城	五重（应有六阶）	文禄元年（1592）左右	丰臣秀吉
○冈山城	五重六阶	庆长二年（1597）左右	宇喜多秀家
○广岛城	五重五阶	庆长三年（1598）左右	毛利辉元
△熊本城	五重六阶、地下一阶	庆长六年（1601）左右	加藤清正
宇和岛城（初代）	三重三阶	庆长六年（1601）	藤堂高虎
◎犬山城	三重四阶、地下二阶	庆长六年（1601）	小笠原吉次
△米子城	四重五阶	庆长六年（1601）左右	中村一忠
◎彦根城	三重三阶、地下一阶	庆长十一年（1606）	井伊直政
△荻城	五重五阶	庆长十三年（1608）	毛利辉元
◎姬路城	五重六阶、地下一阶	庆长十三年（1608）	池田辉政
岩国城	四重六阶	庆长十三年（1608）左右	吉川广家
◎松江城	四重五阶、地下一阶	庆长十六年（1611）左右	堀尾吉晴
△高岛城	三重三阶	庆长后期	诹访赖水
◎丸冈城	二重三阶	庆长后期	本多成重
△冈崎城（重建）	三重三阶、地下一阶	元和三年（1617）左右	本多康纪
◎高知城（重建）	四重六阶	延享四年（1747）	山内丰敷

■ 层塔型天守一览

天守	规模	创建年	创建者
今治城（未完）	五重五阶	庆长十三年（1608）	藤堂高虎
△丹波龟山城（移建）	五重五阶	庆长十五年（1610）	藤堂高虎
小仓城	四重五阶	庆长十五年（1610）	细川忠兴
○名古屋城	五重五阶、地下一阶	庆长十七年（1612）	德川家康
伊贺上野城（未完）	五重五阶	庆长十七年（1612）	藤堂高虎
△津山城	五重五阶、地下一阶	庆长末期	森　忠政
△伊予大洲城	四重四阶	庆长末期	胁坂安治
◎松本城	五重六阶	元和元年（1615）左右	小笠原秀政
○大垣城（改建）	四重四阶	元和六年（1620）	松平忠良
○备后福山城	五重五阶、地下一阶	元和八年（1622）	水野胜成
岛原城	五重五阶	宽永元年（1624）	松仓重政
德川大坂城	五重五阶、地下一阶	宽永三年（1626）	德川家光
江户城（第三代）	五重五阶、地下一阶	宽永十五年（1638）	德川家光
△会津若松城（改建）	五重五阶、地下二阶	宽永十六年（1639）	加藤明成
◎丸龟城	三重三阶	万治三年（1660）	京极高和
◎宇和岛城（重建）	三重三阶	宽文五年（1665）	伊达宗利
△高松城（改建）	三重四阶、地下一阶	宽文十年（1670）	松平赖重
△新发田城	三重三阶	延宝七年（1679）	沟口重雄
◎备中松山城（重建）	二重二阶	天和三年（1683）	水谷胜宗
△小田原城（重建）	三重四阶	宝永三年（1706）	大久保忠增
○水户城	三重五阶	明和三年（1766）	德川治保
◎弘前城	三重三阶	文化七年（1810）	津轻宁亲
○和歌山城	三重三阶	嘉永三年（1850）	德川庆福
○伊予松山城（重建）	三重三阶、地下一阶	嘉永三年（1850）左右	松平定谷
○福山（松前）城	三重三阶	安政元年（1854）	松前崇广

城的要义

天下人的天守

天守靠着天下人将其战略意义发挥至最大极限

天守形式因政权交替而变化

因为庆长五年关原之战的结果，以及西国外样大名为扩大自己的领国而开始进行新居城的普请，使得一直到庆长二十年（1615）大坂夏之阵结束为止的这十五年间成为筑城的高峰期。今日为人们所知的全国天守，几乎都是在这个时期创建的。即使是像姬路城天守那样在关原以前建的，也在后来扩大规模重建。

在这段筑城高峰期中，天守的形式也发生了很大的变化。相较于以往的旧式望楼型天守，有新式的层塔型天守出现并取而代之，并以相当快的速度普及。而新旧式天守的交替，可说同时也象征了快速丧失实权的丰臣氏，将政权移交给新兴掌握强大实权的德川氏。在此就要分别以望楼型秀吉系天守与层塔型家康系天守的立场，来探讨这两位天下人对天守的想法有何差异。

秀吉的天守

在信长麾下磨炼天下人资质的秀吉，对于天守的看法也直接承袭自信长。虽然以今日来说，会认为天守是用来当作笼城之际的指挥塔，或是城池陷落时进行最后抵抗的最终决战场，不过信长并不会为了这种局部战术的道具，换句话说就是一介武将的狭窄视野，而建造了那座豪华的安土城天守。天守原本是由信长命名为"天主"，是信长统治天下的权力象征。

内外都装饰得豪华绚丽的最新超高层建筑，拥有光是让大名和有力人士看到就不战而屈的威力，是统一天下的战略道具。而这点也被秀吉学了起来。

天正八年，秀吉建了姬路城。对于秀吉来说，姬路城是他第一座正式的平山城。为了统一播磨，有必要代替主君信长夸示其权力的庞大。他把高山以石垣加强，然后在层层石垣平台上建造多座橹与城门，于最顶之处设置擎天耸立的天守。从城下向上仰望时，平山城与天守的组合会发挥出巨大的压迫感，让人感受到城主权力是毋庸置疑的伟大。这是模仿安土城的战略功能，将天守的战略意义充分发挥了出来。不过，秀吉的天守当然不能建成与主君信长的安土城天守同等级，因此姬路城天守就不能算是天下人的天守。秀吉首次完成象征天下人的大规模豪华天守，是在天正十三年建好大坂城天守的时候。

秀吉的大坂城天守，具有向天下宣示他是信长后继者的政治意义。大坂城天守的规模与豪华程度，已经和安土城天守相同等级。而信长的安土城天守则正好在本能寺之变后被烧毁，因此秀吉的大坂城天守就成了掌握天下的象征。

虽然秀吉创建的大坂城天守已在大坂夏之阵时被烧毁，不过在江户幕府担任御大工头的中井家代代相传的指图（设计图），以及《大坂夏之阵图屏风》《大坂冬之阵图屏风》中则描绘出了当时的样貌。第一阶的大小为长12间、宽11间，设置有附橹，为五重六阶、地下二阶。它属于典型的望楼型天守，从夏之阵的屏风图画来判断，在基部设置有一重一阶的入母屋造，于其上搭建二重二阶的入母屋造，再于上方架设二重三阶的望楼，作为望楼型特色的入母屋破风有四处，装饰用的千鸟破风则有八处，而最上重则设有入母屋破风二处，轩唐破风二处。在最上阶有回缘围绕，外壁是涂上黑漆的下见板，檐端的瓦片是整个贴上金箔的金瓦。最上阶和回缘下方的壁面上画有金色的虎和鹭（也有可能

▲秀吉创建的姬路城天守推定复原图
(考证／松冈利郎，作画／板垣真诚)
现在的姬路城天守是池田辉政在庆长十三年所建的五重六阶巨大天守，而在其天守台下则埋有秀吉所创建的三重天守础石。从旧础石的配置，以及转用的柱材等物，可以推定复原出秀吉版本的天守

是在浮雕上贴金箔)。拥有如此豪华外观的天守，除了安土城之外别无他例，因此在政治战略上相当重要，能够充分象征天下人的权威。

安土城天守与大坂城天守除了在外观的豪华程度上与其他天守有一线之隔外，还有另外一个重要的特征，就是连天守内部装潢也都很豪华。安土城天守的内部是有名的豪华书院造殿舍，在室内装饰有狩野永德描绘的金碧障壁画。与其说安土城天守是军事建筑，还不如说是把御殿垂直堆叠起来的高级宫殿。秀吉的大坂城内部装潢也很豪华，而不论是信长还是秀吉，都把天守内部当成对外展示的空间。举例来说，当天正十四年九州大名大友宗麟造访大坂城时，秀吉便亲自带他参观天守内部(《大友史料》)。信长和秀吉的天守，就是要像这样通过让人看见内外豪华装饰的方式，来发挥其战略效果。

受到秀吉影响的天守

成为天下人之后的秀吉，开始陆续建造宏伟的天守。在成为关白翌年的天正十四年，他开始在京都的中央建造聚乐城(聚乐第)，并于天正十六年让后阳成天皇行幸聚乐城。在此之际，他让诸大名提出起请文，在名义上达成了天下统一。聚乐城被当成表面上的政治舞台，因此其天守应该也具有充分展现关白权力象征的威力。天正十八年，为了进攻据守小田原城的北条氏而建了石垣山城(小田原市)，而就连这种阵城都建有天守，发挥了战略上的功能。北条阵营受到如此威吓之后，几乎不战就开城投降。文禄元年(1592)左右，用来当作进攻大陆后勤基地的肥前名护屋城(佐贺县)天守宣告完成，该座五重天守对于展现秀吉不退让的决心给

受到秀吉影响的天守

◎广岛城天守（战灾前）
五重五阶的望楼型天守，参考秀吉的大坂城，由当时 112 万石的西国第一大名毛利辉元所建造。当初外观是涂上黑漆的下见板，檐端则饰有金瓦

秀吉系天守都是望楼型，建造年代也很久远，都在庆长时代之前（高知城是在庆长时创建的天守，烧毁后又重建）。外观为四重或五重，内部则是五阶或六阶，原则上来讲重阶不一致，且大多会有地阶。由关原之前的有力大名与之后的丰臣恩顾外样大名所建造，大部分是装有下见板的形式

■ 秀吉系天守

天守	形式	规模	创建年	创建者
丰臣氏大坂城	望楼型	五重六阶、地下二阶	天正十三年左右	丰臣秀吉
肥前名护屋城	望楼型	五重（应有六阶）	文禄元年左右	丰臣秀吉
冈山城	望楼型	五重六阶	庆长二年左右	宇喜多秀家
广岛城	望楼型	五重五阶	庆长三年左右	毛利辉元
熊本城	望楼型	五重六阶、地下一阶	庆长六年左右	加藤清正
米子城	望楼型	四重五阶	庆长六年左右	中村一忠
松江城	望楼型	四重五阶、地下一阶	庆长十六年左右	堀尾吉晴
高知城	望楼型	四重六阶	延享四年	山内丰敷

从军诸大名知道，应该是发挥了莫大的效用。庆长二年，因为庆长大地震而崩塌的伏见城天守重建完成，这是秀吉所建的最后一座天守。

由于秀吉建造的天守对于有力大名产生了很强烈的影响，因此他们都会模仿秀吉的天守来创建自己的天守。其中最好的例子，就是于庆长二年左右竣工的宇喜多秀家冈山城天守，以及庆长三年左右毛利辉元的广岛城天守。这二人都是被选为丰臣政权五大佬的实力派人物，虽然建的是与大坂城同等级的五重天守，不过因为要顾虑到秀吉，天守第一层的平面规模会比大坂城稍微小一点。至于外观则与大坂城相当类似，采用涂上黑漆的下见板，并于檐端装饰金瓦。

关原之战结束之后，丰臣恩顾的大名因立下战功而从家康那里获得了广大领地，并在领地上创建了大型的四重或五重天守。包括加藤清正的熊本城天守、山内一丰的高知城天守等，这些都属于望楼型的下见板天守（现存的高知城天守因为是在火灾烧毁后重建的，因此变更为涂布灰浆）。它们都以直接或间接的方式效法大坂城天守，可以看作是秀吉系的天守。由于在当时五重大型天守的实例依旧稀少，因此会以大坂城天守为参考是理所当然的事情。况且丰臣政权实质上已告崩解，所以建出与天下人天守的大坂城天守同等规模的大型天守也不再是禁忌，众大名便因此开始着手建造奢望已久的大型天守。

在这当中，最忠实重现大坂城天守的就是熊本城天守。它在第一重设置了大型的入母屋破风，于其上搭载第二重的入母屋造，然后再放上望楼，是三段式的五重天守，基本构成与大坂城相同。清正在丰臣恩顾大名当中对于秀吉的忠诚心特别强，因此会仿制秀吉的大坂城也不是没有原因的，相传他还曾经计划要在有万一的状况下迎接秀吉的遗子秀赖到熊本城去。

藤堂高虎的天守

家康系天守全部都是层塔型,且建造年代都在庆长末期以后,比较新颖。定型为五重五阶、地下一阶,但是到了江户中期之后,也出现了省略一重屋顶而导致重阶不一致的例子。由德川氏与谱代大名建造

■家康系天守

丹波龟山城	层塔型	五重五阶		庆长十五年（1610）	藤堂高虎
名古屋城	层塔型	五重五阶、地下一阶		庆长十七年（1612）	德川家康
备后福山城	层塔型	五重五阶、地下一阶		元和八年（1622）	水野胜成
德川大坂城	层塔型	五重五阶、地下一阶		宽永三年（1626）	德川家光
江户城（第三代）	层塔型	五重五阶、地下一阶		宽永十五年（1638）	德川家光
高松城	层塔型	三重四阶、地下一阶		宽文十年（1670）	松平赖重
小田原城	层塔型	三重四阶		宝永三年（1706）	大久保忠增

●藤堂高虎创建的宇和岛天守（作图／三浦正幸）
现在的宇和岛天守是宽文五年由伊达政宗重建的层塔型,而高虎所创建的天守则是同规模的望楼型

●丹波龟山城天守（明治初期）
由藤堂高虎所建的史上第一座层塔型天守。五重五阶,完全没有破风,呈现出最早层塔型天守的特征

藤堂高虎的新型天守

藤堂高虎是当代筑城的第一名手,不仅建了许多座城池,同时也被认为是想出新型层塔型天守的人。层塔型天守在建造的时候,必须要先具有方正不歪斜的天守台石垣才行,而且平面形状最好是接近正方形。由于高虎最先建造的宇和岛城（爱媛县）天守并没有天守台石垣,而是直接建在自然岩盘上,因此第一层平面完全是正方形,上层则为规则递减的三重三阶。这座虽然还属于旧式的望楼型天守,却可谓层塔型诞生的起源。到了庆长十三年,他开始建造今治（爱媛县）当作新的居城,在本丸建起了五重五阶的天守。该座天守原本计划建造在以多闻橹包围的本丸内平地上,并没有天守台,且是设计成纯粹的层塔型天守。

不过高虎在同年却为了要包围在大坂城君临天下的丰臣秀赖,而希望转封至伊贺伊势,因此建造到一半的今治城天守就被解体并且搬运到新领地去。深得家康信任的高虎,在家康发起的天下普请中负责了几乎所有的规划设计,参与了膳所（滋贺县）、伏见城第二次重建、江户城、筱山城（兵库县）、丹波龟山城（京都府）的筑建。在丹波龟山城的普请中,他把今治城天守的解体建材献给了家康,于庆长十五年建成了丹波龟山城天守。根据明治初期的老照片,丹波龟山城天守是除了最上层之外完全没有破风的纯粹层塔型天守,这应该就是史上最早的层塔型天守。在这座天守完成之后,望楼型天守就已经落后于时代,接下来建造的天守大部分都采用层塔型。

高虎在成为自己居城的伊贺上野城（三重县）

德川氏系天守

◐ 名古屋城本丸复原图
（考证／三浦正幸，作画／野上隼夫）
本丸周围完全被多闻橹所包围，西北端建有史上最高等级的层塔型天守，其威容可谓前无古人。以天下普请构筑而成的名古屋城，对于位在大坂城的秀赖可谓具有高度战略效用

❶天守
❷桥台 ❸小天守
❹一阶 ❺二阶 ❻轩唐破风
❼出窗 ❽千鸟破风 ❾三阶 ❿四阶 ⓫五阶
⓬小天守口御门 ⓭小天守一阶 ⓮小天守二阶

◐ 名古屋城天守、小天守复原图
（考证／三浦正幸，作画／野上隼夫）
名古屋天守很可惜的因为战灾而被烧毁，这原本是为了德川家康之子义直建造的史上最大级巨大天守，地板面积为丰臣大坂城与现在姬路城天守的两倍。内部在当时全部铺上榻榻米，7尺间的大京间一共铺设了多达 2031 块榻榻米

中也开始建造五重五阶的层塔型天守，不过在施工到一半时却因为暴风吹袭而倒塌，所以宣告中止。关于这座天守，在《高山公实录》中写道"殿主为五层之塔"。而在高虎当作本城的津城（三重县）也建有五重天守用的天守台，不过天守的建造却被取消，因此高虎本身并未拥有自己的天守。但是他所想出的层塔型天守则被德川氏与谱代大名继承，成为家康系天守的基本样式。

家康的天守

在关原以后的全国性筑城盛况当中，把天守作为战略性考量的，就只有接着成为天下人的家康与部分有力大名而已。追根究底来说，天守虽然在象征权力上有很高的价值，不过它在实战上的性能却存疑。若说把天守当作城主困守时用来做最后抵抗的地方，实在是太不符合现实，只不过能让城堡延后几天被攻陷而已。而且单只是为了在城堡被攻陷之前有个地方让城主切腹而建造出天守，也完全不具意义。因此天守真正的价值就不是它在实战中的功能，而是要用在战略上面，且这是只有天下人才配拥有的特权。就算一位外样大名想建一座宏伟的天守，也只会遭致家康猜忌他想谋反而已，并不具有向周围大名夸示自己权力的战略意义。天守的战略价值对于诸位大名而言能够产生意义的时期，就

天下人的天守

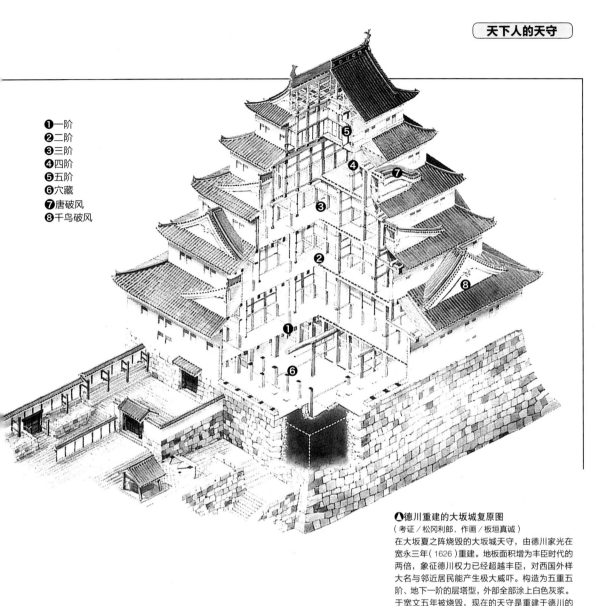

❶ 一阶
❷ 二阶
❸ 三阶
❹ 四阶
❺ 五阶
❻ 穴藏
❼ 唐破风
❽ 千鸟破风

▲ 德川重建的大坂城复原图
（考证／松冈利郎、作画／板垣真诚）
在大坂夏之阵烧毁的大坂城天守，由德川家光在宽永三年（1626）重建。地板面积增为丰臣时代的两倍，象征德川权力已经超越丰臣，对西国外样大名与邻近居民能产生极大威吓。构造为五重五阶、地下一阶的层塔型，外部全部涂上白色灰浆。于宽文五年被烧毁，现在的天守是重建于德川的天守台之上

只有天下统一之前的群雄割据时代而已，等到德川政权确立的关原之战以后，就只有家康和唯一能与之对抗的丰臣秀赖会把天守用在战略上面。了解到这一点的伊达、上杉、黑田、岛津等雄藩便因此放弃建造天守，而前田、藤堂两氏也在失去最早的天守之后，决定不再重建。

家康开始将天守用在战略上，是在秀吉死后不久，而且也不是他自己的居城江户城天守。家康在大坂城西之丸新建了一座天守，与耸立于本丸的丰臣天守对抗，这件事则成为引发关原之战的原因之一。关原以后，他又重建了烧毁的伏见城天守，借此宣告他已成为天下人。

而家康最早的一座正规战略性天守，就是在庆长十二年创建的江户城天守。这座天守的规模异常庞大，根据江户时代的木工技术书《愚子见记》记载，以7尺间为单位，第一层平面长为16间，宽有18间，高则是22间半（47.7米）（根据《当代记》，天守台为20间见方）。规格推定为五重六阶的望楼型天守，其地板面积达到丰臣大坂城天守的两倍。当然，这座超巨大天守是通过天下普请来施工，在众大名的注视下完成，借此用来当作昭告天下德川氏已超越丰臣氏的战略兵器。

虽然信长与秀吉在战略意图上会把天守的内外部都装饰得很豪华，不过家康则无视天守的内部，只靠巨大的外观来发挥战略效果。庆长十七年由家康所建的名古屋城天守也很巨大，第一层平面以7尺间计算为长15间，宽17间，延床面积已经超越江户城，达到史上最高等级。通过建造比丰臣大

坂城更为巨大的天守，家康把诸大名从秀赖身边拉离，让他们臣服于德川氏，并轻易在大坂之阵消灭了被孤立的秀赖。这真可谓天下人等级的天守战略应用。

从家康开始的德川将军家天守建造，在开创出层塔型天守之后来到了高峰期，因此层塔型必然就成为德川氏的天守形式。名古屋城天守是最早的例子，这是一座五重五阶、地下一阶的巨大层塔型天

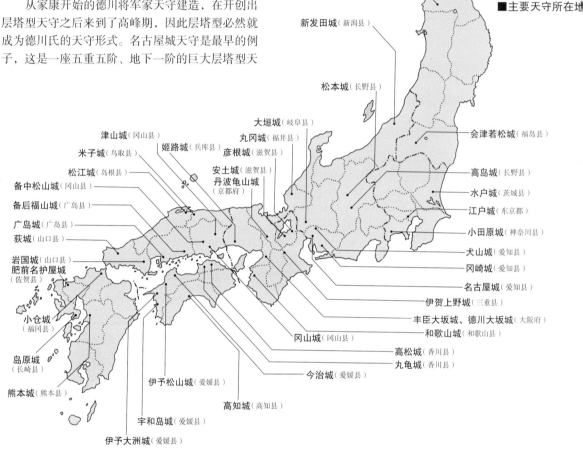

守，成为将军家天守的典范。就连曾经是望楼型的江户城天守，也于元和八年在二代将军秀忠手上改建成巨大的五重五阶、地下一阶的层塔型天守。在大坂夏之阵烧毁的大坂城天守，于宽永三年（1626）由三代将军家光重建为丰臣时代两倍大的层塔型。而宽永十五年家光又再度对江户城天守进行改建。第一层平面与家康创建的天守同为7尺间的18间乘16间，并与名古屋城天守一样装上了金鯱。

根据幕府于元和元年公布的武家诸法度，虽然诸大名禁止建造新的天守，不过配合幕府的需求，谱代大名的天守依旧在持续新建、扩张。元和八年，谱代大名水野胜成完成了备后福山城（广岛县），其新式的五重五阶、地下一阶层塔型天守，肩负了

制衡西国外样大名的战略使命。宽文十年（1670），亲藩松平赖重将高松城的天守扩大，其南蛮造的层塔型天守规模号称四国第一，成为监视中国、四国外样大名的象征。

采用秀吉系天守的是西国有力外样大名，因为创建年代久远，所以属于望楼型，并拥有下见板的外观。虽然当初大多会施以金瓦与涂黑漆的豪华外观装饰，不过在历经风霜之后，变成了黑黑丑丑的天守。相对于此，家康系的天守则是由德川氏与谱代大名建造的新式且大型的层塔型，整体都涂满了白色灰浆（家光的江户城则镶有铜板），外观非常醒目，完全压过了外样大名的天守。

五大城郭决战

高天神城、上田城、大坂城、会津若松城、熊本城

文／小和田哲男　140—143 页

黑坂周平　136—143 页

松冈利郎　144—149 页

前田宣裕　150—153 页

桐野作人　154—158 页

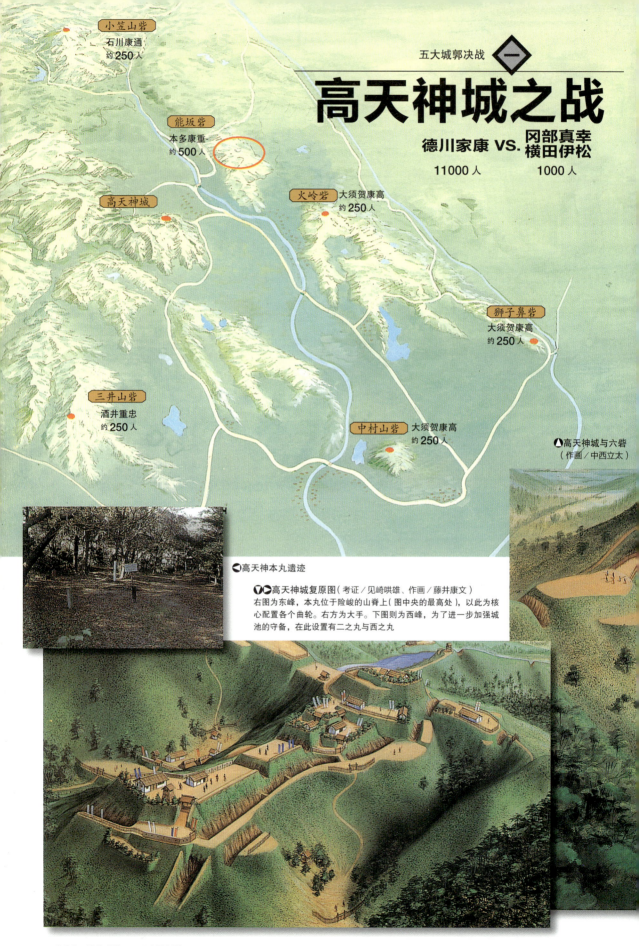

■高天神城与六砦的高度

城 名	标 高
高天神城	132米
小笠山砦	250米
能坂砦	87.1米
火岭砦	65.8米
狮子鼻砦	44米
中村山砦	33.5米
三井山砦	89米

德川家康为了夺回高天神城，除了在永禄十一年（1568）建了小笠山砦之外，还于天正七年及次年接着建起了能坂砦、火岭砦、狮子鼻砦、中村山砦、三井山砦五座附属城寨，借此形成包围网。而在高天神城周围则挖了壕沟与堆起土垒，绕上两三道塀与栅，慢慢让高天神城陷入孤立。天正八年七月，从滨松城出发的家康进入了攻城战的司令基地横须贺城，并于各砦配置了本多康重、大须贺康高等麾下部将，形成包围网。虽然困守在城内的部队一直在等武田胜赖前来进行反包围，不过最后还是在天正九年三月攻出城时被超过十倍的攻城军几乎全歼，使得远州要地高天神城再度回到家康手中

△从追手方向看高天神城遗迹

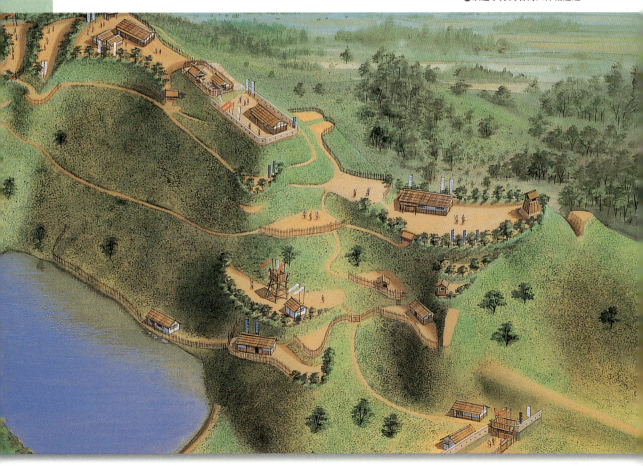

五大城郭决战　137

一 高天神城之战

武田、德川交锋的远州关键地

高天神城迹位于现在静冈县小笠郡大东町的上土方，是座以海拔132米的鹤翁山为中心，巧妙利用放射状山脊的山城。在称为东峰、西峰的两个部分中，配置有本曲轮、御前曲轮、二之曲轮、三之曲轮等，是座知名的城寨。

此地首次构筑城寨是在战国大名今川氏的时代，与今川氏亲近的家臣福岛氏在此建了骏府今川馆的支城，并且入住其中。

之后，小笠原氏取代福岛氏成为城主，今川氏在小笠原长忠时灭亡，使城主长忠很早就改隶于德川家康，以后就变成德川家康滨松城的支城，成为家康经略远江的关键城寨。

因此，在德川家康与武田信玄、胜赖父子进行远江争夺战时，高天神城时常会成为争夺的舞台，甚至达到人云"制高天神者能制远州"的地步。

以高天神城为舞台的德川、武田征战，其中有前后三回规模较大。最早的一仗是发生在元龟二年三月，武田信玄亲自率领2万大军进攻高天神城。此时守城的是小笠原长忠，城兵只有1000人左右，不过他们却挡住了以信玄子内藤昌丰为大将的武田军的猛攻。呈放射状分布的山脊，形状正好就像八角金盘的叶子一样，山谷往内切进很深，可以从城寨这边横向放箭。另外，这山坡也不是随随便便就能攀登上来的，因此武田军就无法以硬碰硬的方式攻陷该城，最后只能鸣金收兵。

也就是说，高天神城连号称名将的武田信玄都无法攻陷。

翌年，当信玄再度前往远江时，他不去进攻高天神城，而是准备以无法从高天神城获得支援的形式来进攻家康的本城滨松城，结果他把德川军引至三方原台地，并且击败了家康。

胜赖取得高天神城

就如众所皆知一般，信玄在翌年即天正元年（1573）的四月十二日死亡。其子胜赖为了向信玄以来的重臣们展现自己的实力，开始想要攻取父亲信玄无法陷落的城池，而他所选择的目标就是高天神城。

天正二年五月三日，武田胜赖率领2.5万大军

▼狮子鼻砦绳张图
（铃木东洋制作）
呈现出从中央主郭向东西两边展翅的形式，在西北方向与东方设有数个梯郭状的曲轮，更西北处则设置有出曲轮

从甲斐的踯躅崎馆出发，在五月十二日包围了高天神城。城主小笠原长忠立刻派遣使者前往滨松城，向家康请求支援。

不过此时家康的最大动员兵力仅有8000人，他判断如果没有同盟者织田信长的援军，就无法顺利支援，因此马上向信长请求援军。而高天神城的小笠原氏运气刚好很背，由于这个时期信长正忙着讨伐越前的一向一揆，因此无法派出援军。

结果，小笠原长忠就在没有援军的情况下拼死力搏，不过胜赖则对他提出"投降的话就封予骏河国1万贯"的条件，使他决定投降。

胜赖派遣家臣横田尹松负责把守高天神城，退兵回到了甲斐，不过因为天正三年他在长筱、设乐原之役战败，使高天神城的位置变成了武田阵营的桥头堡。天正七年，加入武田阵营的今川旧臣冈部丹波守长教接手该城，以横田尹松为军监加强守备。

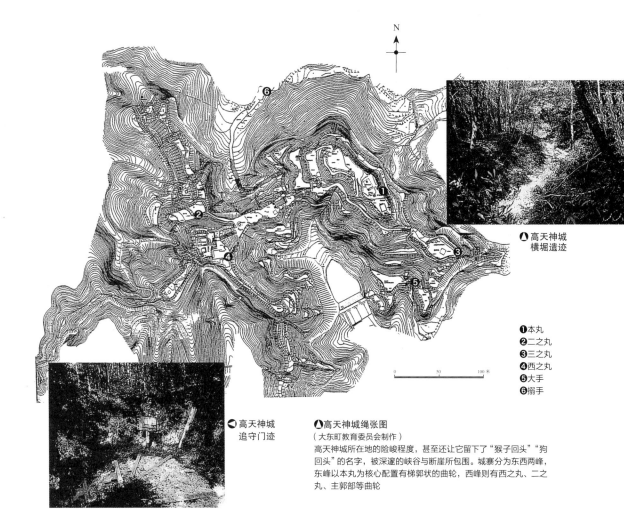

🔸高天神城横堀遗迹

🔸高天神城追守门迹

🔸高天神城绳张图
（大东町教育委员会制作）
高天神城所在地的险峻程度，甚至还让它留下了"猴子回头""狗回头"的名字，被深邃的峡谷与断崖所包围。城寨分为东西两峰，东峰以本丸为核心配置有梯郭状的曲轮，西峰则有西之丸、二之丸、主郭部等曲轮

❶本丸
❷二之丸
❸三之丸
❹西之丸
❺大手
❻搦手

家康以六座城寨展开包围战

正好从此时开始，德川家康认真决定要进行高天神城的规复作战。家康为了要攻下高天神城，开始构筑附城与对城，除了之前就有的小笠山砦之外，还有此时紧急建造的狮子鼻砦、中村山砦、能坂砦、火岭砦、三井山砦这五座，在天正七年至八年间构筑完成，合称为"高天神城六砦"。

这种附城战略，是不善于攻城的家康从擅长攻城的羽柴秀吉那里学来的。附城是用来当作进攻敌城时的垫脚石；就攻城来说，多半会陷入长期战，在分出胜负之前当然不能只靠野战阵地对峙，而是要在攻击目标的城附近搭建临时城寨，以此进行长期包围战。秀吉在进攻近江的浅井长政时，曾经在小谷城附近构筑了虎御前山砦当作对城，另外他于进攻长治在别处的播磨三本城时，也在平井山上建了一座城寨，以长期战取得胜利。

话说回来，这"高天神六砦"当中只有能坂砦没有遗构留下来，因此其规模、构造究竟如何则无从得知，不过其他的五砦都能找到曲轮与空堀。在大久保彦左卫门忠教所著的《三河物语》中，写道："四方掘有既深且广的堀，筑有高土居，设有高塀，在塀上绑有白布条，沿着堀的方向设有七八道大栅，每间配有一位武士站岗……"可以得知它建得很坚固。

家康在六砦和砦与砦之间配置士兵，形成完美的包围态势。

最后的结果便导致兵粮、弹药无法搬入高天神城，使其逐渐陷于孤立。而天正九年三月二十二日，冈部长教率领城兵全数出击，一直战至最后一刻。城兵当中只有军监横田尹松成功逃离城寨，将战败的情形向武田胜赖回报，除此之外全员阵亡。死者730余人，战况惨烈至尸体都填平了壕沟。

另外，传说在决战前夜还曾顺应城兵的希望，由家康底下的幸若太夫表演了一场幸若舞，让攻方与守方一起鉴赏舞蹈。

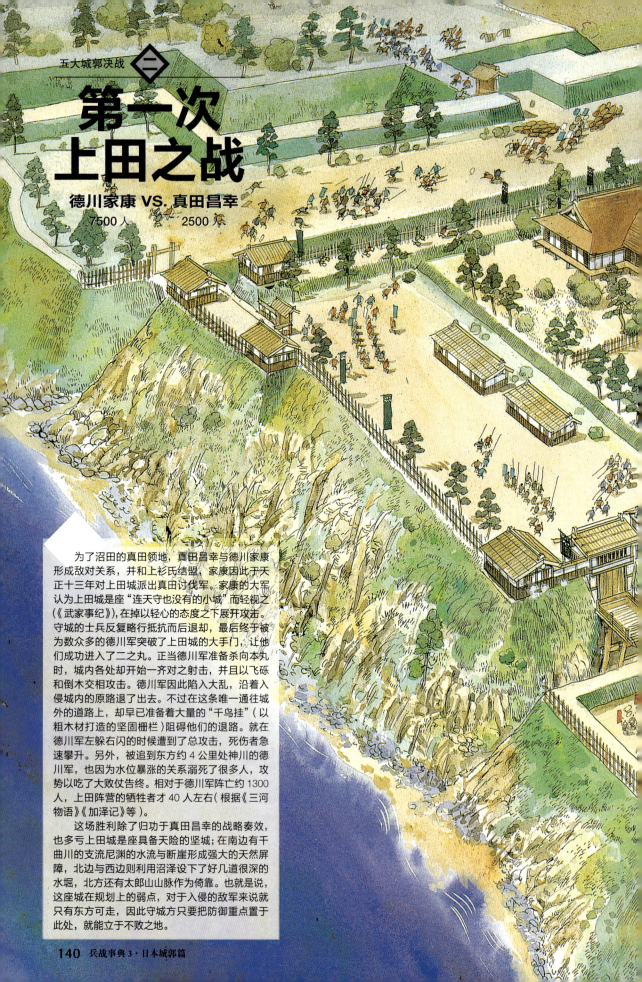

第一次上田之战

五大城郭决战 二

德川家康 VS. 真田昌幸
7500人　　　2500

为了沼田的真田领地，真田昌幸与德川家康形成敌对关系，并和上杉氏结盟，家康因此于天正十三年对上田城派出真田讨伐军。家康的大军认为上田城是座"连天守也没有的小城"而轻视之（《武家事纪》），在掉以轻心的态度之下展开攻击。守城的士兵反复行抵抗而后退却，最后终于被为数众多的德川军突破了上田城的大手门，让他们成功进入了二之丸。正当德川军准备杀向本丸时，城内各处却开始一齐对之射击，并且以飞砾和倒木交相攻击。德川军因此陷入大乱，沿着入侵城内的原路退了出去。不过在这条唯一通往城外的道路上，却早已准备着大量的"千鸟挂"（以粗木材打造的坚固栅栏）阻碍他们的退路。就在德川军左躲右闪的时候遭到了总攻击，死伤者急速攀升。另外，被追到东方约4公里处神川的德川军，也因为水位暴涨的关系溺死了很多人，攻势也吃了大败仗告终。相对于德川军阵亡约1300人，上田阵营的牺牲者才40人左右（根据《三河物语》《加泽记》等）。

这场胜利除了归功于真田昌幸的战略奏效，也多亏上田城是座具备天险的坚城；在南边有千曲川的支流尼渊的水流与断崖形成强大的天然屏障，北边与西边则利用沼泽设下了好几道很深的水堀，北方还有太郎山山脉作为倚靠。也就是说，这座城在规划上的弱点，对于入侵的敌军来说就只有东方可走，因此守城方只要把防御重点置于此处，就能立于不败之地。

第一次上田之战

上田城两度击退德川势力

上田城是由真田昌幸（幸村之父，附带一提幸村的本名是信繁）费心构筑的城池，筑城年代推定为天正十一年（1583）左右。这是依据当时与真田氏处于敌对关系的上杉景胜，曾对部下下达意思如"真田已经开始建造尼渊城（上田城的别名）了，赶快想办法对付它"这样的命令而得知（《上杉年谱》）。过了两年多，在天正十三年八月左右，本城、二之丸、舍曲轮、总构、大手门、二之丸门、橹、塀狭间等皆已完成，城郭所需拥有的设施算是已经具备（《真田内传》）。

真田氏在这之前是以位于上田城东北方8公里处的山间地带真田乡作为根据地，为了称霸东信浓，就选择了位于千曲川沿线的尼渊（因蜿蜒蛇行的千曲川而形成的深渊）北岸，平均高度为9米的断崖上方来当作筑城的最佳地点。原本在这附近已经有当地土豪小泉氏构筑的城寨（现在留下的是已经变成上田城一部分的"小泉曲轮"），可见在战国时代周边土豪皆很重视此地的重要性。真田昌幸首先是巧妙利用了天下诸雄（德川、上杉等）相互监视、牵制的动向，成功获得了此要地。然后再依据他精密的计划完成了这座极富个性的城郭，也就是上田城。

首次考验上田城真正价值的事件，是在筑城尚未完全结束时（天正十三年八月），就准备要迎击德川家康的大军。

在家康授意之下，为了击垮真田而派遣了七千余骑部队来攻，而昌幸一族仅有两千余名城兵可以迎战，因此就用上了纵横机略，奋力击退了这支大军，并且把他们追赶到遥远的东方去（这也称为"第一次上田之战"）。

在过了十五年之后，于庆长五年的关原之战时，因为上田城（据说城兵为2500人）挡住了沿东山道西上的德川秀忠38000人的大军六天，使得秀忠错失了加入关原之战的时机（此称为"第二次上田之战"）。

因为这两回战役，使得上田城天下闻名。之后由于真田氏内部分裂，昌幸与其次子幸村隶属大坂阵营，长子信之则加入德川阵营，使得昌幸、幸村离开了上田城，不过最后却因为幸村成为大坂城的中枢而大显身手，导致其出身地上田城又变得更为知名。

以断崖和水域构成的坚城

那么，上田城到底是如何构筑，又是如何活用的呢？

上面的《上田城古图》是表示真田昌幸筑城当时上田城绳张的古图，由真田氏后来的移封地松代（现长野市）的佐久间家所收藏（《信浓国小县郡年表》），写有"天正十二年真田昌幸筑城、庆长五年关原战后毁弃"。

这是画出上田城筑城当时规划的唯一资料，与现在的地形、地名、遗构等两相对照，跟筑城当时应该并没有太大差别。

首先来看看此图的下方（南方）。虽然有部分被虫蛀掉，不过依然可以看到很广大的水面（实际上为青色）。这就是千曲川的支流，当时是座深渊的尼渊。该城以这座深渊作为天然护城河，于北岸（上方）的崖上筑城。这座断崖的下半部是自远古堆积起来的千曲河砾层，抵抗侵蚀能力非常强。上半部则是厚实的硬化火山泥层，最高处（本丸下方）达15米，像屏风一样把城地下方包围起来。由于这是一座既高且硬的绝壁，因此就跟石垣一样，无法使用梯子或手钩。在城的南边有大河千曲川，附近有很深的尼渊，又被难以进攻的断崖所包围，因此上田城南方的防御可谓已达完美境界。

另外，在本丸（图中的屋形记号）四周的土地，以前似乎是沼泽状的湿地，因此在古图当中也标示有许多称为沼的水池，而昌幸利用这些水池，在北方与西方设置了两三道护城河，还于西方挖了一座称为大堀的大池子，形成铜墙铁壁。虽然这在今日已经变成空堀，还被当作棒球场使用，但在过去平井圣博士曾经说过："只要想象这座大堀曾经灌满了水，就可以得知上田城简直就是日本第一的坚城。"

北方有三道护城河包围，再往北则有险峻的太郎山屏障，只要到当地看一看马上就能理解。如此一来，能够进攻上田城的方向就只有一处而已，也就是从东方下手。而且昌幸似乎还故意放松东方的守备，这在天正的古图当中也表现出来了。

而这就是昌幸的独到智慧。

昌幸利用自古以来的东山道路线，新设了一条自东方进入城郭的道路。这条路设有好几处直角转折，因此无法直接一路看到底。而住在这条道路附

🔺 从南方观看上田城本丸与二之丸
（1986年摄影）
照片左方的橹为西橹。右方两相排列的橹为南橹和北橹，现在此处复原出了东虎口门。前方则为以前的尼渊

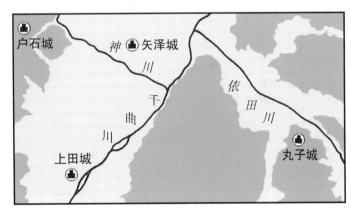

▷ 上田城周边图
在本城上田城中驻有昌幸、幸村，户石城配置有信之，矢泽城有矢泽赖幸，丸子城则是丸子三右卫门。相传德川军败退时神川河水之所以会暴涨，是户石城的信之把蓄满水后的神川堰堤打开所致

近的百姓、商人也被移过来，在此形成了城下町。城镇中心就是今日上田市中心的海野町、原町，而在东方约2公里处也设置了踏入、常田等村落，将其称为"城下围"，并给予相当于城下町的特殊待遇（年贡、役职等）。另外，在城下町与"城下围"的中间也配置了许多寺院、社祠，如果有状况发生的话，就能靠它们来把守城池。

这些细小的用心，马上就在战斗当中发挥出了效用，如同前述的"第一次上田之战"，他们只靠些许兵马就对德川势力取得了胜利。

自从德川军在"第一次上田之战"中吃了大败仗之后，战国群雄就开始对位于上田城的真田氏寄予极大关心。而在十五年后，德川军一如前述再度进攻上田城。这次他们并未像上次战败那样进行总攻击，而是让两军形成对峙。虽然还是发生了零星冲突，不过整体来说德川军只是对上田城附近进行骚扰，以此观察状况，而几天的时间就这样过去了。

家康因此紧急下命秀忠军略过上田城直接赶往关原，但最后还是没有赶上会战，使得家康大为愤怒。

五大城郭决战 143

笼城军

附枪出狭间的门扉
隅橹（2间×4间）
水际防（栗木杭）
南蛮车（动滑轮）
大筒狭间
铁炮狭间
在里面塞入石头的太鼓塀（胸墙）
夯土居
提灯的前身　夜间射击用，白天会收起来。为了防雨水，上面会涂布柿涩
乱杭

五大城郭决战 三

大坂冬夏之阵

德川军 VS. 丰臣军
约20万人　　约10万人

　　这里所呈现的插图，是根据最新的研究结果，尽可能把所有能够弄清楚的地方复原，并加上推测出的建筑物配置与城下町绘制而成的，虽然有些部分可能会跟实际状况有所出入，但是就视觉理解来说应该能提供不少帮助。

　　以图中的重现情况来看，秀吉大坂城的本丸与二之丸呈现出很复杂的形状，周围还绕上一圈很大的总构，以当时来说面积相当大（一直到宽永年间江户城的外曲轮、外壕完成为止，其大小都能与之匹敌）。在秀吉绳张当中值得注意的是，玉造口是往南突出一块形成算用曲轮，二之丸西南部像保护在大手口一样的水堀所围起来的地方类似于马出曲轮，西边与南边则用城墙围起来形成三之丸。

　　由于秀吉是农民出身，在统一天下之前过着转战各处攻城略地的生活，因此他就活用这样的经验，花上很多心思把大坂城建造得更为坚固。在他晚年还提出过为了安置秀赖的扩建计划，在冬之阵时采行据守防卫体制，于总构中增建橹和井楼，形成万全的准备，借此能够抵抗20万大军。

　　笼城战从庆长十九年（1614）十一月十八日一直撑到缔结讲和的十二月二十二日，其中特别还在十一月二十六日的今福鸭野之战、十二月四日的真田出丸攻防战、十二月十七日的塙团右卫门米田监物夜袭等行动中奏功，反而使德川阵营受到损害。

　　虽然历史没有如果，不过若是能看破家康的老狯计谋，在讲和时没有上了他的当，不以毁弃总构和填平壕沟为条件来交涉的话，号称具有难攻不落规模的秀吉大坂城就没有那么容易被攻陷，夏之阵的发展也会跟着走向不一样的路线也说不定。

▶大坂城下复原图
（考证／内田九州男、作画／中西立太）
【出自河出书房新社《图说日本的历史27 大阪府的历史》】

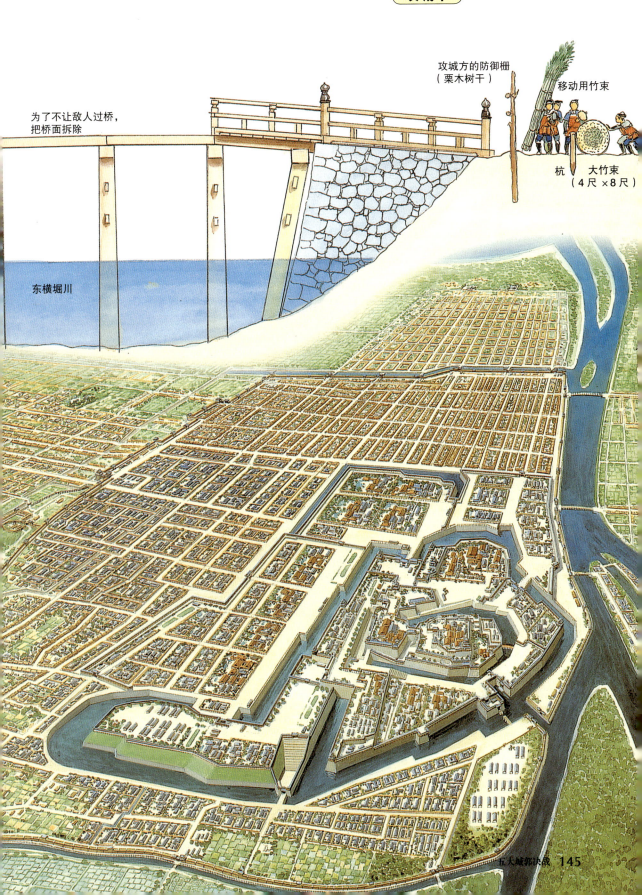

大坂冬夏之阵

总构与三之丸的构筑

太阁秀吉从天正十一年（1583）九月一日开始构筑大坂城，天正十六年三月晦日写道"世上花盛也，大坂普请也差不多周备云云"（《多闻院日记》），算是宣告完成。过一阵子之后，于文禄三年正月二十四日有"大坂御普请的分工，分成伏见之丸与石垣，同总构堀、大坂总构堀三处办理"（《驹井日记》），而在庆长三年六月秀吉即将病逝之前，又进行了三之丸的扩张工程。

以上施工时期，可以区分为一开始的筑城期与晚年扩张期两个部分，秀吉在此期间的政治动向则非常迅速。他在大坂筑城的天正十二年于小牧、长久手战役中与德川家康和织田信雄对峙，并接着讨伐四国的长宗我部氏、九州的岛津氏、关东的小田原北条氏，以及处置奥羽，实现了全国统一，并同时进行了聚乐第、京都御土居、名护屋城、伏见城的普请工事，就连当作根据地的大坂城，应该也在进行部分整备工事。

筑城当时，秀吉动员了麾下众多武将、专家，进行大规模的快速工程，根据目睹当时情景的路易斯・弗罗伊斯的报告，在约40天的时间内建好了7000户人家，有5万人从事作业。而且住在旁边的界以及平原等处的商人也被迁移过来，还建起了武家宅邸，形成了城下町。根据庆长十四年西班牙唐・卢狄高的来访记录，当时大坂有20万人左右，京都有30万—40万人，江户则为15万人。可见秀吉在世期间增加超过了10万人，因此就有必要建造包围城下町的总构。

也许是因为在天正十八年进攻小田原城时首次见到长达12公里的外郭（相州古文书《本城总曲轮普请》）形成了契机，秀吉翌年就在京都建造了御土居，并接着于大坂城构筑总构。

此时对于大坂城的守备已经有"秀吉者于摄津国大坂所定之城郭……南方为平陆，而往天王寺、住吉、界之津三里余，皆连续建有町店屋止小路，此为大坂之山下也。以此五畿内为外构，以此警固彼地之城主也"（《柴田退治记》），在五畿内的广阔领域中配置诸将城堡这样的壮大构想。不过在文禄二年（1593）侧室淀殿生下继承人秀赖之后，为了考量他的安置，大坂城的守备又因此更加强化。此时就算有总构也无法放心，在秀吉病逝之前还下令建构三之丸，并且强制拆迁已于二之丸的堀外侧和总构内侧发展起来的1.7万栋町屋，改成"于外郭一里半构筑垒塀"（《日本西教史》）。

总构、三之丸的防线与构造

像这样扩张之后的三之丸与总构，可以参考《仙台武鉴》所收的《大坂冬之阵配阵图》，了解其防御线与范围。在《大坂御阵山口休庵咄》中写道："总构范围西至高丽桥筋横堀之内，南至八丁目黑门之内，町屋拆得一间也不剩，诸职人、诸商人尽居其中，细工于此商贩。"北侧连接至淀川与大和川的汇流之处，西至东横堀，东至猫间川与平野川沿线的低湿地，南至上町台地，由此可知，从今日的JR玉造车站到谷町八丁目附近都有空堀围绕。

关于这总构的防备，有若干散见于各项文书当中，在此举例如下。

> 总构、堀中并无石垣，向着堀有一道栅栏，堀中有一道栅栏，兵棋又有一道，总共有三道栅栏围住，皆以栗木树干制成。（《大坂御阵山口休庵咄》）

> 总构有三里半是以大材木厚板围住，在四方有矢仓，各自为了加强稳固而进行普请，前方开有弓、铁炮用的矢（狭）间，在大方一町之内配置有石火矢一柄，之间有大筒、小筒，侧面配置弓矢，围绕三里半，在连接到天王寺的堀内配置刀、镞。《见闻集》

> 总构有矢仓二间四间，为二阶矢仓，塀为二重塀，内部四寸五分的角在旁边有叠上乳通。为了从塀的屋顶发射铁炮，以板制成五尺屋顶，还有以大竹三尺制作的忍返。《长泽闻书》

> 总构的塀为太鼓塀，厚度为2尺，里面塞满了瓦砾，由此射击铁炮打中也无法贯穿，与矢仓一样耐打，在进入总城之时必须要克服。就算以竹束接近，一夜也有十几二十人被

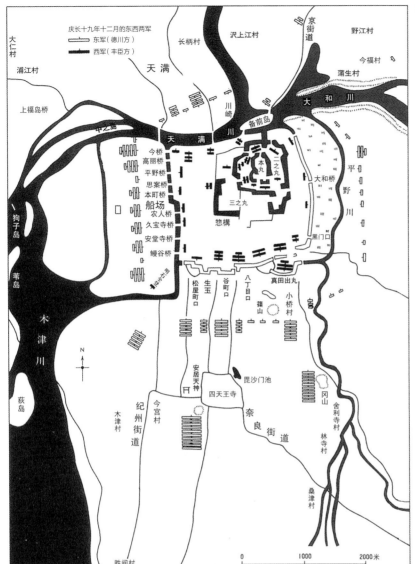

◉大坂冬之阵布阵图
（《图说 再见大坂城》所收）
庆长十九年十二月的两军布阵状况。丰臣军约10万据守于大坂城，德川军约20万，家康在茶臼山，秀忠在冈山设置本阵，包围住东南西北四面，简直就连一只蚂蚁也爬不出来。但就算德川军建起了攻击用的筑山，以仕寄掩护进攻，靠大口径火炮射击，却还是一步也无法踏入总构之内，更别说是包围在本丸与二之丸外圈的三之丸了

玉造口（算用曲轮）为止保护南边的防线。根据渡边武氏的研究，城墙是以石垣筑成，上面似乎围有多闻塀（附屋顶的塀），其内侧完全没有町屋，推测主要是建有军用仓库和城兵的驻扎设施。虽然现在完全没有留下痕迹，不过在相当于三之丸的地方依然有明显的地形高低落差，可推断有一部分是石垣（包含在挖掘调查中找到的地下遗构）。

如上所述，可以得知秀吉建造的大坂城是以本丸与二之丸为中心，并扩建出三之丸与总构围绕起来，构成难攻不落的绳张。即便如此，虽然在冬之阵的笼城战中很能撑，却因为在讲和当中接受了破坏总构与三之丸并且填平壕沟

铁炮打中。（跟随德川赖宣参阵的丰岛作右卫门的书状，12月17日）

这些描述跟东京国立博物馆所藏的《大坂冬之阵图屏风》当中所描绘的总构设施相当契合，不愧能够挡住将近20万大军的攻势。其中建在总构东南部的真田出丸这座城寨，其攻防战更是在史上留名。

由于在冬之阵中总构并没有被突破，因此三之丸的防御设施就不太被提到，参考《仙台武鉴》当中的图片，二之丸西南部大手口方面的水堀是挖成L字形（算是一座不完整的马出），水堀的两端被当作城墙，北侧末端在天满桥附近弯折，通到二之丸京桥口，东侧末端有个很大的突起，形成到

的条件，再也无法维持原样。到了夏之阵时，要守住只有本丸，形同赤裸的大坂城实在是很困难，因此只能靠野战打开活路。不过尽管大坂阵营聚集了浪人，还有智将真田幸村和勇士后藤又兵卫、木村重成等人组成五六万城兵，但是在面对德川阵营诸大名总共20余万大军之时，除非有奇迹发生，否则便很清楚地高下已见。

最后，以庆长二十年四月二十九日的泉南樫井之战为导火线，经过五月六日的道明寺、八尾、若江方面之战，以及七日的大坂城南部、上町一带激战，终令大坂阵营败退，大坂城本丸被烧毁。

同日夜里，就连号称华丽绝伦的天守也爆炸破裂，八日，被孤立于烧光城中的丰臣秀赖与淀殿等人自尽身亡。

○《诸国古城图》之《真田出丸图》
（广岛市立中央图书馆藏）
与左图相比，真田丸的形状更为复杂

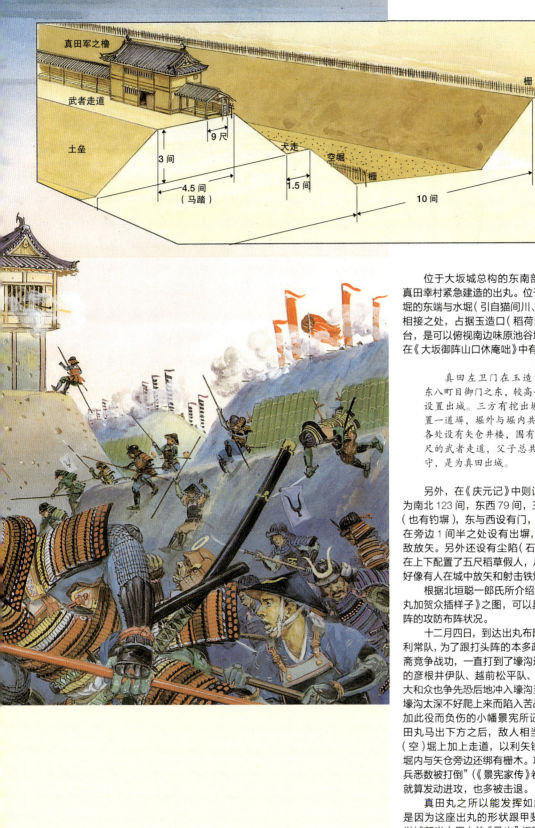

位于大坂城总构的东南部，是由智将真田幸村紧急建造的出丸。位于正面南侧空堀的东端与水堀（引自猫间川、平野川的水）相接之处，占据玉造口（稻荷门）前方的高台，是可以俯视南边味原池谷地的好阵地。在《大坂御阵山口休庵咄》中有如下记载：

> 真田左卫门在玉造口御门之南，东八町目御门之东，较高一级的土地上设置出城。三方有挖出堀，在堀边设置一道塀，堀外与堀内共有三道栅栏，各处设有矢仓井楼，围有塀，设有宽7尺的武者走道，父子总共以6000人据守，是为真田出城。

另外，在《庆元记》中则记载它的规模为南北123间，东西79间，三面围有车塀（也有钓塀），东与西设有门，共有七座橹，在旁边1间半之处设有出塀，可从侧面对敌放矢。另外还设有尘陷（石落），从狭间在上下配置了五尺稻草假人，从外部看起来好像有人在城中放矢和射击铁炮。

根据北垣聪一郎氏所介绍的《大坂真田丸加贺众插样子》之图，可以具体得知冬之阵的攻防布阵状况。

十二月四日，到达出丸布阵的加贺前田利常队，为了跟打头阵的本多政重和山崎闲斋竞争战功，一直打到了壕沟边。看到此景的彦根井伊队、越前松平队、伊势藤堂队、大和众也争先恐后地冲入壕沟当中，却因为壕沟太深不好爬上来而陷入苦战。就如同参加此役而负伤的小幡景宪所记载，"攻到真田丸马出下方之后，敌人相当精明，在壳（空）堀上加上走道，以利矢铁炮射击，在堀内与矢仓旁边还绑有栅木。攻入堀内的士兵悉数被打倒"（《景宪家传》卷一）。这样，就算发动进攻，也多被击退。

真田丸之所以能发挥如此大的功用，是因为这座出丸的形状跟甲斐武田氏在中世城郭当中用上的"马出"相同。小幡景宪也许就是在经历过这样的体验之后，才创建出了甲州流军学。

五大城郭决战 149

五大城郭决战 四

会津若松城攻防战
新政府军 VS. 会津军

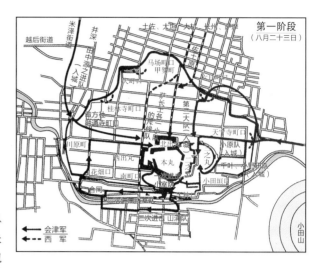

第一阶段（开启战端）

若松城有着在全国其他地方很难找到的巨大外郭，周长约 6.5 公里。被深 2—3 米、宽 15—20 米的水堀（部分为空堀），以及高 3—5 米的土垒所包围的总面积，超过了 300 万平方米。郭内全部都是武家土地，郭门达到 16 座。这座于 16 世纪末完成基本形态的总构，在约三百年后的戊辰战争中，成为近世最后城郭战的舞台。

庆应四年八月二十三日早晨，西军挺进至若松城下的大手：甲贺町口郭门。会津阵营的守军人数很少，城内还有少年兵白虎士中一番队（总共 50 位左右）赶往赴援。当他们占据掩蔽物并且开始射击之后，西军很快就突破了东邻防御较弱的六日町口郭门，并接着攻破甲贺町口郭门。至于西邻的马场口郭门，虽然有目击者说"门被木材和榻榻米密封住，在堀的旁边设有栅栏，土垒上则拉有粗绳，戒备森严"，不过却找不到战斗记录。像这样，因为会津兵员不足，就没有将外郭有效活用于防御战当中。根据参与长州杉山素辅的攻方七藩兵员说辞，表示"战士加上民夫总共只有 1800 人左右，其中半数可说是民夫"（《维新战役实历谈》），且土佐的大监察，谷干城也说"兵不足"。因此他们就能把兵力集中于大手方面，采行正面突破的策略。

由于会津藩原本是采用在境外迎战敌人的方针，因此并未具备城下的战斗体制。以结果来说，因为二十三日左右的战况变化而赶忙入城据守的会津阵营，与急袭猛攻的西军阵营之间所爆发的战斗，就这样变成了为期一个月的攻防战。这跟内郭在筑城上的玄妙之处有很大的关联。首先，沿着甲贺町通南进至北出丸的西军，虽然想要尝试攻破追手门，却因为门位在枡形之内，无法炮击。如果太靠近的话，就会被位于制高点，且如右页下图一般没有死角限制的枪眼、枪座，以 100 米左右的距离射击。西军陆续出现死伤者，当作据点的武家宅邸也烧了起来（应该是妇女在自刃之际所放的火），因此就退至甲贺町郭门并构筑炮座，对着天守阁和橹进行

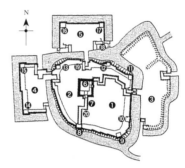

◎会津若松城绳张图
（松冈利郎氏作成）
①本丸　⑪御弓橹
②带曲轮　⑫御橹
③二之丸　⑬御橹
④西出丸　⑭西出丸西南橹
⑤北出丸　⑮西出丸西北橹
⑥天守　⑯北出丸西北橹
⑦走长屋　⑰北出丸东北橹
⑧干饭橹　⑱追手门
⑨见橹　⑲太鼓门
⑩茶壶橹　⑳铁门

炮击。另外，萨长土各派了一小队士兵担任斥候，朝向城南方的天神口而去。自城内紧急召集的士兵前往迎击，并将之击退，四周的建筑物也被烧毁。传说西军一直到开城之日为止，为了防止城兵穷鼠啮狸，就在这个方向网开一面。不过前面提到的谷干城在开城之后看到天神口时，却曾经指摘此处的部署过于薄弱："如果能从此口列敷大小炮乱射的话"（《东征私记》），从这点来看，很可能西军阵营并未深切认识若松城的弱点所在。

第二阶段（包围外郭与会津军的归城）

二十四日，西军继续进行炮击，不过城池依旧没有陷落的迹象。由于攻城兵器不够，因此他们就没有强行突袭内郭。由于此时还有遭到城兵与企图入城的会津士兵夹击的危险，因此各藩决定以分派驻点的方式包围外郭。因为有堀和土垒存在，所以应该只要守住郭门周围就行了，但因兵员不足的关系，导致"西南的外郭门皆舍弃不守"（《东征私记》）。另外，位于内郭的武家宅邸因为会成为城兵出击时的阻碍，以及妨碍射击，所以大部分都被烧毁。

因此，关于西军的作战，就如同长州的有地品之允所说的"我等在位于最外侧之郭外侧的堀上架

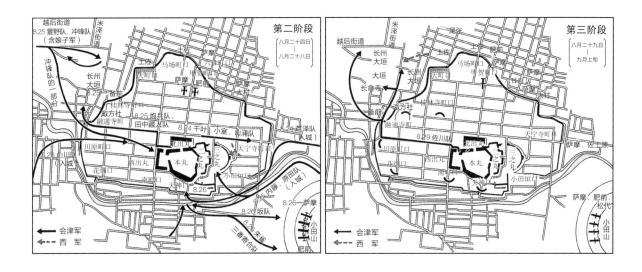

桥，从外侧反过来利用其郭"（《维新战役实历谈》）一样，把为了守城而构筑的外郭，转利用为对攻城方有利的地物。举例来说，根据挖掘调查，在直到江户初期为止都是当作大手口的东方外壕中，发现了像在后北条氏城堡中可以看到的那种障子堀（枡堀）。如果郭内没有守军的话，相当于障子框架的土手，就会成为从外部进入的最佳通道。在调查地点附近的天宁寺町口之南，净光寺前的外壕当中发现了以木材、门板、榻榻米等物制作的通路，在土垒上面可以对位于西南1公里处的本丸进行炮击。这与俯射不同，炮弹会直飞过来，因此城内的人根本就没有余裕躲避。从二十三日到次日，守卫国境的会津士兵陆续回来，并企图入城。而位于天宁寺町口的西军则利用土垒与枡形，射击欲进入郭内的会津士兵。讽刺的是，西军在此时反而变成把守外郭门的"守城兵"了。内郭的会津兵也出城攻击，欲扫荡此处的西军，但没有效果，只把周围的建筑物烧光就回到城内。

由于西军包围外郭，使得会津士兵从东方入城的路线遭受限制，只能利用外壕与内壕交会的小田垣口处。不过有一部分在二十五日于城下西北部作战的旧幕冲锋队，在二十六日从西方的郭门有以舞狮打头阵的山川队进入了城内。由于这一地区并没有完全被西军控制，因此他们就不采战斗态势，而是只骗过前哨的敌兵就进来了。

西军在二十六日从若松城东南1500米小田山上利用100米以上的海拔差（在阵地防御与弹着观测上较为容易）展开了炮击，对城内造成很大的损害，而会津阵营则一直到开城那天都无法夺取小田山。

第三阶段

城内因为有自各方回归的士兵，因此兵力获得了充实。二十九日早晨，由佐川阵将率领的1000余名士兵开城出击，与城下西北的西军交战，却告败退。此役因地点的关系而称为长命寺之战，此时没有归城而留在郭内的士兵则把守从融通寺町口到河原町口的土垒，致力于确保粮道。后来在北边的桂林寺町口与南边的花畑口也配置了守军。西军因为兵力不足而没有采取攻势，暂时陷入了胶着状态。此处的外郭因此就符合了原本的目的，被会津士兵有效活用。

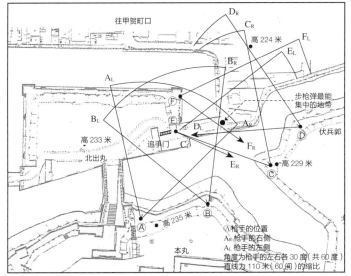

◐没有死角的北出丸
（前田宣裕氏作成）
此图画的是大手口周边步枪射击的危险范围。追手门枡形正面的危险度最高。推测Ⓐ Ⓑ之间约以间隔1.4米设置了40个以上的枪眼，可以射击入侵北出丸的敌兵

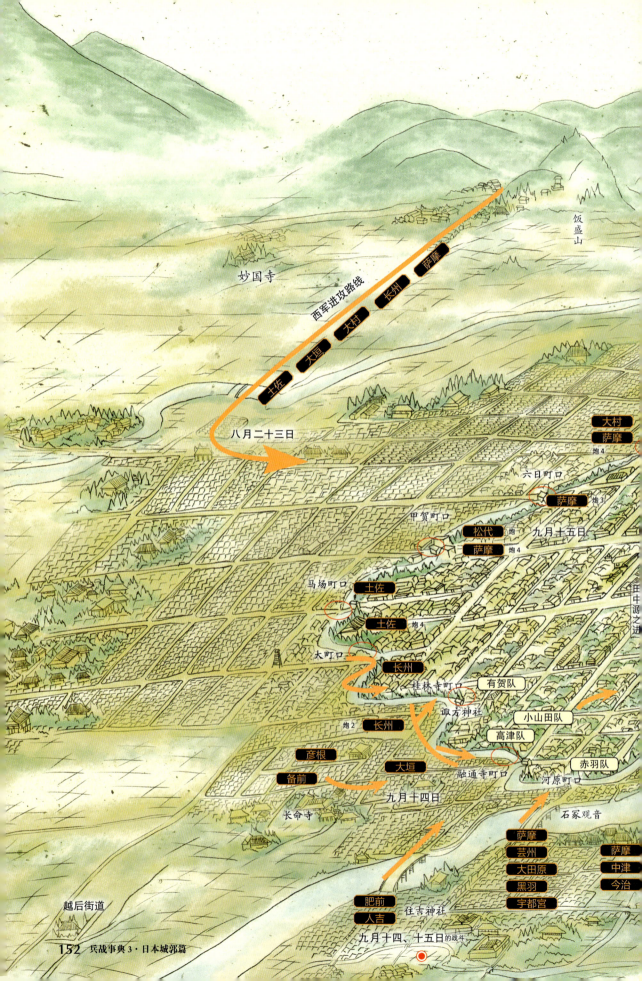

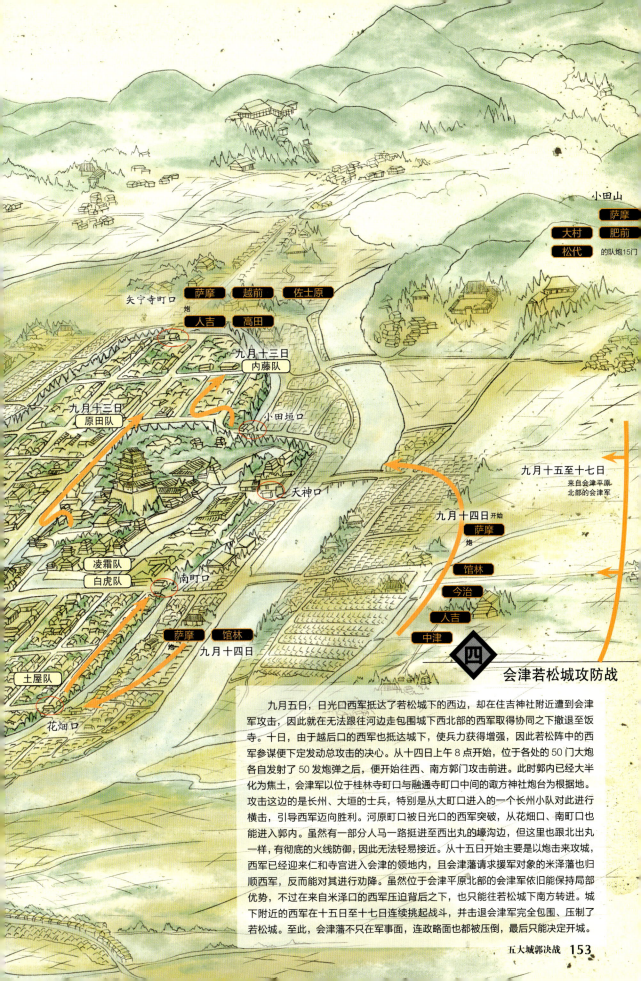

四 会津若松城攻防战

九月五日，日光口西军抵达了若松城下的西边，却在住吉神社附近遭到会津军攻击，因此就在无法跟往河边走包围城下西北部的西军取得协同之下撤退至饭寺。十日，由于越后口的西军也抵达城下，使兵力获得增强，因此若松阵中的西军参谋便下定发动总攻击的决心。从十四日上午 8 点开始，位于各处的 50 门大炮各自发射了 50 发炮弹之后，便开始往西、南方郭门攻击前进。此时郭内已经大半化为焦土，会津军以位于桂林寺町口与融通寺町口中间的诹方神社炮台为根据地。攻击这边的是长州、大垣的士兵，特别是从大町口进入的一个长州小队对此进行横击，引导西军迈向胜利。河原町口被日光口的西军突破，从花畑口、南町口也能进入郭内。虽然有一部分人马一路挺进至西出丸的壕沟边，但这里也跟北出丸一样，有彻底的火线防御，因此无法轻易接近。从十五日开始主要是以炮击来攻城，西军已经迎来仁和寺宫进入会津的领地内，且会津藩请求援军对象的米泽藩也归顺西军，反而能对其进行劝降。虽然位于会津平原北部的会津军依旧能保持局部优势，不过在来自米泽口的西军压迫背后之下，也只能往若松城下南方转进。城下附近的西军在十五日至十七日连续挑起战斗，并击退会津军完全包围、压制了若松城。至此，会津藩不只在军事面，连政略面也都被压倒，最后只能决定开城。

五大城郭决战 五

熊本城攻防战

政府军 VS. 萨摩军
3300人　　5000人

政府军决定据守坚垒熊本城

熊本城原本是加藤清正以萨摩的岛津氏为假想敌而构筑的城堡，而在筑城二百七十年后，现实则超乎了假想。

有一种说法认为，清正原本打算要在此迎入丰臣秀赖，所以在城北方的田原坂附近特别用心处理，设成两侧有高土手的凹形道路。这原本是为了防范来自北方之敌的方策，但是到了后世，却引发了田原坂的激战。

熊本城构筑在白川扇状地末端的微高台地茶臼山上，这座丘陵称为京町台。本丸附近的高度最高，高为50米。由于城下高12米，因此最大的高度差达到38米。城郭周长约5.3公里，面积约为80公顷，是座巨大的平山城。城的东、南、西三方分别被坪井川、白川、井芹川所包围，形成天然外濠。

由于城的西面比较和缓，因此就要靠广大的二之丸、三之丸巩固守备。在二之丸北侧有高5间（9米）的百间石垣（实际上为111间），颇具威容。民谣《肥后54万石》的歌词唱着"城有石垣七八重，堀为深堀武者返"。熊本城绳张的特征就是有如铜墙铁壁般的坚固石垣以及空壕。举例来说，五间橹、北十八间橹的石垣高度达到18米，耸立在西乡军的面前。

从鹿儿岛出发的萨军开始进攻熊本城，是在明治十年（1877）二月二十二日的拂晓之时。

萨军阵容包括由池上四郎所率领的第五大队作为主力正面军（12个小队约2400人），以及筱原国干、村田新八、别府晋介率领的第一、第二、第六大队作为背面军（21个小队约3000人），合计5000人以上。另外还有附属若干炮队。

相对于此，熊本镇台的政府军，以谷干城少将为司令官，主力为步兵第十三联队，有3300余人的战斗兵力。谷少将与参谋长桦山资纪中佐把城外郭分作5方面12个地区，各自配置步兵1个中队（约130人），在重点地区则配有炮队和警视队。炮队拥有野炮6门、山炮13门、臼炮7门。

在萨军即将抵达熊本之前，熊本城的天守阁突然烧了起来。在天守阁中除了武器弹药之外，还堆放有兵粮500余石以及薪炭。虽然千辛万苦把武器弹药搬了出去，不过兵粮则化为了灰烬。而且火势还延烧到城下，把城东侧、东南侧的民宅也给烧光了。结果导致萨军在攻城时失去了掩蔽物。

这场火灾的原因，有放火、失火、自烧三种说法，其中以失火说最为有力，但是从武器弹药都被搬走这一点来看，也无法否定这是为了不让天守阁成为萨军的炮击目标而由镇台军自行烧毁的说法。

萨军绞尽脑汁进攻熊本城

正面军在池上四郎亲自视察前线鼓舞士气之下，分头从长六桥、安巳桥、明午桥推进，进攻至南面下方的马桥口与北面的埋门。对此，城内守军也在下马桥、饭田丸、叶城以炮门应战，使得攻方

▼萨摩军的军装
萨摩军穿的是非常杂乱的军装。上半身为私学校的学生与旧士族用的上衣，下面穿上裤子和草鞋，加起来是筒袖与裤子，而从政府军叛逃的人则穿着跟政府军一样的军装

▲政府军军官的军装
从穿着正衣、正帽到穿着略衣都有。佩刀虽然在当时主要是西洋军刀，不过为了与萨摩军的示现流对抗，也有人会拿日本刀，而在西南战争之后，军刀就改成了日本刀

▼政府军士官的军装
左边和中间分别是镇台步兵与炮兵。右边为近卫步兵的军装。为了强行军而有背负袋，脚上大多会穿草鞋，不过炮兵和骑兵则会穿长靴

作画／柳柊二

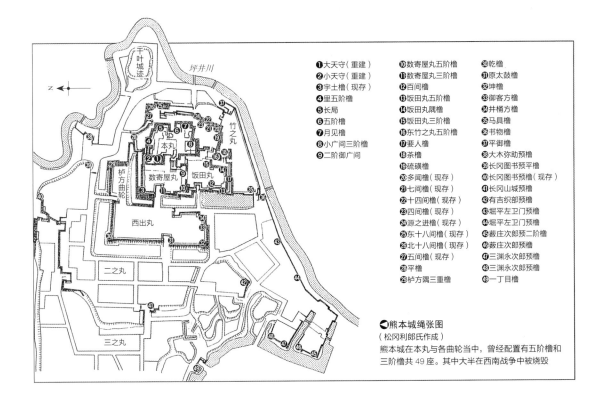

熊本城绳张图
（松冈利郎氏作成）

熊本城在本丸与各曲轮当中，曾经配置有五阶橹和三阶橹共49座。其中大半在西南战争中被烧毁

无法越雷池一步。

这一天，由背面军进攻的城西方面展开了极为激烈的攻防。第一大队攻击了县厅与藤崎神社，却因为遭到镇台兵的激烈抵抗而不得不撤退。

由别府率领的第六大队则是从花冈山进军，并集中攻击段山和片山邸。由于这边属于和缓的倾斜面，因此对于没有坚固城墙的熊本城来说属于较脆弱的部分。曾在之前的神风连之乱中大显身手的精锐第十三联队第三大队的三个中队被配置在此地。

段山的争夺战非常激烈，别府队的三个小队在上午10点左右攻下此处。为此，片山邸的镇台兵陷入了苦战，因为遭到萨军的狙击而持续出现死伤者。

在这一天的战斗中，于片山邸执掌指挥的第十三联队长与仓知实中佐因贯穿腹部的枪伤而阵亡，参谋长桦山中佐也在藤崎台胸部负伤。但即使高级军官陆续死伤，镇台军依旧奋力抵挡萨军的猛攻。虽然萨军使出了投入全军将近半数的强攻策略，不过城垒的坚固与镇台兵的强韧程度却超乎他们想象。

进入长围熊本城的萨军

是夜，萨军干部召开了作战会议，在经过激烈讨论之后，由西乡隆盛作出决断，确立了作战部署：留下一部分士兵长围熊本城，剩下的部队则北上抵挡南下的政府军。

二十三日凌晨，萨军并未因前日的苦战而气馁，正面军池上队对千叶城，背面军的筱原队则对片山邸和法华坂展开了夜袭，但成果并不如预期。二十四日又进行了夜袭，但结果依然相同。

说到萨军，总是会给人他们喜欢闪着白刃进行呐喊攻击的印象，但事实并非如此。在这三天的攻城战中，他们占据岛崎、四方地、花冈山等地以12门大炮炮击城内，令镇台兵伤透脑筋。但因为萨军的火炮主要是4公斤山炮，破坏力较弱，所以就没有给镇台这边带来致命伤。

萨军对熊本城的强攻，就只有刚开战的三天而已。之后萨军就把大部分兵力分派到田原坂等北方战线去，使攻城方针切换为一边长围一边进行零星炮战。

眼看包围的萨军部队因逐渐移往北方战线而越来越薄弱的谷少将，在进入三月之后就时常奋勇向城外出击。其中始于十二日的段山规复作战是最大的激战，在十三日从萨军手中重新夺回了此地。在这场战斗中，萨军死伤了100人左右，镇台兵则为222人。

在这之后，萨军还尝试阻塞井芹川，让城西方面的田圃淹水，以这种苦肉之计弥补兵力上的不足。

四月八日，镇台阵营靠着奥保巩少佐的突围队突破了萨军包围，与从南肥北上的黑田清隆中将冲背军取得联系，终于在十五日冲背军的两个旅团进入了城下。因此，萨军解除包围，往城东木山方向撤退。至此，为期50余天的熊本城攻防战便告终结。

五　熊本城攻防战

　　熊本镇台司令官谷干城少将与其幕僚把守备队分成5方面12地区。包括千叶城（2地区）、下马桥（2地区）、古城（2地区）、藤崎台（4地区）、京町（2地区）。每个地区都配置有1个中队（约130人）、炮队（山炮13门、野炮6门、臼炮7门）也配属至10个地区，其他还有两个预备中队。

　　镇台这边特别重视的是藤崎台的守备，在此方面有山炮4门、野炮6门、臼炮3门，总共配置了13门。这已经达到全体的三分之一以上。

　　另一方面，进攻的西乡军则分别由攻击千叶城、下马桥方面的正面军（池上四郎的12个小队约2400人）与攻击藤崎台方面的背面军（筱原国干、村田新八、别府晋介的21个小队约3000人）编组而成。

　　攻防战在熊本城全方面进行，不过在战斗之前的二月十八日，镇台就已经先向市民宣告要在十九日正午把城下的民宅全部烧毁。在此同时，天守阁也被烧掉，并且延烧至城下。坪井川与白川中间所夹的地带，包括京町、新町等城下全都被烧个精光。

　　在田原坂的战斗越演越烈后，包围熊本城的西乡军就陆续转调过去，使得势力日趋单薄。为了弥补这个空洞，三月二十六日就依据熊本队队长池边吉十郎提出的办法，把井芹川与坪井川的河水用堤堰挡住，使城西一带和东北都泡在水里。

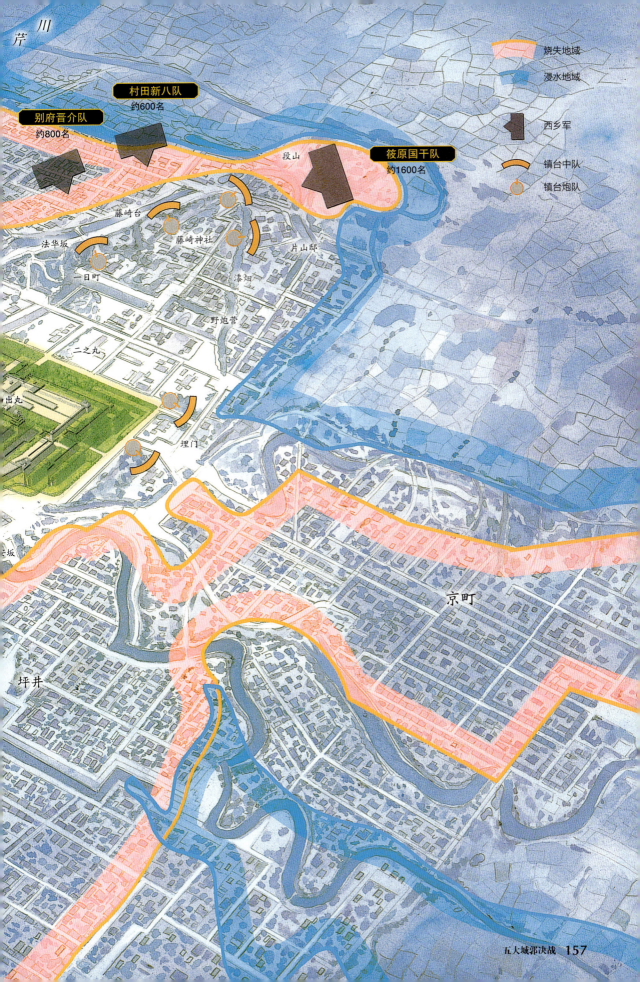

熊本城笼城战与大炮

■熊本城笼城战中镇台军与萨摩军使用到的主要火炮

	镇台军	萨摩军
四公斤野炮	6门	3门
四公斤山炮	13门	4门
臼炮	7门	2—3门

镇台军的炮数是配备在熊本城内的数量

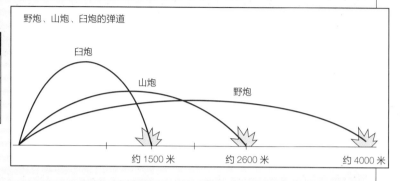

野炮、山炮、臼炮的弹道

■熊本城笼城战中所用的主要火炮诸元

	口径	炮身长	炮身重量	初速	最大射程
四公斤野炮	86.5毫米	1.38米	330公斤	343米/秒	4000米
四公斤山炮	86.5毫米	0.95米	100公斤	237米/秒	2600米
二十公斤臼炮	201毫米	0.896米	248公斤		1400米
十二公斤臼炮	120毫米	0.27米	70公斤		758米

∞政府军所使用的十二公斤臼炮（上）与克虏伯炮（野炮）（左）
臼炮虽然射程较短，不过因为弹道较高而能飞越遮蔽物。而野炮的初速较快，适合用在长距离炮击上

戊辰战争与西南战争的主力大炮是4公斤野炮、4公斤山炮。野炮是用在野战当中的大炮，炮身比较长，炮弹的弹道也较接近直线弹道。由于初速很高，因此最大射程可达4000米之远。不过因为弹道和移动的关系，缺点是在山岳地带和有遮蔽物的地方无法派上用场。

相对于此，山炮则是把野炮减轻重量之后的火炮，炮身比较短，初速也较慢，最大射程不如野炮，但因为弹道呈抛物线状，在移动上较为方便，因此可以说是较适合用在像日本这种多山地形上的大炮。在西南战争当中，政府军消耗的炮弹为4公斤山炮62800余发，与4公斤野炮的6600发相比，可以得知山炮在使用上占压倒性多数。

臼炮在两军当中也经常使用。它的射角固定在45度，具有倒U字形的曲射弹道，因此可以发挥出攻击山岳反斜面的威力。据说熊本镇台曾因为盘踞在城西南花冈山上的西乡军臼炮而伤透脑筋。

另外，这里的公斤数指的是炮弹的重量。不论野炮、山炮，使用的都是圆锥形的4公斤炮弹。

两军配备的各种大炮，分别为政府军的野炮30门、山炮47门、臼炮29门，加上其他后总计118门；西乡军则为野炮2门、山炮28门、臼炮30门，总计60门。加上炮兵、弹药之后，政府军在火炮上也占了压倒性优势。

以地域来看城的特质

文／三浦正幸　160—176 页

东日本的城
土垒之城的王国

⬥从东南上空俯瞰久保田城迹
本丸与二之丸的土垒和堀留存下来比较多

东日本的城是
借助土垒和空堀、水堀
以复杂精巧的方式
配置构筑出
没有石垣与天守的坚城

◇土垒之城

说到城郭，大多数人所浮现的印象应该是巍峨的石垣、蓄满水的护城河，以及擎天高的天守，而这则是由西日本（近畿以西）的近世城郭所产生出的概念。把东日本（关东、东北、北海道）的近世城郭跟那些西日本城郭相对照，就会发现极少会有出现石垣和天守的例子。虽然多少有些例外，但就东日本的城来说，一言以蔽之，就是不具天守的土垒之城。针对这点来讲，它跟中世城郭没有太大差别。

东日本很少有城会具备石垣，特别是关东地方最为显著，拥有像样石垣的就只有江户城和小田原城而已。即使是作为将军之城，规模号称全国第一的江户城，也只有位于著名的二重桥右手边的伏见橹下方建了石垣，中间部位几乎都是土垒。就连将军世嗣所住的江户城西之丸，也大部分都是采用这种土垒。因此江户城以外的关东地方城郭没有石垣，反而也是理所当然的事情。这是因为建构石垣所需要的石材在关东地方并没有出产。观看日本列岛的地质图，只有关东地方独树一格，是洪积层的集中地带，因此供城郭用的石材很难取得也是可以理解的。用在江户城石垣上的石材，是依据将军家的命令，从遥远的伊豆地方以石船运送过来的。因此就连作为德川御三家居城的水户城，也放弃石垣而以土垒将就。

东北地方虽然比不上西日本，不过在岩手县和福岛县附近则出产较多的石材。即便如此，拥有巍峨石垣的城依旧是少数派。只有盛冈城、会津若松城、白河小峰城（福岛县）这三座城算是在东北地方以石垣建造的三大名城，由此可见石垣的普及率之低。即便是这三大名城，跟西日本的近世城郭所留下的巍峨石垣相比，根本就是小巫见大巫，只是一般还是将其视作石垣而已。即使像佐竹氏的久保田城（秋田县）、上杉氏的米泽城（山形县）这种雄藩的城堡，几乎也没有石垣，而伊达氏的仙台城和最上氏的山形城也都只在重要的地方使用石垣而已。除此之外，只有弘前城（青森县）和二本松城

◯ **五棱郭**
元治元年（1864）以西洋流的棱堡式构筑而成。拥有外突的五个锐角棱堡，整体呈现星形。此照片是由南方俯瞰

◯ **福山（松前）城 天守与本丸御门**
外观复原的天守（右）为三重三阶。左边的本丸御门是现存的本丸大守橹门

◯ **弘前城天守（现存）**
三重三阶的层塔型天守，在南、东面的一、二阶设有突出的切妻屋顶

（福岛县）的本丸等处较明显地用到石垣。

北海道原本就很少有近世城郭，到了幕末之后新建与大修改的五棱郭与福山（松前）城才终于出现了漂亮的石垣。

东日本的城郭石垣比不上西日本这一点，还可以从江户时代初期奉幕命进行天下普请时的分工当中看出。举例来说，在从庆长十一年开始的江户城修筑大工程当中，西国大名负责石垣普请，东国大名则是担当堀普请。西国大名在当时因为从事过自己居城的新建或大修改，因此较为熟悉石垣工程作业，所以在普请分担上就会采行适材适用的方式。不善于石垣普请的东国大名（当时除了会津若松城之外东国几乎没有石垣）会去负责挖壕沟也是理所当然的。在庆长十五年的名古屋城天下普请中，西国大名同样被动员去参加石垣普请。

◇ **数量稀少的天守**

东日本的城郭很少会有天守，现存例子只有

161 以地域来看城的特质

▽会津若松城天守（老照片）
明治七年(1874)解体前所拍摄，可以看到在戊辰战争中受损的痕迹

◁江户城富士见橹
建于本丸南隅的三重橹，在天守烧毁后替代其功能，采用被称为"八方正面之橹"的均衡设计。在关东大震灾当中倒塌，之后则被复原

△盛冈城二重橹台石垣
使用白御影石建造的壮观高石垣。盛冈城是东北石垣造的三大名城之一

弘前城天守而已，但它在江户时代还是一座称为三重橹的天守代用橹。幕末时留存于东日本的正规天守，只有会津若松城与小田原城两个例子而已（盛冈城的三重橹有时也会标记为天守，加上这个就有三座），除此之外的城堡就只建了三重橹来代替天守。这种例子包括福山（松前）城、白石城（宫城县）、米泽城、白河小峰城、水户城、古河城（茨城县）、高崎城。而像仙台城、山形城、久保田城这些大藩的城也都没有天守。另外，在东日本留到幕末的五重天守，就只有会津若松城一个例子而已，即使加上以前就损毁的江户城和沼田城（群马县）两例，也不过有三座。

除天守以外的城郭建筑，包括橹和城门，在东日本的城中也很贫弱。撇开江户城不说，大藩的城郭顶多就只有十栋橹左右，一般来讲则只有数栋，是西日本城郭的一半以下。在东日本，若只把将军家的江户城视为例外，其他的城郭规模都很小，防御力也较低。因此城郭建筑的现存例子很少，只有福山城的本丸橹门、弘前城的三栋三重橹与五栋橹门，以及松岭城（山形县）和土浦城（茨城县）的橹门而已。只有江户城算是比较充实，留有很多橹和城门，但是在遭逢关东大震灾之后，进行过近乎重建等级大修理的也很少。

◇ **多彩的城**

关东地方不只有有力的外样大名城堡，还集中了谱代和亲藩的城，由于幕府不怎么期待这些城能在战略上发挥重要性，因此一般都是些石垣和建

东日本的城

○小田原城天守东面（外观复原）
天守东面。虽为三重四阶，但是拥有五重的平面规模

○水户城御三阶橹（老照片）
虽为御三家之城，却没有天守，只以三阶橹代替天守

筑物在上部构造很薄弱的城。不过，关东地方的近世城郭有很多名城都是以复杂的方式配置土垒和水堀，拥有巧妙绳张的平城（包括高度落差极低的平山城）。具代表性的例子包括岩槻城（埼玉县）、川越城（埼玉县）、忍城（埼玉县）、高崎城、宇都宫城、土浦城等。另外，较特别的城则有中世最大的平山城北条氏的小田原城较受瞩目，秀吉为了进攻这座城而建的石垣山城，则是东日本第一座石垣打造的西国风平山城。

东北地方在地大名的城，有很多形式虽然古老，但是很独特。伊达氏的仙台城，由位于险峻山城的本丸和作为山麓居馆的二之丸所构成，形态简直跟中世没有两样。二本松城是把包围住盆地的群山整个都包进城内，拥有日本无可比拟的绳张。南部氏的盛冈城虽然拥有东北唯一的新式石垣，却属于小郭相连的中世式绳张，虎口也是不发达的旧样式。

在桃山时代以后转封至东北的大名所建之城上，可以看到该大名出身地的特色。蒲生氏与加藤氏所筑的会津若松城属于西日本式的石垣造大城郭，拥有东北唯一的五重天守。出身关东的佐竹氏的久保田城，是采用关东风的土垒和水堀绳张。谱代大名的酒井氏鹤冈城（山形县）与户泽氏的新庄城（山形县）也属于关东风。

北海道的城是采用日洋折中形式，以备有炮台的福山城和棱堡式的五棱郭与四棱郭最为有名。

以地域来看城的特质 **163**

中部的城
平城先驱之地

可谓近世城郭绳张
最终形态的平城
诞生于东海地方
并且广泛普及
中部各个地区

○名古屋城大天守、小天守（外观复原）东南面。五重五阶的大天守在平面规模上比江户城还要大，是座巨大的天守

◇**平城的发源、集中之地**

中世城郭一般属于建在险峻山顶上的山城，以上杉谦信居城而有名的春日山城（新潟县）来说，它是在海拔180米的春日山上建有200个左右的小曲轮，是中世山城的代表性例子。虽然春日山城已于庆长十二年（1607）废弃，不过也有像村上要害（之后的村上城，新潟县）与岩村城（岐阜县）这样，改建成石垣造近世城郭而留存下来的山城。由战国猛将斋藤道三大幅修改的稻叶山城原本也属于中世山城，不过在永禄十年被织田信长夺取之后就改名为岐阜城，并且建造了应该是日本最早冠上天主（天守的古称）之名的高楼，打下近世城郭的基础。

近世城郭是以低矮的山丘作为核心，并包含周围平地的平山城为主流，而继续发展下去之后，就变成了完全处于平地的平城。身为近世城郭最先进形式的平城，就诞生于东海地方。包括广大的浓尾平原在内，此处平地较多，因此平城的基础在中世就已经形成。信长当作早期居城的那古野城（位于之后名古屋城二之丸的旁边）与清洲城（爱知县）都是中世以来的平城。而德川家康诞生的冈崎城（爱知县），也是座与其说是平山城，不如说比较接近平城的中世城郭。此时在其他地方依旧是山城的全盛时期，因此东海地方可谓城郭的先进地带。

到了桃山时代，东海地方陆续创建出了平城与平山城，或是进行大幅修改。包括德川家康的冈崎城、滨松城（静冈县）、骏府城（静冈县），池田辉政的吉田城（爱知县）、田中吉政的西尾城（爱知县）、氏家氏与石川氏等的大垣城（岐阜县）等，都成了近世城郭中的名城。就这样，东海地方的主要城郭，在庆长五年的关原之战以前，就已经具备石垣、水堀，甚至是天守。关原之后，在庆长年间的筑城高峰期，家康为了对付丰臣，以天下普请的方式创建了加纳城（岐阜县）与名古屋城，就连作为家康隐居城的骏府城也通过天下普请来修改，这些都是平城的代表性例子。另外，在此

▷高岛城天守（外观复原）
从西北面看过去。构造为三重三阶，过去是作为水城高岛城的象征，浮于诹访湖上

▷丸冈城天守（现存）
天守东南面。属于早期望楼型的样式，是一座二重三阶的现存天守

▷金泽城石川门（现存）
前面是二重胁橹（菱橹），平面形状是菱形。中央为表门，内侧为橹门，屋顶以铅瓦葺成，城墙做成海鼠壁。在防御、防雪上下足了功夫

期间，号称当代第一筑城名手的藤堂高虎，为了形成大坂城包围网，希望能从四国转封至伊贺伊势，并修改了平城的津城与平山城的伊贺上野城（三重县）。

出人意料的是，在近世城郭中平城比例较高的是中部地方的北部。虽然在广大的新潟平原上有新发田、高田城、长冈城等平城名城一点也不令人意外，但是平城却特别集中于给人山岳地带印象较强的长野县。像松本城、高岛城、松代城、龙冈城等都是完全的平城，且高岛城甚至还是浮在诹访湖上的水城。

就连一般会分类为山城的上田城与高远城，也只是因为河阶地形的高低差而看起来像山城而已，如果从河川的另外一边看过去，则完全是一座平城。北陆的主要城郭也大部分都是平城，包括富山城、福井城、小滨城（福井县）、小松城（石川县），而小滨城还是日本海这边很少见的海城。像金泽城、

以地域来看城的特质 **165**

中部的城

◊挂川城天守（外观复原）
从天守南面看过去。最上重围有缘与高栏，是一座三重四阶的天守。前方为现存的太鼓橹

◊滨松城天守（模拟天守）
天守台石垣是以典型的野面积构成，滨松城在一开始并没有天守的可能性相当高

◊上田城南橹（现存）
在上田城的本丸当中，还留有两栋同规模的二重橹（北橹、西橹）

丸冈城（福井县）、甲府城、小诸城（长野县）等在平山城中相对高度较大的例子，在中部地方则属于少数派。

◊大放异彩的天守

中部地方的天守有很多都很重要；由于广岛城与冈山城的天守因为战灾而损毁，因此关原以前的天守就全部都没有留下来，现存最古老的天守则是建于关原之战刚结束后庆长六年的犬山城（爱知县）天守。它是以大型的入母屋造为基部，在上方搭建小型望楼的古式望楼型天守代表范例。丸冈城天守推测是建造于稍晚的庆长后期，外观应该属于最早期的望楼型天守。

松本城天守应该是在元和元年左右新建，与姬路城天守同为日本仅存的两栋五重天守。松本城天守还附设有三重的乾小天守、二重的辰巳附橹，以及一重的月见橹。不仅有采大天守与小天守以渡橹相连的连接式设计，也有不经过渡橹，而直接与附橹结合的复合式，是现存天守当中最为复杂的构造。

因战灾而烧毁的名古屋城天守与大垣城天守，与在明治时毁弃的高岛城天守、冈崎城天守、新发田城三重橹（天守代用），以及在宽永十二年（1635）烧毁的骏府城天守等，都曾在天守历史上大放异彩。

名古屋城天守在庆长十七年竣工时，使用了1940枚庆长大判金（相当于小判金18000两）打造了大栋顶上的金鯱，规模为五重五阶、地下一阶，地板面积达4424.5平方米，比之后建造的江户城天守还要大，是史上最大的天守，地板面积达到姬路

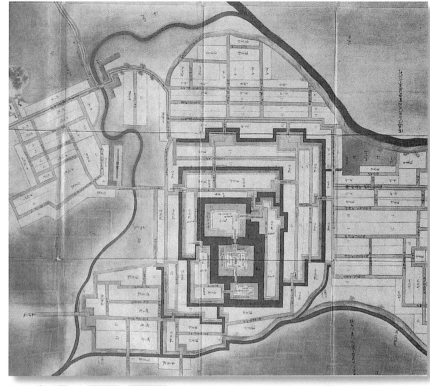

◐《越后国古志郡之内长冈城之图》
（国立公文书馆内阁文库藏）
正保年间（1644—1648）由长冈藩提出给幕府的绘图。长冈城是典型的平城，在绘图中央稍微偏下方画出了几乎呈长方形连郭式配置的本丸、二之丸、诘之丸

◑岩村城本丸石垣
岩村城筑于能够俯瞰浓尾平原、高约721米的城山上，是日本三大山城之一

◐伊贺上野城本丸的高石垣
伊贺上野城是筑城名人藤堂高虎为了准备与大坂方面决战而构筑的城，本丸的壮观高石垣的高度号称日本第一

城天守的两倍。

庆长十三年重建的骏府城天守则为五重七阶，在第五重铺有铜瓦，从四重到第二重则使用铅瓦，各重的装饰金属零件全部都是银制，根据记录，鯱和鬼板（相当于鬼瓦）等还是黄金材质，可与安土城和丰臣大坂城天守并称为最华美的天守。像名古屋城与骏府城这种巨大天守，都是家康为了对付大坂城的秀赖而采取的政治战略。

大垣城天守是案例较少的四重四阶天守。而高岛城天守则因为处于雪国，不使用瓦片，而是采用柿葺（以薄板相叠而成的构造）。冈崎城天守在元和三年左右重建时，在层塔型天守上加入了大型入母屋破风，形成望楼型的特殊构造，是最后的望楼型案例。另外，新发田城的三重橹实际上已相当于天守，在最上重设有三个入母屋破风，形式相当特异。

◇ **特色丰富的城迹**

在这个地区，目前留下了比较多城郭建筑。在名古屋城中，留存了三栋隅橹以及三栋高丽门，其中的西北隅橹据说是从清洲城天守移筑过来，因此规模比其他城堡的三重天守还要大。金泽城的石川门则是现存稀少的桝形门案例，30间长屋则是现存唯一的二重多闻橹。使用于其屋顶上的铅瓦，以及在壁面上铺设瓦片的海鼠壁，都是雪国为了耐寒所下的巧思。留在新发田城的隅橹以及橹门上也能看到海鼠壁。除此之外，还有挂川城（静冈县）的太鼓橹也留了下来。另外，名古屋城的豪华本丸御殿很可惜已经烧毁于战灾当中，挂川城的二之丸御殿则是现存稀少的城内御殿，相当珍贵。

以地域来看城的特质　**167**

近畿的城
近世城郭发源地

▲彦根城天守（国宝、现存）
天守东面。具有切妻破风、唐破风、火灯窗等华丽装饰的三重天守

近世城郭之所以是近世城郭
是因为具有两大要素
也就是石垣与耸立的天守
这些都诞生于
中世末期的近畿地区

◇近世城郭的出现

中世城郭在日本全国有超过4万座，数量相当庞大。相对于此，近世城郭到明治维新时还不到200座，而这个数量差距则强烈反映在城堡的构造与规模上。为数众多的中世城郭其实都相当粗糙，既没有天守和御殿等豪华建筑物，拥有石垣的也在少数。这是因为越是要建构豪华壮丽的近世城郭，城主就越要扩大势力范围，也就是要拥有经济实力才行。至于从中世城郭脱胎换骨成为近世城郭，就是从室町时代末期的近畿地方开始的。

石垣在中世城郭当中的应用，主要局限在城门附近，高度也较低，与其说是要应用在防御战斗上，还不如说是要用来当作土垒的挡土墙。不过佐佐木六角氏所建的观音寺城（滋贺县）虽然是相对高度300米的中世山城，但是在山上的曲轮却构筑了大规模石垣。在同一时期，松永久秀也于多闻城（奈良县）建了一座之后被称为天守的超大型橹，以及首创围绕在城墙上的坚固长屋（因为是多闻城的关系，所以这种橹被称为多闻橹）。在16世纪中期，近世城郭的基本要素就已经出现。

而将近畿地方的筑城技法集大成的则是织田信长，他把这些技术应用在为了最后的室町幕府将军足利义昭而于永禄十二年创建的二条城（京都市，与现在的二条城不是同一座）上。天正七年，安土城（滋贺县）天守竣工，大规模的正规近世城郭因而诞生。而这后来则发展成秀吉的大坂城、聚乐城（聚乐第）、伏见城等天下人的大型城郭。

◇关原之战后的天下普请

庆长五年的关原之战，成为近世城郭发展的一大转捩点。在战后处理中东军大名的俸禄增加以及转封，促成了全国性的筑城大盛况，很多城都新建或是大幅修改。而近畿地方也不例外，在留存至明治维新的城堡当中，没有经过大修改而直接维持关原之前样貌的，就只有大和郡山城（奈

⬆️观音寺城权现外城门遗迹
本丸位于横躺于安土山背后的伞山上，另外还有许多曲轮设有石垣

⬇️大和郡山城的天守台石垣
天守台是以野面积堆成的石垣，以前在此建有五重天守

⬇️大坂城二之丸南面的景观
可以清楚看见作为横矢射点的连续高石垣。橹为第六号橹（现存）

良县）而已。由于竹田城（兵库县）在关原战后遭到废弃，因此保留住关原之前样貌的近世城郭是非常珍贵的。

关原之战后的筑城大盛况，在其他地域都是发生在诸大名的居城上，但只有近畿地方不太一样。当时为了对付君临大坂城的丰臣秀赖，家康在政治战略（向诸位大名展现德川氏的优越性）上陆续以包围大坂城的态势靠着天下普请建构出多座最新锐的巨大城郭。包括庆长六年开始普请的膳所城（滋贺县）、七年重建在关原前哨战中烧毁的伏见城、八年的彦根城、十四年的筱山城（兵库县）、十五年的丹波龟山城（京都府），都是德川阵营的据点。这些城堡的绳张大部分都是由当时坐第一把交椅的筑城家，也就是深得家康信任的藤堂高虎担当。高虎的绳张是以实战为考量，特色是本丸会设计得比较小，以少数兵力就能防守，而且拥有能够有效防范敌军入侵的森严虎口（曲轮的入口）。而动员诸大名的近畿地方天下普请，则成为将绳张等筑城术、西国大名优秀的石垣技术、高虎想出的新式层塔型天守普及日本全国的强烈原动力。

以地域来看城的特质 **169**

◐《丹波国龟山城绘图》
（国立公文书馆内阁文库藏）
奉幕府之命于正保年间由龟山藩提出的绘图。中央的本丸上画有五重五阶的层塔型天守

◐淀城本丸的石垣
丰臣秀吉所建的中世时期淀城有很多地方不甚明了，而留存至今的近世淀城则是由负责二条城守护、警备的松平定纲所筑。据说本丸以前建有从二条城移筑过来的五重五阶天守

◐和歌山城大天守（外观复原）
大天守为三重三阶，以多闻橹和小天守、玄关、橹门相连，构成天守曲轮

◇武家诸法度公布之后依旧持续的城堡普请

秀赖据守的难攻不落大坂城，因为中了家康填平壕沟的计谋而被攻陷，使得庆长时期的城堡普请大盛况走向终点。幕府发布了一国一城令，让诸大名的支城在原则上毁弃，且又公布了武家诸法度，严格禁止新建城郭与增改建城堡。因此在这一年，也就是元和元年之后，全国的近世城郭增改建案被冻结，只有持续不断修理而已，就这样一直到明治维新。不过只有近畿地方例外，依然持续着大规模的新城构筑以及大幅修改工程。

德川氏为了展现他的绝对权力，将烧毁的大坂城重建成比丰臣时代还要壮观的城郭。在元和六年展开第一期工程，宽永元年（1624）开始第二期工程，宽永五年着手第三期工程，各自都是采天下普请，石垣的高度以及使用石材的巨大都号称是空前绝后。另外，幕府将伏见城废弃后拆除，并以天下普请整备扩充二条城，当作将军停留在京都时的行馆。而水口城（滋贺县）也是建来当作行馆用的。

幕府为了在战略上压制西国的有力外样大名，在近畿地方陆续新建谱代大名的居城。包括在元和三年下令构筑户田氏铁的尼崎城（兵库县）、小笠原忠真的明石城（兵库县）、元和九年松平定纲的淀城（京都府），每座都是新建的最新型城郭。另外，本多忠政也入主姬路城，并获得大幅增建姬路城西之丸等处的许可。德川御三家的和歌山城也从元和

近畿的城

●姬路城天守群（国宝、现存）
全部涂上白灰浆的天守群正符合其"白鹭城"的别名。从西南方眺望，前方为菱之门

●从北方上空俯瞰筱山城
绳张是以二之丸围住几乎呈正方形本丸的轮郭式

●赤穗城本丸
赤穗城拥有集小幡流军学等近世军学于大成的绳张，是本丸呈星形的独特设计

●竹田城石垣
从天守台观看南二之丸与南千叠的石垣。壮观的野面积石垣从山顶绕至山腹，构成广大的竹田城绳张

七年开始继续进行城的整备扩充。而外样大名的居城则只有浅野长直的赤穗城（兵库县）是唯一例外获得许可的新筑城，在庆安元年（1648）开始兴建，并因其集近世军学于大成的绳张而有名。

◇天守建筑的起源与发展之地

史上最早的大规模天守，是天正七年的信长安土城天守，而确实出现在文献当中的最早天守则是信长在永禄十二年所建的二条城天守。在此之后，天守就在近畿地方发展了起来。在安土城天守之后，有天正十三年左右由秀吉完成的大坂城天守。这座象征天下人的豪华天守是座大规模的五重望楼型天守，成为日本天守的基本模范。而秀吉接着建造的聚乐城天守和伏见城天守也都是天下人的象征。他的弟弟秀长在大和郡山城也新建了大规模的天守（在完工以前就病逝）。因关原之战而成为天下人的家康，重建了伏见城的天守（之后移筑至二条城），并把大和郡山城的天守移筑至二条城（之后则移筑至淀城），如此积极利用天守作为夸示权力的手段。

至于天守的构造形式产生重大变革，是在庆长十五年的丹波龟山城天守完成之时。这座天守是由藤堂高虎献给家康的，为史上最早出现的层塔型天守。之后它给日本的天守带来了莫大影响，但可惜它已在明治初期解体。另外，虽然姬路城天守与彦根城天守保留到现在，不过这两座都是望楼型天守。

以地域来看城的特质　**171**

西日本的城
近世城郭发展之地

天守越建越高
石垣越来越坚固——
近世城郭进入桃山的
大筑城时代
在西日本各地开花结果

▲冈山城天守（老照片）
具备五重六阶威容的望楼型天守

◁福山城天守（外观复原）
五重五阶、地下一阶的层塔型天守，最上阶围有高栏。从天守南面眺望

◁松江城天守（现存）
四重五阶、地下一阶的望楼型，外观为涂黑的下见板，看起来具有独特的厚重感

◁广岛城天守（老照片）
五重五阶，与冈山城天守同为中国地方的代表性望楼型天守。从天守南面仰望

◇较迟开始的近世城郭

虽然西日本是近世城郭的中心地带，不过这个地区出现近世城郭，却要比先进地区的近畿地方晚了一个世代。在信长的安土城和秀吉的大坂城完成之时，西日本却连一座近世城郭都还没有，只有像毛利辉元的吉田郡山城（广岛县）与长宗我部元亲的冈丰城（高知县）等旧式山城。当然，这些城只用到一点点石垣，天守也完全不存在。就连高于一层的橹也不太有，并很少看到瓦葺城郭建筑。

西日本的近世城郭在丰臣政权确立之后才以秀吉的大坂城和聚乐城（聚乐第）为范本逐渐成形，天正十六年（1588）生驹亲正建了高松城，十七年毛利辉元建了广岛城，十八年宇喜多秀家开始建造冈山城，使这个地区的近世城郭终于开始出现。不过西日本最大的广岛城与冈山城的普请，却因为秀吉命令下的文禄庆长之役而有所延迟，使得广岛城到庆长四年（1599）、冈山城到庆长二年才完成，这已经是庆长五年的关原之战即将爆发之时了。庆长元年，之后被称作筑城名手的藤堂高虎开始建造宇和岛城（爱媛县），稍晚之后加藤清正则开始建熊本城，而这两者都是在关原之战后才完工。

其中只有在文禄庆长之役当作后勤基地的肥前名护屋城（佐贺县）是依秀吉的命令进行天下普请，只花费半年的工期就告完成，秀吉并于文禄

以地域来看城的特质 **173**

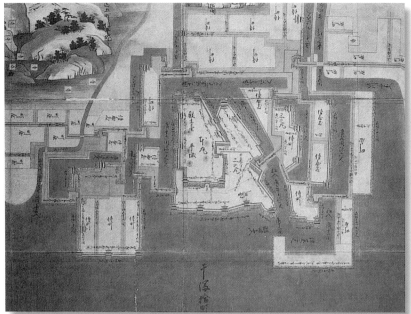

🔼 伊予松山城天守（现存）
从南面仰望天守。为三重三阶、地下一阶的层塔型天守。在外观设计上用了很多千鸟破风与唐破风装饰

🔼《备后国三原城绘图》
（国立公文书馆内阁文库藏）
正保年间上呈幕府的绘图，画出控制山阳道与濑户内海水陆要冲的三原城绳张。可清楚看到这座海城的本丸以及二之丸向海中突出的状况

🔽 高知城天守（现存）
天守东面。江户时代中期的天守，为四重六阶的望楼型，最上阶有高栏围绕

🔼 高松城天守（老照片）
三重四阶、地下一阶的层塔型天守，玉藻城的雅称是水城高松城的象征。最上重的造型是特殊的外突式南蛮造

西日本的城

元年入城。该城的天守则是日本最早完工的五重天守。

◇庆长筑城大盛况的中心地

在庆长五年的关原之战后，日本全国进入了筑城的高峰期，一直到庆长二十年，也就是元和元年武家诸法度公布之前，到处都呈现着城堡普请的盛况。现在在日本全国可以看到的大多数近世城郭，都是在庆长期间所创建，或是经过几乎等同于重建的大幅修改而成的。

依据关原的战后处理，西日本成为有力外样大名集中的特殊地区，他们并一举开始进行新的居城普请。靠着家康所给予的高额俸禄，以充沛的经济能力以及通过屡次天下普请所获得的最新筑城技术，让西日本的城郭达到了号称全国第一的水准，完全压过其他地区。

出现于西日本的大规模城郭普请，就连家康也略提一二。根据《庆长见闻录案纸》，庆长十四年抵达三河冈崎城（爱知县）的家康，听到中国、西国诸位大名在各处进行城堡普请以巩固防御的消息后，便感到相当不高兴。另外，根据《锅岛直茂谱考补》，庆长十四年佐贺城天守竣工，而该年日本国内所建的天守数量已达25栋，其中大部分应该都是在西日本的城中。

庆长时期构筑的西日本代表性城郭，包括森忠政的津山城（冈山县）、堀尾吉晴的松江城、毛利辉元的荻城（山口县）、加藤嘉明的伊予松山城、藤堂高虎的今治城（爱媛县）、山内一丰的高知城、

◁熊本城大、小天守

◁上・府内城隅橹（外观复原）
府内城是座位于大分川河口的海城

◁下・冈城（丰厚竹田城）石垣
城位于海拔约325米的天险要害上，以雄伟的高石垣建成。为日本三大山城之一

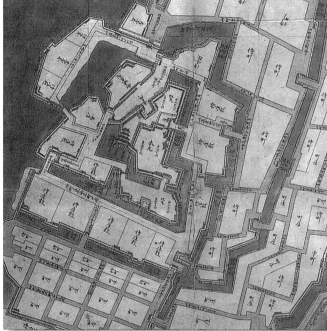
◁《丰前国小仓城绘图》
（国立公文书馆内阁文库藏）
正保年间由小仓藩上呈幕府的绘图。这是座筑于紫川注入响滩河口处的海城，由二之丸包围住以本丸、北之丸、松之丸构成的三角形主郭部

黑田长政的福冈城、细川忠兴的小仓城（福冈县）等。另外，在庆长年间进行大幅修改而面目一新的城堡，则有小早川秀秋与池田忠继的冈山城、池田长吉的鸟取城、中村一忠的米子城（鸟取县）、锅岛直茂和锅岛胜茂的佐贺城、加藤清正的熊本城、竹中重利的府内城（大分县）等许多座。广岛城也在新城主福岛正则之下进行增建。

元和元年，幕府公布了武家诸法度，原则上禁止诸大名进行新的城堡普请，且以外样大名集中的西日本限制最为严格。因此西日本在元和以后新建的城，就只有配合幕府监视西国大名而在元和六年命令水野胜成构筑的福山城（广岛县），以及为强化民众统治而在元和四年建的岛原城（长崎县）而已。

◇石垣与天守的集中地

西日本的近世城郭，都是采用出产丰富的石材所建的石垣城堡。诞生于近畿地方的近世城郭石垣建造技术，被西日本的城郭所继承，并且在此发展完整。在发展的过程中，受到藤堂高虎与加藤清正的影响相当大。高虎特别擅长高石垣的建造，在早期的宇和岛城与今治城中，至今仍可看到他所建的高石垣。之后，他在伊贺上野本丸建起了约30米的日本第一高石垣，而建议德川把重建的大坂城石垣提高至丰臣时代两倍的也是高虎。清正在石垣的斜度上加上了很大的反翘，是种可以提高石垣强度的技法，在为期较长的熊本城普请中发展完成，之后被称为清正流石垣。

西日本的城

● 津山城天守台石垣
天守台上直到明治七年都还耸立着五重五阶、地下一阶的层塔型天守

● 鹿儿岛城大守门的石垣
鹿儿岛城是座以设置于本丸、二之丸的藩主居馆为城池核心,背后有城山屏障的诘城

● 从鸟取城二之丸往城下眺望
鸟取城的本丸(山上丸)位于高约263米的久松山山顶,山麓则设有二之丸、三之丸

● 首里城正殿(复原)
首里城在丘陵上形成椭圆状的绳张,正殿则建于几乎中央的位置上

　　西日本的近世城郭多为平山城,因此必须要有高石垣,在从城下町仰望层层相叠的石垣时,对于强调城主的权力象征可以产生莫大的效果。其中特别壮观的例子,则有熊本城、津山城、福山城、丸龟城(香川县)。另外,集中于西日本的海城则是可供水军与海运活用的新时代城郭,但要在海岸构筑石垣却需要更高等级的技术。其代表包括高松城、三原城(广岛县)、宇和岛城、今治城、荻城、唐津城(佐贺县)、小仓城等。旧式山城上也有壮观的石垣,较有名的有备中松山城、津和野城(岛根县)、冈城(大分县)等。

　　冲绳的城郭也是全部以石垣建成。包括重建的首里城、今归仁城、中城城都很雄伟,是拥有蜿蜒城墙与拱门的大陆式城郭。

　　与石垣一起形成近世城郭重要构成要素的则是天守,全国天守有一大半集中于西日本,从这一点来看,西日本真的就是近世城郭的集中地。可惜因为战灾而毁的冈山城与广岛城天守是最后两座留下的关原之战前建造天守,同样被战灾烧毁的福山城天守则是元和以后在武家诸法度之下建造的五重天守留下的唯一例子。即使在现存的十二栋天守当中,也有备中松山城(冈山县)、松江城、丸龟城、伊予松山城、宇和岛城、高知城六栋位于西日本。在明治时代丧失的天守包括津山城、米子城、荻城、高松城、德岛城、伊予大洲城(爱媛县)、柳川城(福冈县)、熊本城等也都很重要。在西日本,除了天守之外,橹和城门也相当充实,像广岛城、冈山城、熊本城、福山城、津山城等,橹的数量都是全国最多的。橹和城门的现存例子皆凌驾于其他地区之上。

城的理论

筑城、阵城、笼城

文／小和田哲男　178—185、190—195 页
　　中井均　　186—189、196—199 页

筑城
名古屋城堪称战国时代压轴的军事要塞它到底是如何完成的

巨大城郭的筑城工程，就像要在现代建一栋摩天大楼一样。然而，现代的摩天大楼是靠起重机等机械建起来的，但在那个没有动力机械的时代，究竟是如何构筑起如此巨大的城郭的呢？另外，要打造一座城堡，又必须动员多少人力？在此就要以尾张的名古屋城作为具体实例来探讨这些问题。

◆ 选地与取地

当决定要筑城之后，首先必须要做的步骤就是决定城堡建在哪里，这就是所谓的选地与取地。

虽说都是要建城堡，但是建这座城的目的却会影响到其位置以及筑城的地形。举例来说，如果主要是要保护自己不被敌军攻击，就会选择建一座险峻的山城；若不考虑战斗因素，而是要在领地内的政治、经济中心建一座城，就会在平地上选择交通发达的地方营造。

那么，名古屋城的筑城目又是何者呢？为了弄明白这个问题，就必须得要提一点名古屋城的前史才行。

直到庆长五年的关原之战，尾张的核心城堡都是清洲城，城主是福岛正则。而德川家康在战后的论功行赏中将福岛正则转移至安艺的广岛城去，让自己的四男忠吉入主清洲城。

不过忠吉却在庆长十二年时死亡，年仅28岁，家康便让自己的九男，也就是当时才8岁的义直继承忠吉的位子。一开始的两年他只是名义上的城主，实际入主清洲城则是在庆长十四年，义直10岁的时候。

从这个时候开始，名古屋城的建设就开始具体化，这是因为家康判断与大坂城的丰臣秀赖已经无法避免一战。为此，他已建了彦根城与丹波筱山城等用来包围大坂城的城池，不过在东海道上还需要一座巨大城郭。

清洲之地是尾张的政治、经济中心，离东海道也很近，因此他本来是决定要扩大、修改清洲城。不过最后的结论却是要另外选一个离东海道更近的地方，因此就开始进行具体的选地和取地。

作为候补的地方，有过去织田信秀、织田信长时代的那古野城，以及古渡城的土地，最后则决定选择那古野城曾经存在的那古野台地作为城址，此即为选地的步骤。但就算选了那古野台地，不过该处相当宽广，要把城堡建在哪里就是下一个问题，这则是取地的步骤。最后，他决定把城堡建在那古野台地的西北端。此处的北侧与西侧都有高度约10米的断崖，即使是建在平地的城堡，也没有忽略军事方面的考量。这一连串选地、取地的作业，据说是由义直的家臣山下氏胜所参与。

◆ 规划（绳张）

决定筑城的地点之后，接着就要来想想看在此处要建造一座什么样的城堡，这个规划的步骤一般被称为绳张，是城池的建筑计划。

本丸（战国时代称为本曲轮）要配置于何处？二之丸、三之丸要怎么摆，除了曲轮配置之外，还要决定在哪里挖出空堀或水堀，虎口和马出的形状要怎么配置等。

在大多数状况下，一旦选地、取地决定之后，就会受到自然地形很大的制约，不过在建造巨大城郭的时候，有时却会反过来靠人工去大幅改变自然地形，让地形能够配合城堡。

以名古屋城来说，虽然没有动那古野台地，不过在台地西侧的边缘部分却开凿了堀川，把伊势湾的水引了进来。

之所以会把这种规划称为绳张，据说是因为在实际进行曲轮配置的时候，会用绳子圈出城地的预定地。从这层意义来看，城郭规划的核心也就是要决定曲轮该如何配置。

名古屋城的曲轮配置是以御深井丸和西之丸两

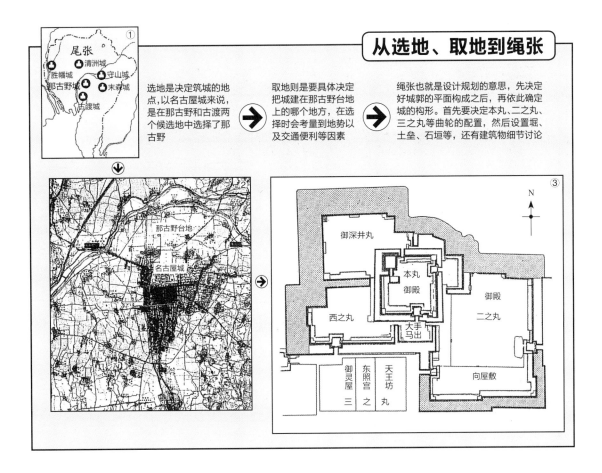

从选地、取地到绳张

选地是决定筑城的地点，以名古屋城来说，是在那古野和古渡两个候选地中选择了那古野

取地则是要具体决定把城建在那古野台地上的哪个地方，在选择时会考量到地势以及交通便利等因素

绳张也就是设计规划的意思，先决定好城郭的平面构成之后，再依此确定城的构形。首先要决定本丸、二之丸、三之丸等曲轮的配置，然后设置堀、土垒、石垣等，还有建筑物细节讨论

个曲轮围住本丸的西侧，东南则是用二之丸围住，在其南面与东面则配置了三之丸，由本丸、二之丸、三之丸形成梯郭式配置，属于将自然地形做出最大程度活用的建筑规划。

另外，虽然不确定在建造名古屋城时有没有这样做，不过在规划土地时，有时并不是直接在现场拉绳子，而是把沙子装在容器当中，像小朋友在沙坑中玩耍时那样，以沙子制作出沙盘地形，以此来检讨在哪边要作出怎样的曲轮、堀、虎口等。

虽然建在平地的城只要在纸上画线就能讨论，不过如果是山城或平山城的话，只有平面的纸无法表现出立体感，所以就要在沙盘当中制作出模型，效果会比较理想。

虽然在规划上会仰赖那些号称拥有"城取极意"特技的专业筑城家，不过在大多数的场合，都会把普请奉行都找过来，让他们一边听取专家的意见，一边讨论该如何进行。以名古屋城来说，被任命为普请奉行的有牧助右卫门长胜、泷川丰前守忠征、佐久间河内守政实、山城宫内少辅忠久、村田权右卫门这五人。

附带一提，在名古屋城始筑之前完成的家康骏府城，担任该城普请奉行的人当中也可以找到牧长胜、泷川忠征、佐久间政实、山城忠久这四个人的名字，可见家康是把在骏府城筑建当中具有丰富经验的人选来负责建造名古屋城。

◆普请开始与资材征调

家康在建造名古屋城时，是打算采用"天下普请"的方式。所谓的"天下普请"，就是不把名古屋城当作家康自己儿子德川义直个人的城堡，而是为了维持幕藩体制，为了天下而建的城堡。因此他就向各大名普请，也就是请他们来帮忙进行土木工程的意思。

这样做的目的有两个，其一为"尽量不要伤自己的荷包"。营造城堡，特别是要建一座巨大城郭，必须要耗费巨额的金钱，而为了不自己全部负担这笔钱，就要让诸大名也都分担一点。

另外一个目的，其实跟第一点有点关联，就是要借此让诸大名没有钱打仗。在关原之战结束之后，将军也由家康世袭至秀忠，德川幕府乍看之下趋于

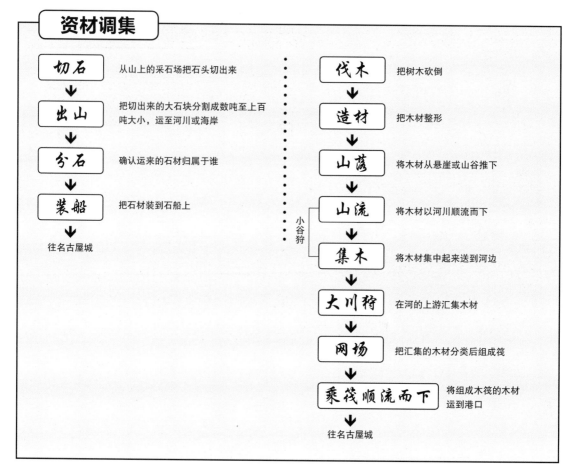

稳定。不过在大坂城依然有丰臣秀赖存在，因此说不定哪一天丰臣恩顾的诸大名就会搬出秀赖进行讨幕活动。对于家康来说，最好是能够早日根绝诸大名的这种想法。就这层意义而言，"天下普请"可谓一石二鸟。

从普请的开始阶段就已经动员帮忙的大名，以及后来加入担任协助的大名，一共有十七位：

筑前的黑田长政（秀吉的参谋、黑田如水嫡子）
筑后的田中忠政（秀吉的子饲大名）
丰后的竹中重利（秀吉的原家臣）
丰后的木下延俊（秀吉妻、北之政所的哥哥，木下家定嫡子）
肥前的寺泽广忠（秀吉的子饲大名）
伊予的加藤嘉明（秀吉的子饲大名）
土佐的山内忠义（秀吉的子饲大名嫡子）
长门的毛利秀就（秀吉麾下的大名）
飞驒的金森可重（信长、秀吉的原家臣）
丰前的细川忠兴（信长、秀吉麾下的大名）
丰后的毛利高政（信长、秀吉的原家臣）
丰后的稻叶典通（信长、秀吉的原家臣）
肥前的锅岛胜茂（秀吉麾下的大名）
肥后的加藤清正（秀吉的子饲大名）
阿波的蜂须贺至镇（秀吉的股肱、蜂须贺家政嫡子）
赞岐的生驹正俊（丰臣政权的中老、生驹亲正嫡子）
加贺的前田利常（秀吉的股肱、前田利家之子）

在中途还追加了播磨的池田辉政、安艺的福岛正则、纪伊的浅野幸长三人，因此助役大名总共有二十名。从这些名单来看，可以知道除了加贺的前田、飞驒的金森氏之外，全部都是中国、四国、九州的大名。

这些大名会派出依据俸禄多寡来决定数量的人足，而这些人足几乎都是自国领地内的农民。付给他们的薪水、往返的差旅费、滞留期间的经费，全部都由各大名负担。当然，在普请当中使用的各种

■名古屋城助役大名一览

姓　名	领　地	领地俸禄（万石）
黑田长政	筑前福冈	52.3
细川忠兴	丰前	39.8
田中忠政	筑后	32.5
毛利高政	丰后佐伯	2.0
竹中重利	丰后高田	2.0
稻叶典通	丰后臼杵	5.0
木下延俊	丰后日出	3.0
锅岛胜茂	肥前	35.7
寺泽广高	肥前	12.0
加藤清正	肥后熊本	52.0
加藤嘉明	伊予	20.0
蜂须贺至镇	阿波	18.6
山内忠义	土佐高知	20.3
生驹正俊	赞岐	17.1
毛利秀就	长门、周防	36.9
前田利常	加贺、能登、越中	119.2
金森可重	飞驒高山	3.8
池田辉政	播磨姬路	52.6
福岛正则	安艺、备后	49.8
浅野幸长	纪伊	37.6

■主要的天下普请

城名·工程内容	助役任命年月日	助役大名
彦根城筑城	庆长九年七月一日	结城秀康、松平忠吉、筒井定次、本多忠胜、富田信高等15名
江户城资材征调	庆长九年八月	黑田长政、池田辉政、加藤清正、福岛正则、细川忠兴等29名
江户城石纲船	庆长十年七月～十一月二十六日	岛津忠恒、黑田长政
江户城修筑	庆长十一年三月一日	前田利常、最上义光、池田辉政、池田忠雄、黑田长政、加藤清正、细川忠兴等36名
骏府城修筑以及重建	庆长十二年一月二十五日 十二年二月十七日 十三年一月	松平忠吉、池田辉政、毛利秀就等14名
筱山城营建	庆长十三年八月	池田辉政、毛利秀就、山内忠义等8名
江户城西之丸修筑	庆长十六年三月	伊达政宗、锅岛胜茂等5名
江户城修筑	庆长十九年一月	黑田长政、福岛正则、池田忠继、池田忠雄、浅野长晟等19名
高田城筑城	庆长十九年三月十五日	前田利常、伊达政宗、蒲生忠乡、最上家亲、上杉景胜等11名

道具德川家也不会提供，而是要自行想办法。因此大名在征集人足的时候就得下令他们自备锄头、圆锹、鹤嘴、畚箕等道具。

以帮忙骏府城普请时的例子来看，诸大名所分担的义务是每500石要派出三名人足，而建造名古屋城时应该也是按照这个数目。以黑田长政、加藤清正、福岛正则都是50万石级的大名来看，他们各自必须动员3000名民夫才行。

如此召集而来的人足，首先要去采集石垣用的石头，以及工程当中会用到的木材，因此而分散到各地去。

以名古屋城来说，采石场主要位于美浓、三河、伊势三国，其中特别是伊势采的石头最多。在民谣《伊势音头》的歌词中有"伊势中有津，津中有伊势，尾张名古屋中有城"这样的段落，有一种说法认为这原本应该是唱成"把石头吊起来，把吊起来的石头，送到尾张名古屋城去"（译注：两句的原文读音相近）。让人脑海中浮现出许多人吊挂搬运石头的情景。

其实像这样的大石头，其重量应该不是只靠几个人就能吊起来的，而是会使用一种称为修罗的搬运道具。修罗是一种在古时候就在使用的木制滑橇，为了在承载沉重的石头时也能顺利滑动，在下面会放置圆木当作滚轮，甚至还会铺上海带等海草让它更为润滑，比较小的石头可以靠数人拉动，更小的石头则可以装在单人背负的石负子当中搬运。

至于砍伐与运送木材也是件大工程，在建造名古屋城时，主要是使用信浓国木曾的树木。由于工程的设计图在一开始就已经绘制完成，因此哪一种木材要使用多少数量都已经决定。伐木工人会听从一位称为杣总头的人指挥，决定要砍伐的树木，砍伐之后的木材则以山落或山流的方式运至山麓，并在木曾川上游将木材组成木筏顺流而下。

由于木曾川刚好会流入伊势湾，因此可用海上运输的方式将其运至热田附近，然后再捞起来运至筑城工地。

如果把砍下来的木材直接进行加工，就会出现反翘或是弯曲的现象，因此最少必须得放置一年左右才能用。兴建名古屋城时，在开始普请以及展开土木工程时，就已经开始砍伐木材了。

普请

普请指的是建造石垣、堀、土垒等城郭骨架、基础的土木工程。石材的搬运会依据石头大小使用各式各样的道具,并以人海战术进行(作画/中西立太)

❶手小木 ❷滚轴 ❸修罗 ❹牛车 ❺石负子

另外,普请是在庆长十五年闰二月时开始的。由于前来帮忙普请的多达二十位大名,所以家康也就不能说这座城是为了他儿子义直建的,而是赌上幕府威信的大规模动员,据说一共有 20 万名人足参与兴建名古屋城。

由于采用人海战术的关系,工程进行得相当迅速,在同年八月二十七日天守台就已经完成。就名古屋城的天守台规模来说,这实在是种颇具威胁性的速度。

接着,在砌完石垣之后,就要开始进行位于其上建筑物的建造工程,而这项工程则称为作事。

◆ **作事实况**

从选地、取地开始,经过规划、普请之后持续进行的名古屋城建筑工程,终于来到了最重要的步骤。接着,就让我们来看看作事到底是如何进行的。

如同前面所提,牧长胜、泷川忠征在被任命为普请奉行的同时,也被任命为作事奉行。根据《中井家文书》记载,这包括"大久保石见、小堀远江、村上三右卫门、长野内藏允、日向半兵卫、原田右卫门、寺西藤左卫门、藤田民部、水谷九左卫门"等九名。

在这当中,大久保石见就是大久保石见守长安,是有名的佐渡金山和石见银山的奉行,小堀远江一般也是以小堀远州之名为人所知。他是位茶人、名筑庭家,同时也是位名筑城家。真正的名字则是小堀远江守政一。

根据留下来的文件,特别是大久保长安与小堀政一这两个人,早在庆长十五年就已经开始着手进行木材的确保,小堀政一并在该年的二月就已经收集到 37974 根"御城御用木"了。

话说回来,跟名古屋城作事有关的人,还有一位虽然没有列在作事奉行名单当中,却不能不提的人物。他就是中井大和守正清。中井正清的地位不同于作事奉行,而是在名古屋筑城当中扮演着大工栋梁的角色。

所谓大工栋梁,并不只是要在工程当中统领木工(大工),包括天守阁在内的建筑物设计都是由小堀政一等人负责,对于兴建名古屋城来说,这是相当重要的角色。

另外值得注意的是,虽然普请工程是以"天下普请"的方式让诸位大名帮忙普请,不过在作事方面则是由幕府直接管理,这应该是为了强调此城依

作事

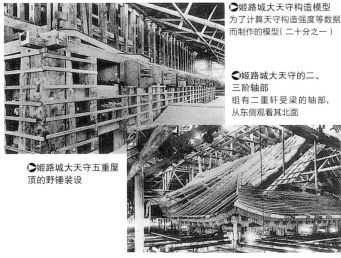

◐姬路城大天守构造模型
为了计算天守构造强度等数据而制作的模型（二十分之一）

◐姬路城大天守的二、三阶轴部
组有二重轩受梁的轴部，从东侧观看其北面

◐姬路城大天守五重屋顶的野锤装设

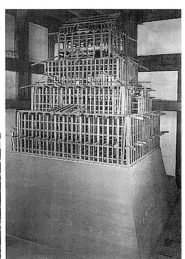

这三张照片是在1956—1964年实施的姬路城天守解体、修理、组装工程时拍摄的，左边两张收录于《姬路城保存修理工事报告书》（姬路城管理事务所藏）

然是德川家的城。

开始作事之后，当然就不会像之前的普请一样，靠征集来的人来完成工程。如果不是具有某种程度技术的人，是无法胜任这项工作的。

因此，就要从各地动员木工师傅，除了有当地据传是当年兴建信长安土城的热田大工冈部又右卫门的子孙，还要加上从京都、奈良、大坂请来的师傅。相对于在普请时几乎是免费请来的农民，要付给这些木工师傅的薪水可就高得多了，不过实际的数目则不得而知。

另外，当时各大名都自己拥有木工师傅，就连德川义直底下也有包括泽田庄左卫门在内的"作事方众"木工师傅集团。他们听令于大工栋梁中井正清，扮演从旁辅助角色。

之前提过，天守台的石垣是在庆长十五年八月建造完成，之后就马上展开了天守阁的作事。但由于天守阁是由大天守、小天守联立构成，规模相当大，因此会花上比较多的时间。

其骨架是用建构，然后铺上地板、制作窗户、修葺屋顶，这些工程都相当耗费时间。最后葺上铜瓦屋顶、把外墙涂上灰浆，天守阁便宣告完成，不过这已经是庆长十七年末的事情了。

即使天守阁宣告完工，整座城郭却还不算完成。至少在本丸御殿完工之前，城主德川义直都没有办法搬进去。因此当天守阁还在建的时候，本丸御殿就于庆长十七年正月开始进行作事。十八年外表部分几乎完成，接着十九年大奥部分也完工，整个工程暂时告一段落。

值得注意的是，三之丸的堀和各个城门的作事是在庆长十九年七月接近完工，而家康则对大坂方提出中止方广寺大佛开光供养的要求。不用说，这对大坂方面是种挑衅，家康到底是为了什么而建造名古屋城，在此则表露无遗。

该年从十一月到十二月是大坂冬之阵，最后在和平交涉之下，家康暂时撤兵。不过元和元年四月十日，家康进入了名古屋城，并在此接见了大坂方派来的使者常高院、大藏卿局、青木一重等人，指责他们并没有做到讲和条件之一的放逐浪人这一点。另外，四月十二日在名古屋城举行了德川义直的婚礼，十五日，家康就从名古屋城出发前往京都，并直接进行至五月的大坂夏之阵。也就是说，兴建名古屋城就是为了要拿来当作大坂之阵的重要据点。

最后，就要来补充一下在这之后的名古屋城。

义直正式入主名古屋城是在元和二年七月的时候，而家臣团也在同时移住进来。

但由于清洲城在这之前就已经废弃，因此住在清洲城下的商人与职人们，也陆续移居至新的名古屋城下町，这项迁移称作"清洲越"。

元和三年，二之丸御殿完成，元和五年，深井丸西北隅橹完成，城郭的整备陆续趋于完善。

不过在筑城一开始规划进计划当中的总构，也就是总曲轮的构想则在中途就告停止。这是因为家康在兴建名古屋城的时候，曾经考虑到万一大坂方率领大军从东海道进攻江户的话，名古屋城就可以发动抵挡这支大军的作战。

对家康来说，对付大坂方的战略中最坏的一套剧本，会使得名古屋城需要具备总构，因此才订立了相关计划，但等到大坂方灭亡之后，这样的考虑就不再有必要了。

最后，名古屋城是在宽永十年（1633）的时候大功告成的。

完 成

△从南方鸟瞰名古屋城本丸

■名古屋城筑城年表

庆长五年九月	关原之战	九月	本丸、二之丸、御深井丸的石垣工程几乎完工
十二年四月	德川家康转封九男义直至清洲	十六年九月	将清洲城天守移置至名古屋城
十三年八月	将军秀忠授予义直"尾张义国领知状"	十七年十二月	天守完成，作事结束
十四年一月	家康与义直一起进入尾张，决定兴建名古屋城	十九年七月	三之丸堀以及诸门的工程结束
		十月	大坂冬之阵，本丸御殿完成
十五年一月	决定绳张，普请开始	二十年四月	大坂夏之阵
		元和二年四月	家康死于骏府城
八月	加藤清正完成天守台	三年	二之丸御殿完成

石工集团穴太、马渊众

现存于大津坂本里坊院的穴太积石垣

近世城郭的先驱安土城普请开始，便出现了石垣建造与建设天守这两项专业工程项目，而在建造石垣这个项目当中，则让穴太与马渊石工浮上了舞台，参与各地的筑城工程。但即使两者都是石工，却很明显呈现对比状态。

据说穴太是住在比睿山中的坂本、日吉这两个地方，自古以来专门建造五轮塔等石造物的职业集团，门前的寺院、里坊都被古老的石垣围了起来。他们的技法俗称为穴太积，自安土筑城以来，石垣的堆砌技法陆续发达，最后形成了专门技术领域的地位。在伏见城普请当中，他们被授予了穴太出云、骏河、参河的名号，在筱山城普请当中则从穴田（穴太）派出筑后、三河、骏河等石垣师参加，修筑江户城天守台时，也有堀金出云、户波骏河、户波三河、户波丹后等"穴生（太）众"展现身手。

他们都自称户波姓，人才辈出，有肥后熊本藩细川家的户波仪太夫、户波仪兵卫，以及福冈藩穴生头户波次郎左卫门、美作津山城的公仪石垣师户波平左卫门、安浓津城的户波六兵卫、加贺藩前田家的穴太出世头户波清兵卫与穴太役后藤木工兵卫、藤木权兵卫、彦三郎等人。另外像冈山藩池田家堀金出云、高知城普请中的北川丰后贞信也同样是穴太出身（北垣聪一郎《石垣普请》）。

相对于此，马渊的石工则是从筑城工程告一段落的江户时代以后，就没有再留下什么事迹。马渊以前是在近江八幡附近的瓶割山从事出产石材以及制作石臼等工作，他们曾经负责过聚乐第的5间四方据石、方广寺大佛殿的石作工程、伏见城本丸的唐门敷石、名古屋城本丸内的敷石等，似乎主要是进行切石搬运以及础石、敷石加工程度的作业。因此他们就不像穴太众那样是建造石垣的技术专家，等到大坂之阵过后天下太平时，就不再有他们活跃的舞台，因此逐渐被众人所遗忘。

阵城

比起曲轮的规模和建筑物更重视堀、土垒等土木构造物的临战之城

所谓的阵城,也会称作附城、取出、要害,是在攻城战或对峙战时临时构筑的城寨。最能善用这种阵城的,就是织田信长与丰臣秀吉。在此便要以这两位的阵城建筑为中心,试着来探讨战国时代的攻城战。

◆信长在攻城战用的阵城

元龟元年(1570),织田信长开始攻击由矶野员昌据守的浅井长政最前线基地佐和山城。根据《信长公记》记载,当时状况为:"七月朔日,御马接近佐和山,并爬上山,扎鹿垣,于东设置有百座屋敷的取出,置丹羽五郎左卫门,北边山上为市桥九郎右卫门,南边山上为水野下野,西彦根山则是河尻与兵卫,自四方包围,挡住诸口通路。"可以知道在攻击佐和山城时在四方设置了取出,并且还扎了"鹿垣"来进行封锁。由于鹿垣现在已经找不到痕迹,因此那应该不是土垒,而是类似栅栏的设施。至于四处取出,位于北边山上的应该就是物生山城。物生山城建在连接佐和山城的山脊上,在主郭虎口前方设置有以横堀围绕的突出小曲轮,应该具有马出的功能。另外沿着山脊还设置了堀切,以强化与佐和山之间的防御。以目前来讲,此城被视为织田信长军在攻城战中最古老的一座阵城。

在信长正攻击佐和山城时,浅井、朝仓军则从湖西一口气南下,也就是爆发了所谓的志贺之阵。在《信长公记》中写道"志贺之城,宇佐山拵,交给森三左卫门",可知配置在宇佐山城的是森可成。这座宇佐山城虽然规模不大,但城域却用高石垣加固,虎口还是枡形。看来这应该不是为了志贺之阵而临时构筑的阵城。在《多闻院日记》永禄十三年三月二十日的条项中记载:"这次今道北、藁坂南这两条道路被挡住,信长的内森山左卫门城要在此以新路控制上下山麓。"可见这座城是为了控制连接京近江的干线道路而建的。由于筑城的目的是如此,

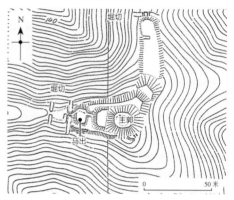

物生山城 信长的阵城(攻城战)
在佐和山城攻城战中构筑于佐和山城北方,于主郭虎口前面设有马出状的小曲轮(中井均氏作图)

所以就不是建成土城而是石垣城。这显示虽然同样是信长军所建的城,却还是有差异存在,会根据城的机能而有土城与石城的差异。

元龟四年,逃亡至甲贺的近江守护佐佐木六角义治,据守鲶江城发动了起义。《信长公记》中写道:"鲶江之城有佐佐木右卫门督盾据守。攻众人数,有佐久间右卫门尉、蒲生右兵卫大辅、丹羽五郎左卫门尉、柴田修理亮,由四方以附城包围。"在四方建有攻城战用的附城,其中一座应该是井元城,此城选地于爱知川的河阶地形上,主郭为40米长、35米宽的小规模方形馆城,不过在虎口前方围有横堀,并设置了用土垒围起来的方形突出曲轮。这很明显是座角马出,而在井元城中,这座马出的前方还有另外一个角马出,形成"双重马出"的构造。另外,从这座马出还用沟渠划出一块大型的方形区域,这则是供士兵驻扎的空间。

同年六月,小谷城下町遭到烧毁,于虎御前山布阵,并把木下藤吉郎配置到横山城去当城将。《信长公记》写道:"于虎御前山宫部迄路次一段,为了让武者出入,在道路宽度三间处加高,往敌军方向每高一丈设置五十町间筑地,将水关入,以利往返。"

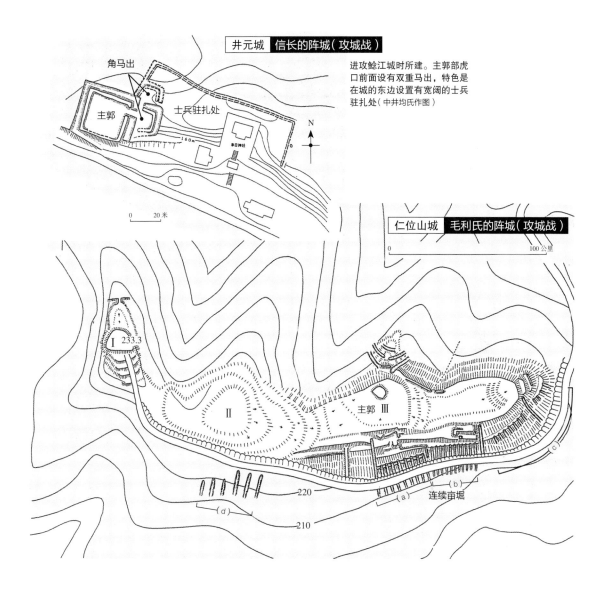

可见在此不只建筑了阵城当作要害，甚至临时构筑出军用道路。

◆将山城的机能分化并发展的秀吉阵城

信长的忠实部将羽柴秀吉，在进攻中国地方的时候承袭了信长的攻城战。天正五年（1577）在上月城与毛利氏交战时，秀吉与毛利围绕着上月城展开了阵城构筑战。秀吉军建起了比平常做法还要高一级，称作大筑地的土垒线，而阵城则与以往的阵城群不同，别说是桝形与马出，就连土垒和横堀都不存在。特别是秀吉本阵所在的高仓山，此处并不是削平地，而只找到了阶段山脊的堀切而已，这应该是直接把高仓山这座可以眺望上月城的天然要害直接拿来利用。相对于此，毛利军所构筑的阵城则有仁位山城，设有多数连续的亩状竖堀群。不过这座仁位山城的顶部曲轮几乎也只是维持着自然地形，并没有铲成平地。这些遗构当中很明显都没有对于阵城来说首先最需要的曲轮，而只有堀切和亩堀群，相当值得注意。

天正六年，为了对付别所长治的谋反，秀吉在平井山设下本阵，对长治据守的三木城展开攻击。在三木城攻防战中筑有两道土垒包围网，并在各重要处所建有阵城。近年在这些阵城群针对多处进行了挖掘调查，并且取得了令人感兴趣的成果。在加佐山阵城中建以土垒和横堀构成的垒线，并随处设置有曲折的横矢射点构造，筑城技术相当高明。但是挖掘调查的结果却完全没有找到建筑物的遗

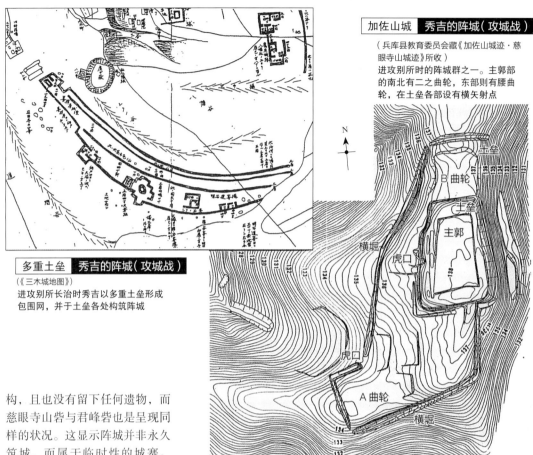

多重土垒　秀吉的阵城（攻城战）
《三木城地图》
进攻别所长治时秀吉以多重土垒形成包围网，并于土垒各处构筑阵城

加佐山城　秀吉的阵城（攻城战）
（兵库县教育委员会藏《加佐山城迹·慈眼寺山城迹》所收）
进攻别所时的阵城群之一。主郭部的南北有二之曲轮，东部则有腰曲轮，在土垒各部设有横矢射点

构，且也没有留下任何遗物，而慈眼寺山砦与君峰砦也是呈现同样的状况。这显示阵城并非永久筑城，而属于临时性的城寨。也就是说，对于阵城来讲，建筑物并不是重点，土垒和堀等土木设施才是最重要的构造物。而没有找到任何遗物这点，也显示在阵城内并不会进行煮沸粮食与供膳的动作，这里应该是靠另外的辎重部队对各阵城配给粮食才对。找出真相就是今后的课题所在。另外，根据在大坂之阵中德川家康当作本阵的茶臼山阵进行挖掘调查的结果，那里找到了贴有砖瓦的厨房设施。

用来进攻三木城的多重土垒包围网，在天正九年进攻鸟取城的时候也用上过。秀吉则把本阵构筑于可以俯瞰鸟取城的山顶上，留下了一座称为太阁平的遗构。此处被高耸的土垒与横堀所围绕，在虎口上设置有横矢射点，是座完整的阵城。另外，用来包围鸟取城的土垒与横堀线则沿着山脊与山谷延伸构筑了6公里，在这条包围线上应该也构筑了各部将用的阵城。

天正十年进攻高松城时虽然是以水攻而闻名，不过秀吉在此也建了很多座阵城。在高松城攻防战中，其实毛利军为了救援高松城也构筑了许多座阵城，其中一座甫崎天神山城进行了挖掘调查。根据调查的结果，甫崎天神山城是座普通的山城，出土遗物也很多。把甫崎天神山城的调查结果与三木城阵城群的调查结果互相比较之后，就能看出把阵城机能分化出来的织丰系阵城，以及一般山城和没有分化出阵城功能的毛利氏之间在筑城思想与攻城战上的差异。

◆贱岳之战的秀吉、柴田军阵城

在同年六月的本能寺之变后，于清洲城召开了有关战后体制的会议，结果则让秀吉与柴田胜家难以避免地形成反目。胜家在天正十一年二月从北边的庄城出发，于柳濑的内中尾城布阵。对此，秀吉则在木之本配置本阵，并让诸将构筑阵城。要想办法进入近畿地方的柴田军，以及想办法挡住他们的秀吉军，就这样开始了阵城构筑战。胜家的本阵内中尾城拥有方形主郭，外圈围着深横堀，南侧的虎口有双重马出，北方的虎口则有交错土垒，并于前方设置马出。主郭东北角有橹台（天守台）的土坛，

贱岳之战中的阵城群

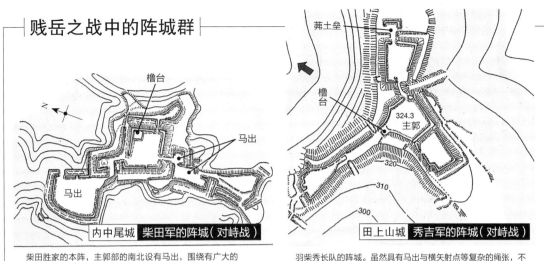

内中尾城　柴田军的阵城（对峙战）

柴田胜家的本阵，主郭部的南北设有马出，围绕有广大的土垒与横堀，以阵城来说绳张相当完整（中井均氏作图）

田上山城　秀吉军的阵城（对峙战）

羽柴秀长队的阵城。虽然具有马出与横矢射点等复杂的绳张，不过土垒却很低矮，横堀也不深（中井均氏作图）

▲内中尾城的横堀遗迹

贱岳之战中秀吉与柴田胜家军阵城的差异

	柴田胜家军的阵城 ●内中尾城	●部将的阵城	秀吉军的阵城
配置阵城的	可以俯瞰若狭、近江两国的山顶	随机配置于山中	以封锁北国街道的形式规划配置
构造、规模	拥有巨大的土垒与横堀，也有橹台	构造为小规模攻击用的驻扎地。没有土垒、横堀、桝形	构造为攻击用的阵城，拥有桝形和马出。虽然有可以放横矢的土垒和横堀，不过土垒横堀的高度和深度都不大
其他		推测是靠着连接各阵城的军用道路来进行联络	筑有切断北国街道的土垒和栅列并连接阵城

此城是两军在贱岳之战中构筑的阵城群中最为发达的形态。内中尾城以外的柴田军阵营阵城，是包括佐久间盛政的行市山砦在内的诸将阵城群，都是通过简单的普请构筑而成，主要目的并不是防御，性质比较像用来当作攻击用的驻扎点。相对于此，秀吉阵营的阵城则有左祢山城、堂木山城、神明山城排成一列横排，各阵城在构造上使用了许多曲折的土垒与横堀，还设有马出与茀土垒，构造相当复杂。根据近世的绘图资料显示，在纵贯这些阵城山麓的北国街道上还设置有栅列，由此可以理解此阵城群的目的就是要封锁柴田军。不过秀吉阵营的阵城群虽然在平面构造上比较突出，采用了高明的筑城技术，但是土垒却很低，堀也较浅。与内中尾城这种实战性的阵城相比，不能否定它在构造上只徒具形式。另外，秀吉军的阵城群都在城域外有着广大的山脊线，士兵应该就是驻扎在这样的空间当中。

话说回来，秀吉的阵城也以贱岳之战为界起了很大的变化。在进攻四国、九州时，他完全没有用上以往常常使用的阵城。这是因为在掌握近畿的秀吉大军团面前，四国的长宗我部氏和九州的岛津氏根本就无力抵抗而败退，因此就没有必要构筑阵城。

天正十八年进攻小田原城时，秀吉在石垣山构筑了一夜城。虽然在实际上是花了90天的时间建了这座城，不过至此终于完成了石垣造的阵城。在本丸还设有天守，并出土了瓦片，可以得知阵城的建筑物并非简易的设施，而是建造了正规的橹。石垣山一夜城的出现，不只是用来当作秀吉的本阵而已，而是要通过建造在关东尚未出现过的全石垣瓦葺城堡，让守小田原的守军丧失战意，属于心理战上的阵城。这种石垣阵城，在文禄庆长之役中则以倭城的形式持续发展。

笼城

决定笼城战胜负的因素并不只是城堡的坚固程度而已

◆也有笼城之后打胜仗的

有句话叫作"与城共存亡",有关城池陷落的哀史与悲剧也时有所闻,这使得困守在城中作战时常会被人们认定为最后必会落得被攻陷与灭亡的下场。不过,笼城并不一定就通向败北。通过据守城池作战,反而重创攻城方使其败逃的事例也不在少数。

假设一旦采取笼城方式作战,最后一定都会导致败北结果的话,那么笼城这种战法本身就不会成立了。由于曾有"即使笼城而战,也还是能够取胜"的事例,以及被这种事例所支撑的信念存在,才使得笼城能够成为战法的一种,在此就先来介绍几个笼城之后得胜的例子。

调查过笼城而胜的例子之后,会发现这大致上可以分为两种模式:其一为攻城方自我毁灭,另外一种则是靠援军反包围。

攻城方自我毁灭的例子,以后北条氏的小田原笼城战来说明比较容易理解。后北条氏的第三代北条氏康,在永禄四年三月被越后的上杉谦信大军包围在大本营的小田原城中。当时后北条军并未踏出小田原城一步,只是据守在小田原城中迎战上杉军。在城中可能已经囤积了足够据守数个月的兵粮与弹药。

当时的后北条军与上杉军部队都属于兵农未分离的形式,由于士兵是动员自百姓,因此在农忙时就必须得将部队调回国内才行。就当时的情况而言,为了让士兵能回去种田,就得班师回越后才可以。

再加上上杉军因为长期出征的关系,兵粮补给已经达到极限,而这个情报也被北条氏康阵营所掌握。最后,上杉谦信虽然围住了小田原城,但是没有把城攻下来,而是被迫解除包围撤退。

北条氏康在此之后又再次据守在小田原城中,并且同样获得了成功。具体而言,那是发生在永禄十二年十月,这次的对手则换成了甲斐的武田信玄。最后,武田军也跟之前的上杉军一样无法攻克该城,放弃强攻而撤退。

虽然这两次小田原笼城战的主角是北条氏康,不过子氏政也参战了。对于能以笼城战击退上杉谦信、武田信玄这两位战国代表人物,子氏政具有相当的自信,可见他对城池抱有极大的信赖感。以结果而论,之后在天正十八年丰臣秀吉进攻小田原城时,这种过度自信可说就是造成其国破家亡的主要原因之一。

另一种攻城方败北的模式,就是背后有援军进行反包围,这种例子其实相当多。正因如此,"即便据守也能获胜"的这种意识就成了武将之间的一般观念。在此则要来看看毛利元就的安艺郡山城笼城战。

首先,由于本来臣服于尼子阵营的毛利元就转而臣服大内义隆,尼子晴久便以经久的弟弟久幸为总大将,率领3万人进攻安艺郡山城。

战争始于天文九年(1540)九月五日,此时元就阵营有8000人据守郡山城,不过却几乎都是领内的百姓,实际的战斗人员仅有2800名左右而已。

就在尼子军3万大军包围郡山城的同时,元就对大内义隆提出派遣后诘援军的请求。所谓的后诘,就是"反包围"的意思,也就是让援军在包围笼城士兵的敌军外圈进行包围攻击,以内外夹击包围城堡的敌军。大内义隆回应了元就的邀请,派遣首席重臣陶隆房率领1万兵马展开反包围。陶房隆的部队于十二月三日抵达,让尼子军陷入了不利状态。

不过这个时期正好处于农闲期,因此就算陷入不利状态,包围郡山城的态势依旧没有松动,就这样准备跨过新年。

此时的状况对于尼子军来说,在心理上是遭到夹击,逐渐被逼到极限,因此尼子军决定展开总攻击来一决胜负。但是这总攻击却造成了反效果,总大将尼子久幸阵亡,使得全军丧失战意,宣告撤退。

◆为了长期笼城而下的各种功夫

在使用笼城战法时,如果是在兵农未分离的时

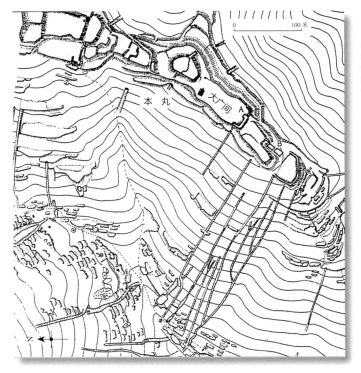

● 小谷城略测图
（滋贺县教育委员会、近江之城城友会《滋贺县中世城郭分布调查7》所收）
在本丸、大广间、京极丸等主郭部以下，从西至西北设有为数众多的小曲轮

代，最少也会在农闲期持续数个月，而进入兵农分离时代后，还必须撑过一两年的长期笼城战才行，因此如何保障兵粮、弹药和水的供给就是个很大的课题。

附带一提，与战国后半期相比，前半期的笼城战最后以笼城方胜利的事例会比较多，这跟有足够的兵粮、弹药和水有着很大的关系。战国后半期，特别是在秀吉的时代中，笼城方取得胜利的例子几乎完全找不到。这是因为兵农分离的关系，导致长期围攻变得可行，因此要靠笼城取胜就会相当困难。

那么，为了撑过长期笼城战，到底要在城中做些什么样的准备才行呢？

首先，如果把米以维持稻谷的方式储存，就可以储备数年用的数量。而味噌到了这个时期，也变得可以长期保存，至于鱼等食材则可用晒干或以盐腌、醋腌的方式保存。特别值得注意的是，人们还会把蕨菜类的植物晒干之后当成榻榻米的填充物，或是把芋头的茎烘干之后混入塀等建筑构造的壁土当中，由此可知在紧急粮食的准备上着实是花了不少心思。

不过，水因为没有办法长期保存，所以是个相当麻烦的问题。特别是对山城而言，如果能把山泉水储存在蓄水池里还好，但如果要挖水井的话，通常不挖非常深是挖不到水的，因此就只能储存雨水，或是从远方用桶打水过来。

对于攻城的这边来说，他们也知道要断绝兵粮并不容易，但要断绝水源则比较简单，因此就会派出忍者去抓城里面的人来问出水源地在哪里，并想办法断绝其水源，所以对于笼城这边来说，确保水源就是最必须花费心思去做的事情。

另外，在笼城的时候不只要准备弓、枪、铁炮、刀，还要尽可能运来大量拳头大小的石块并储存之。这是因为石头也是非常管用的战斗道具，在适合当作"横矢射点"的土垒内侧，曾经发现过大量拳头大小的石块，可见笼城兵准备得相当周全。

话说回来，说到准备周全，城内的树木、花草也相当值得注意。在笼城之时，必须要有计划地种植能够派上用场的树木、花草。

以树木来说，会种植果实可以食用的树，例如梅树之类的就很常种。而樫木的树干最适合拿来制作长枪的柄，因此也种了很多。另外矢竹也可以拿来制箭，直接就能派上用场。

除此之外，药用植物也种了很多，像一种可以用在止血上的五加科植物等。

话说回来，即使兵粮储存再多，准备再周全，如果笼城的官兵无法齐一心志的话，也很难撑过长期的笼城战。以城主、城将的立场来说，要如何在笼城期间避免出现通敌者，才是他们最要费心的事情。

为此，让人觉得"这座城不会轻易被攻陷"的精神建设就很重要。为了强化这种意志，城池也就得要建得更坚固才行。

在笼城期间，还可以看到据守的城兵们制作出新的曲轮，或是加高土垒、石垣的案例。举例来说，元龟元年六月在姊川战后开始据守小谷城的近江战国大名浅井长政，一直到天正元年八月被攻陷的这三年间，城兵们新建了多达数百座小曲轮。

当然，也不能否认他们可能是想说"如果不做些什么的话就会感到不安"，不过在笼城期间，需要进一步补强的地方也确实会在与敌人交战当中逐渐浮现出来。在这样的情况下，就会去尝试制作一些更适合笼城的城郭巧思。

就这层意义而言，日本的城堡可说是在撑过历次笼城战的过程中，变得越来越进步。

战国时代主要笼城战

※ 粗体字为胜利者阵营

城名（所在地）	攻方 × 守方 笼城开始~结束	笼城时间	战斗经过
新井城 （神奈川县三浦市）	**北条早云** × 三浦义同・三浦义意 永正九年（1512）八月~十三年七月	约48个月	由于新井城拥有海上的兵粮补给路，不容易被攻陷，因此早云就构筑了附城（玉绳城）进行长期战，将新井城孤立，最后终于成功攻取
引马城 （静冈县滨松市）	**今川氏亲** × 大河内真纲・斯波义达 永正十三年（1516）六月~八月	约2个月	虽然城池原本不容易被攻破，不过今川氏动用了金掘众破坏了城内水井，使城终告陷落
吉田郡山城 （广岛县吉田町）	尼子久幸・尼子国久・尼子诚久 × **毛利元就** 天文九年（1540）九月~十年一月	约4个月	尼子军约3万人包围了城池，不过毛利阵营的8000人很能撑，等到大内义隆的援军到达打败了尼子军
月山富田城 （岛根县广濑町）	大内义隆 × **尼子晴久** 天文十一年（1542）十月~十二年四月	约6个月	大内军包围城池之后陷入对峙，后来终于决定要攻城，但却因三刀屋氏的背叛，使得包围网瓦解
小田原城 （奈川县小田原市）	上杉谦信 × **北条氏康** 永禄四年（1561）三月~四月	约1个月	谦信率领约10万越后、关东联军包围城池，但却无法轻易攻陷，最后越后军因为出现武器、粮食补充的问题而撤退
门司城 （福冈县北九州市）	吉弘加兵卫尉 × **仁保右卫门** （大友宗麟）（毛利元就） 永禄四年（1561）九月~十一月	约2个月	15000吉弘军分海陆两路对只有3000守军的城池进行总攻击，但前来救援的8000毛利军却顺利入城，而毛利水军也对吉私军展开攻击，终使攻方撤退
松山城 （埼玉良吉见町）	**北条氏康・武田信玄** × 上杉景胜・太田资正 永禄五年（1562）十一月~六年二月	约3个月	在面对利用金掘众进行攻击的武田、北条联军时，城池依然能够坚守，却在进入冬季之后等不到上杉军驰援而开城
白鹿城 （岛根县松江市）	**毛利元就** × 松田满久・牛尾久清 永禄六年（1563）六月~十月	约2个月	虽然元就军的1.5万人攻不下城，但却打败了前来救援的约1万尼子军，最后城池因为水尽粮枯而开城
月山富田城 （岛根县广濑町）	**毛利元就** × 尼子义久 永禄八年（1565）四月~九年十一月	约9个月	元就军约25000人把城包围，并攻陷周围的支城以孤立之，最终迫使其开城
挂川城 （静冈县挂川市）	德川家康 × 今川氏真・朝比奈泰朝 永禄十一年（1568）十二月~十二年五月	约5个月	虽然家康军与今川军之间不断进行激烈战斗，但都没有分出决定性胜负，最后因为怕武田信玄跑来远江，家康就缔结了和议
小田原城 （神奈川县小田原市）	武田信玄 × **北条氏康** 永禄十二年（1569）十月一日~十月四日	约4个月	出击至武藏的信玄进了钵形、泷山城，并且逼近北条氏的本城小田原城，但无法攻克而撤退
小谷城 （滋贺县湖北町）	**织田信长** × 浅井长政 元龟元年（1570）六月~ 天正元年（1573）八月	约38个月	信长在虎御前山建立附城，一边建起土堤采用水攻，一边继续攻陷支城以将小谷城孤立。在消灭前来支援的朝仓氏之后同时展开总攻击，把城攻了下来
二俣城 （静冈县天龙市）	**武田信玄** × 中根正照 元龟元年（1570）十月~十二月	约2个月	信玄原本采用硬攻法却迟迟无法落城，后来是靠用筏子堵住水源的方式迫使其开城
野田城 （爱知县新城市）	**武田信玄** × 菅沼定盈・松平忠正 元龟四年（1573）一月~二月	约1个月	400守城军力抗2万以上的武田军，却因没有援军前来，又被金掘众破坏水源，因此只得开城
高天神城 （静冈县大东町）	**武田胜赖** × 小笠原长忠 天正二年（1574）五月~六月	约1个月	武田军以约2万人围城，笼城方靠着山城的天险奋力抵抗，虽然向德川家康求援，家康又向织田信长请求援军，但因状况不容许而落城
长筱城 （爱知县凤来町）	武田胜赖 × **奥平信昌** 天正三年（1575）五月十一~二十一日	约10天	武田军约1.5万人强攻只有500守军的城，却因败给驰援的德川、织田联军而撤退
七尾城 （石川县七尾市）	**上杉谦信** × 长续连・长纲连 天正四年（1576）十月~五年九月	约11个月	上杉军包围了七尾城，但无法攻陷这座坚城，最后因为要出兵关东而暂时撤退。翌年七月再度攻城，虽然笼城方向织田信长请求援军，但因出现内应者而开城

城名(所在地)	攻方 × 守方 笼城开始~结束	笼城时间	战斗经过
上月城 (兵库鸣上月町)	吉川元春・小早川隆景 × 尼子胜久 天正六年(1578)四月~七月	约 3 个月	虽然有1万秀吉军前往救援,却在中途转往三木城,笼城方失去援军之后便陷落
三木城 (兵库县三木市)	羽柴秀吉 × 别所长治 天正六年(1578)六月~八年一月	约 19 个月	秀吉包围三木城后采取兵粮攻法,同时对三木城的支城进行各个击破。在盼不到毛利军支援的状况下,笼城方依旧顽强抵抗,最后在秀吉军的总攻击之下开城
八上城 (兵库县筱山町)	明智光秀 × 波多野秀治・波多野秀尚 天正六年(1578)十二月~七年五月	约 5 个月	光秀军包围了八上城,采取兵粮攻法,但城池也相当坚固能撑。光秀最后使出计略,让波多野兄弟遭到磔刑,攻下了该城
高天神城 (静冈县大东町)	德川家康 × 冈部真幸・横田尹松 天正八年(1580)十月~九年三月	约 5 个月	家康建造了六座附城围住高天神城,进入了包围战。家康军伺机猛攻,最后终于攻陷该城
鸟取城 (鸟取县鸟取市)	羽柴秀吉 × 吉川经家 天正九年(1581)七月~十月	约 4 个月	秀吉构筑起绵延达12公里的包围网,对鸟取城则采取兵粮攻法,让城内陷入极度饥饿的状态。而运送补给兵粮的毛利水军又被秀吉军击败,最后迫使其开城
胜瑞城 (德岛县蓝住町)	长宗我部元亲 × 十河存保 天正十年(1582)八月~九月	约 20 天	长宗我部军约2万兵马趁着中富川之战的胜利余势包围该城,虽然城池在大雨中持续据守,但最后终于开城
备中高松城 (冈山县冈山市)	羽柴秀吉 × 清水宗治 天正十年(1582)四月~六月	约 2 个月	秀吉筑起大堤防堵住足守川,采用水攻法。城池被孤立,毛利军也没有出手相救,使得秀吉处于优势,但双方因织田信长死亡而讲和
鱼津城 (富山县鱼津市)	柴田胜家 × 中条景泰等 天正十年(1582)四月~六月	约 2 个月	以鱼津城为盾坚守其中的3800士兵力抗4万织田军猛攻,却因为前来支援的上杉谦信军在没有动作的情况下就退至春日山城,最终导致落城
太田城 (和歌山县和歌山市)	羽柴秀吉 × 太田党 天正十三年(1585)三月~四月	约 1 个月	进攻太田城的秀吉军遭到太田党反击,因此就放弃强攻,转而筑起堤防挡住纪之川的河水,采用了水攻法。虽然城兵也奋勇抵抗,但最后还是粮尽开城
一宫城 (德岛县德岛市)	羽柴秀长 × 江村亲俊・谷忠澄 天正十三年(1585)六月~七月	约 1 个月	丰臣军率领4万大军包围1万守军的一宫城,由于城池没那么容易攻陷,使得攻城军陷入苦战,最后因为三之丸的水源枯竭而开城
钵形城 (琦玉县寄居町)	前田利家・本多忠胜等 × 北条氏邦 天正十八年(1590)五月~六月	约 1 个月	虽然攻城军有55000人,但是因为城池位于坚固的要害而完全无法攻陷,最后是用本多忠胜的大筒进行炮击才迫使其开城
忍城 (琦玉县行田市)	石田三成・浅野长政 × 成田泰季 天正十八年(1590)六月~七月	约 45 天	石田军想尽办法进攻被称为"浮城"的忍城,原本想用水攻,却因为建好的堤防溃堤而失败。笼城方虽然奋勇抵抗,但在小田原城陷落之后则被迫开城
小田原城 (神奈川县小田原市)	丰臣秀吉 × 北条氏政・北条氏直 天正十八年(1590)三月~七月	约 4 个月	秀吉率领22万大军进攻小田原城,不过笼城军的准备却很充足,靠着广大总构把守的城池也不容易被攻陷,因此就进入了长期战。最后因为关东各地的支城陆续陷落,终于被迫开城
大垣城 (岐阜县大垣市)	德川家康 × 福原长尧(石田三成) 庆长五年(1600)八月~九月	约 1 个月	大垣城是关原之战中的西军前线基地,东军对此也在附近构筑阵地,不过因为两军都把决战地点设在关原,因此就都出城。大垣城则在爆发小冲突之后因为西军的背叛而开城
伏见城 (京都府京都市)	石田三成等 × 鸟居元忠等 庆长五年(1600)七月~八月	约 10 天	随着关原之战的爆发,伏见城被超过4万的西军所包围。约1800名城兵虽奋勇抵抗,还是在西军的猛攻之下陷落
大坂城(冬之阵) (大阪府大阪市)	德川家康 × 丰臣秀赖 庆长十九年(1614)十月~十二月	约 2 个月	相对于前往讨伐大坂的约20万家康军,丰臣阵营则以大坂城的约13万守军与之对抗。虽然持续爆发小冲突,但是靠着巨大总构守护的大坂城依然屹立不摇,最后双方只能讲和

从《阿安物语》来看大垣城笼城战

△铸造完成的不同口径弹丸以及铸造道具
（译者摄于松本城）

◆何谓《阿安物语》

这是一本名为《阿安物语》的史料，是由一位被称为"阿安"的女性口述之后由旁人记述而成的文书。现在已经被收入《岩波文库》《日本庶民生活史料集成》《女流文学全集》中出版。它不仅是一部战国史料，也因为是以女性的口语体记述，可以借此知晓当时的口语用词，是日语史的重要资料。

不过关于笔录者则不得而知，虽然有些流传本在后面会写上"享保十五年庚戌三月廿七日 谷垣守"，但依然无法确定他是否就是实际听写抄录的人物。至少在《阿安物语》文末的记述当中，"阿安"是在宽文年间（1661—1671）以80余岁高龄去世，因此只能推测是由当时八九岁的小孩子记忆其讲述内容，再于日后一边回忆一边撰写成册。

根据《阿安物语》，阿安的父亲是位名为山田去历的石田三成家臣，俸禄为300石。不过在《阿安物语》中，其居城写成彦根城应该是错的。有可能是阿安讲错，或是抄录者听错，不然就是记错，实际上应为佐和山城。

在《阿安物语》中把顺序弄反了，后半部分写到了佐和山城时代的回忆。而且即使是在佐和山城的时代，他们应该也无法进入佐和山城，而是生活在城下的宅邸中。文中提到他们的食物是杂煮，而且只用早晚两餐，偶尔兄长外出射击铁炮时才有菜饭可以吃。

即使领300石，生活依旧很清苦。以她的状况来说，从13岁开始就一直穿着同一件请人制作的花染帷子，到17岁时长度就不够了，连小腿都露了出来，让她相当不好意思。

◆从佐和山城到大垣城

在《阿安物语》的前半段，是写阿安等人困守在大垣城时的生活内容。抄录者之所以会变更顺序把大垣城内的故事写在前面，是因为她描述的实在是栩栩如生，并充满了强大的冲击性。不过，在进入阿安的笼城体验之前，要先简单提一下为什么原本生活在佐和山城下的他们会跑到大垣城里去笼城。

不用说，庆长五年关原之战时，石田三成的根据地就是佐和山城。三成趁着德川家康前往讨伐会津的上杉景胜时攻下了主人不在的伏见城，并打算在家康率领大军回来时于美浓附近挡住他们。八月九日，他率领6000士兵抵达了美浓的垂井。

不过在垂井却没有城池，因此三成就紧急说服了大垣城伊藤盛正的老臣伊藤赖母，让他交出城堡，并于八月十一日入城。当然，在他的根据地佐和山城还是留有些许将兵，但此时三成的家臣则大多都已转移至大垣城。阿安的父亲山田去历应该也是在这个时候从佐和山城移居至大垣城去的。

原本以常识来考量，只要让身为战斗人员的男性过去就行了，不过当时三成却把妇孺都迁进了大垣城。一方面是要当作人质，一方面则是要让他们协助作战。

◆女性在笼城时的工作

阿安等人不知道是何时进入大垣城，不过当时东军德川家康阵营已经开始陆续集结至大垣城周边。东军的先锋福岛正则等人在八月二十三日攻陷岐阜城，并乘势推进至赤坂大垣城附近的赤坂。由于此时大垣城已经展开笼城战，因此阿安等人应该是在此之前就已经入城。

虽说大垣城是处于笼城状态，但也不是完全被包围而动弹不得。城兵有时候会打出城外，跟东军爆发小冲突之后砍下首级带回来。阿安等女性在笼城时的工作，就是把男人们带回来的首级牙齿涂黑。在《阿安物语》当中，对此有栩栩如生的描写：

气味难闻的首级被带到天守来堆放，先

◯在战国时代，铸造火绳枪弹丸的工作是由武士的妻子和女儿等女性来负责（译者摄于松本城）

◯火绳枪弹丸的铸造并没有想象中复杂，因为材质是使用熔点较低的铅，所以只要使用照片中这种炉子即可熔解（译者摄于松本城）

◯将熔化的铅水倒入这种钳状的"玉型"当中，就可以铸造出各种不同口径的弹丸。由于每挺火绳枪的口径各有差异，因此必须使用专属的"玉型"来铸造弹丸（译者摄于松本城）

为它们挂上名牌以资识别，然后开始把首级的牙齿涂黑。之所以要这么做，是因为以前地位较高的人都会把牙齿涂黑，因此这样的首级能领到比较高的打赏。所以就要把牙齿白的首级涂成黑牙齿，不能害怕这些首级。在睡觉的时候，也跟这些充满血腥味的脑袋睡在一起。

为了让丈夫、父亲、兄长取来的敌首级看起来像高级部将的头，就要帮首级化妆，此即为城中女性们的工作。

至于另外一项协助战斗的工作，就是铸造铁炮用的弹丸。虽然铸造铁炮弹丸听起来好像很复杂，不过当时的铁炮弹丸其实就只是铅丸，而铅的熔解温度很低，只要使用普通的"七轮"炭炉就能烧熔，再把铅水倒进铸型里面就可以完成简单的铸造，而这也是女性的工作。

◆ **母亲在逃脱途中产子**

最后，战争是在庆长五年九月十五日时，以石田三成被德川家康引诱出城的形式离开了大垣城在关原布阵，让决战在关原进行。因此大垣城就没有成为主战场，不过对于留在大垣城的阿安等人来说，此时的等待却有如地狱一般。

不分昼夜的进攻，特别是大筒的攻击最让"弱气"的女性承受不了。就连阿安14岁的弟弟也在阿安等人的眼前活生生地被铁炮击中惨死。

而阿安则与父母加上一位兄长总共四人成功逃离城堡。其理由根据《阿安物语》所述，是因为父亲山田去历以前曾经是德川家康的书法老师，不过真伪则无法确定。在逃脱之行当中，阿安的母亲还突然临盆，只好舀田里的水来充当接生的热水。

在离开城五六町左右往北行时，母亲突然开始阵痛，生下了一位女儿。父亲用田里的水充当热水，舀起来洗净婴儿，再让家仆以衣摆抱着婴儿，母亲则靠在父亲肩头一路逃往青野原。实在是恐怖。

这真是很凄惨的笼城体验。

附带一提，阿安在此之后，跟随父亲前往土佐，成为雨森仪右卫门这位武士的妻子，晚年则由外甥山田喜助照顾，以此终其一生。

虽然阿安并没有提到在这段异常的落城体验时她自己的年龄，不过从弟弟14岁来推测的话，她当时可能也只有十五六岁。

"自烧没落"
靠自己或他人的"破城"行为其目的到底何在

◆ 为什么要自己在城里放火

像是"开木津城逐电云云，则自烧欤"、"狛下司今晓令自烧"[《经觉私要钞》康正三年（1457）九月二十九日条]、"木津执行自烧没落"[《大乘院寺社杂事记》文明九年（1477）十月十三日条]、"下狛以下山城之大内方今朝自烧没落了"（《大乘院寺社杂事记》文明九年十一月十二日条）等，这些记述15世纪山城与大和状况的资料当中，时常会出现"自烧""自烧没落"等语句。这些语句对于资料相对较少的15世纪城郭而言，藏有珍贵的情报。

狛下司、木津执行自15世纪中叶开始为细川政元方的被官，成为"山城国十六人众"这个南山城地方有力国人的一员。为争夺山城守护畠山氏家督的议就与政长之争，从享德三年（1454）以来就没有停过，使得南山城地方成为战场。这场私战成为应仁之乱的原因之一，南山城地方的国人众分为东、西两军在各地不断打仗。不过随着战事的长期化，国人也产生了厌战的想法。文明十七年，国人携手合作，成立了山城国一揆。

国一揆的主体是国人、地方武士，他们大多是出身庄园的庄官，并且把家园的地名当作姓氏来

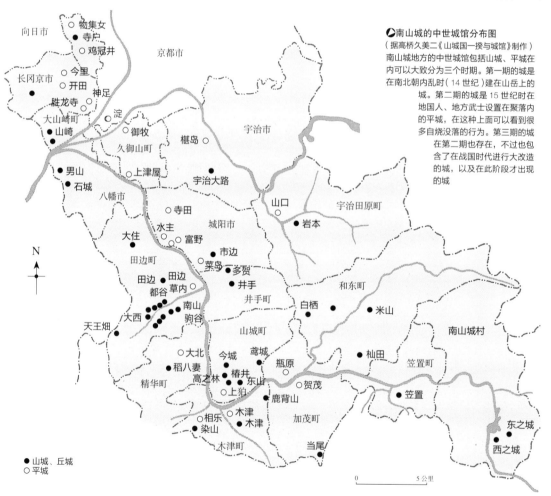

◉ 南山城的中世城馆分布图
（据高桥久美二《山城国一揆与城馆》制作）
南山城地方的中世城馆包括山城、平城在内可以大致分为三个时期。第一期的城是在南北朝内乱时（14世纪）建在山岳上的城。第二期的城是15世纪时在地国人、地方武士设置在聚落内的平城，在这种上面可以看到很多自烧没落的行为。第三期的城在第二期也存在，不过也包含了在战国时代进行大改造的城，以及在此阶段才出现的城

用，在聚落中建起居馆。所谓的"自烧没落"，就是自己在城里放火以掩盖行踪，从应仁之乱时期开始一直到战国时代，都是日本人很常用的手段。虽然有时是因打败仗而自烧没落，不过也有在打仗之前就认为打不赢而趁早放火的情况。狛氏和木津氏常常进行自烧，这是由于他们已经看穿战争的走向，为了避免战力消耗而进行自烧以宣示自己将东山再起。

先不管城池是否成了战场，为什么不据守城池，反而要引火放弃呢？国人、地方武士的居城都建在平地，规模相当小。这用来当作跟邻村作战的防御设施还算有效，但如果是中央权力介入的战争，就一点也派不上用场。

那么，自己在城里放火的这个行为又代表什么意义呢？这并不单纯是不要让敌人利用城池，而是通过自己烧掉城池的方式来表示投降、恭顺的意志。也就是说，这就是在15世纪战场上的做法。

话说回来，在南山城地方留下很多传说是国人、地方武士居城的山城，而"自烧"这个行为也很可能曾发生在这种山城当中。不过现存的山城遗构却很有可能是在进入16世纪之后才构筑的。

明应二年（1493），国一揆解体后，南山城地方进入了战国时代，此时该处由国人组成的总国样貌几乎已经不复存在。不过曾为总国主体的狛氏和木津氏的名字却可以在16世纪的资料当中零星看到，可见南山城地方的国人、地方武士也跟其他地区一样进入了战国时代。在这个时代由国人、地方武士所建的，就是现存的16世纪山城遗构。

相对于在16世纪成为总国的甲贺地方与伊贺地方大量发现了建在丘陵末端的方形馆城，而且形式大多很类似，南山城地方则几乎没有发现馆城这种类型，普遍来讲都是山城型，因此显示出现存的山城遗构并非在15世纪总国时代所建的，而是16世纪的东西。

那么，在15世纪自烧的城到底是指哪些呢？那些指的应该并不是山城，而是位于聚落之内的国人、地方武士居馆。狛氏的居馆位于大里环壕聚落的几乎正中央处，也就是下图写着"城垣内"的位置。现在居馆周围虽然已经没有壕沟，不过却有一口称为"狛どんの井户"的水井。另外，木津氏的木津城在现在留下了山城，不过聚落内的居馆却没

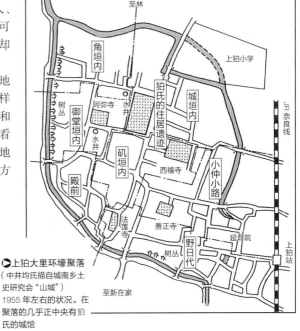

◐上狛大里环壕聚落
（中井均氏描自城南乡土史研究会「山城」）
1955年左右的状况。在聚落的几乎正中央有狛氏的城馆

◐甲贺望月城迹概要图
（中井均氏作图）
在丘陵的末端部位有用土垒建出几乎是正方形的绳张，显示出典型甲贺、伊贺地方城馆的特色

◐围绕在上狛大里环壕聚落周围的水濠

城的理论 **197**

有留下来。不过在《多闻院日记》永禄十一年（1568）九月十四日的条目中却出现了"木津之平城"。

这种居馆位于聚落之内，最适合让国人、地方武士用来当作统治聚落的中心。而自行烧毁这个统治村落的象征，则是要在领民以及第三者面前以视觉方式表达出认输的决心。即使当时有作为诘城的山城存在，在山城里也没可以放火烧的设施，能烧的就只有居馆而已。

在《大乘院寺社杂事记》和《经觉私要钞》当中登场的南山城地方之城郭，最能传达出15世纪城郭的状况。可以借此得知在以往城郭研究当中都不太会去注意到的"自烧没落"，其实是一种战争手段。

另外，从这些记录当中也可以发现，在15世纪时，相对于居馆来说，诘城（山城）的思想尚未渗透入在地国人的等级中。他们大概是因为不断进行着"自烧没落"这样的行为，又碰到了像应仁之乱这种未曾有的战争经验，因此发现平地的居馆已经无暇应对，进而转向以山城来对应。所以说，在地等级开始构筑山城，应该是15世纪后半叶的事情，而这跟在全国各地进行挖掘调查的山城几乎都是15世纪后半叶到16世纪后半叶的这项考古学成果也能对得上。

就这层意义来讲，应仁之乱和山城国一揆给城郭所带来的影响可谓相当大。

◆被强大的他人"破城"

战国时代后半叶，破城变成一种完全不一样的行为再度登场。大永三年（1523），六角定赖以"总国中城郭可停止之间破之"毁弃了日野城（滋贺县日野町）。这并不是自行放火烧毁城郭，而是战国大名的"毁城"行为。

彻底执行这种破城的是织田信长。永禄十一年（1568）上洛的信长，毁弃了摄津的郡山道场、富田寺等处，永禄十二年则"以田丸之城为首，破却国中各城"（《信长公记》），在伊势一国进行破城。天正三年（1575）有"以河内国中高屋之城为首，悉数破却"，在河内一国进行破城。以后，在天正八年于大和、摄津、河内，天正九年能登、越中、伊贺进行一国破城。信长的这种破城动作并不是战争的手段，而是在毁弃敌人之城的同时贯彻占领地的城郭废弃整合工作。

秀吉在天正八年于播磨毁弃了置盐、御着、高砂、阿闭、神吉、东条、平野、明石等诸城。天正十一年在越前北之庄灭了柴田胜家之后，实质上成为信长后继者的秀吉，就已经有了在诸国进行"毁城"的构想。秀吉的"毁城"在家臣的领国当中也进行过，天正十四年，他对毛利辉元下达在毛利分国内进行"毁城"的指示。在之后的九州征讨时，他也对除萨摩之外的九州各国下达"毁城"命令。

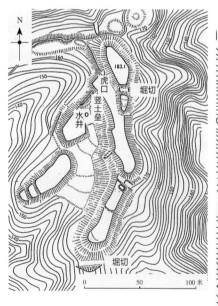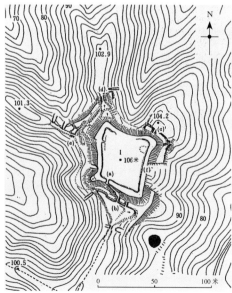

◐东山城迹概要图（左）
木津城迹概要图（右）
（中井均氏作图）
东山城为狛氏的山城，木津城为木津氏的山城。就连在南山城地方，于15世纪后半叶也出现过这种由国人与地方武士兴建的山城

天正十八年消灭后北条氏之后，立刻就进行了奥羽惩罚，其内容很重要的一点就是只留下大名的居城，把家臣的城全部破弃的"毁城"。就这样，在天正十一年就已经有的"毁弃国之城"这种构想，至此已经全部现实完成。

织丰时期的破城是从毁弃敌方之城开始，变成战后处理的一环而扩大至各国。在此同时，也于织丰大名的领国进行强化城郭整备的动作。也就是说，织丰时期的破城，实际上也可以说是为了表明从属于织丰大名这个中央，以及强化在自国内的权力而进行的"毁城"与"普请"。另外，对于织丰政权来讲，破城也是一项将新的统治地区转变为织丰领国的重要政策。

◆"破城"的完成——元和"一国一城令"

破城的完成形态，可以说就是元和元年的"一国一城令"。这项"毁城"令，是要把诸大名除了居城以外的城全部毁弃，为德川幕府统治大名的一项强力政策。话说回来，德川幕府因为天草之乱的关系，为了防止有人盘踞于古城，又在宽永年间（1624—1644）展开了新的"毁城"行动。根据岩国城的挖掘调查结果，它曾遭到两度"毁城"，属于稀有的案例。岩国城首先是天守被破坏（元和毁城），之后又隔了一段时间，石垣的顶端才被弄垮（宽永毁城）。

秀吉出兵朝鲜（文禄庆长之役）时当作本阵的肥前名护屋城，其石垣崩毁的方式相当规则，很明显是遭到人工破坏。如果是在天草之乱的时候为防止城堡被拿来利用而进行"毁城"的话，应该是不会垮得这么工整才对。名护屋城的"毁城"目的不只是让城无法使用，而是要让人清楚看见城郭已经遭到破坏。

15世纪的"自烧没落"是以自行放火烧城的方式承认失败的战争手段，而名护屋城虽然不是自己亲手放火，而是依据为政者的命令毁城，不过这都是以让人看见城堡被破坏来昭告天下的手段。据说这个时期寺泽志摩守正在建唐津城，不过那只有建筑物而已。毁弃石垣在元和、宽永时期算是幕府的一种礼仪行为，或是幕府为了致力修复与朝鲜的外交关系，所以才把象征出兵朝鲜的名护屋城破坏掉，借"毁城"的动作向朝鲜有所表示。

△挖掘出来的若江城
（东大阪市文物协会提供）
若江城在信长的河内一国破城时遭到毁弃。从挖掘出来的壕沟中能找到石垣的破片、瓦片、障子的框架等物件

▽岩国城天守台西侧的石垣（两幅）
（山口县教育委员会提供）
元和、宽永两度遭到"毁城"

日本主要近世城郭资料

制作 / 松冈利郎

◆ 天守的构造形式

注：虽然天守不只有这些，但在此只举出可以判明建筑规模的例子。项目内容会因为不同研究者说法的关系，有可能会跟本书其他篇章的记述不同。○为现存，△为战灾烧毁

城名	筑城年代	外观阶数	构造形式	初重规模（间）	最上阶	构成・设计
○丸冈城天守	天正四年？	二重三阶	望楼型	矩形 7×6	4×3 附回缘	大入母屋与最上层同方向
福知山城天守	天正七年？	三重四阶、附地阶	望楼型	不整形 9×7.5	3×2.5 片方缘	大入母屋与最上层直交
△广岛城天守	文禄年间？	五重五阶	望楼型	矩形 12×9	3×3 附回缘	大入母屋与最上层直交
○松本城天守	文禄年间？	五重六阶	过渡型	矩形 9×9	4×4（内缘）	四方葺下、饰破风
△冈山城天守	文禄年间？	五重六阶	望楼型	五角形 13×9	3×3（内缘）	大入母屋与最上层直交
○犬山城天守	庆长六年？	三重四阶、附地阶	望楼型	矩形 10×8	3×4 附内缘	大入母屋与最上层直交
熊本城天守	庆长十年	五重六阶、穴藏	望楼型	矩形 13×11	4×4（内缘）	大入母屋与最上层直交
○彦根城天守	庆长十一年	三重三阶	过渡型	矩形 11×7	6×4 附回缘	比翼切妻与最上层同方向
萩城天守	庆长十三年	五重五阶	望楼型	矩形 11×9	3×3 附回缘	大入母屋与最上层同方向
○姬路城天守	庆长十三年	五重六阶、穴藏	望楼型	矩形 13×10	7×5（内缘）	大入母屋与最上层同方向
○松江城天守	庆长十六年	四重五阶、附地阶	望楼型	矩形 12×10	5×4（内缘）	大入母屋与最上层同方向
△名古屋城天守	庆长十七年	五重六阶、穴藏	过渡型	矩形 17×15	8×6（内缘）	比翼入母屋与最上层同方向
津山城天守	庆长十七年	五重五阶、穴藏	层塔型	矩形 11×10	6×5 附回缘	四方葺下、无破风
尼崎城天守	元和三年	四重四阶	层塔型	矩形 10×8	6×4（内缘）	四方葺下、饰破风
△大垣城天守	元和六年	四重四阶	过渡型	方形 5×5	3×3（内缘）	四方葺下、千鸟破风
△福山城天守	元和八年	五重五阶、穴藏	层塔型	矩形 9×8	5×4 附回缘	四方葺下、饰破风
淀城天守	宽永二年	五重五阶、穴藏	望楼型	矩形 8×7	4×3 附回缘	大入母屋与最上层同方向
二条城天守	宽永二年	五重五阶、附半地阶	层塔型	矩形 10×9	4×3（内缘）	四方葺下、饰破风
大坂城天守	宽永三年	五重五阶、穴藏	层塔型	矩形 17×15	7×5（内缘）	四方葺下、饰破风
白河城三阶橹	宽永九年	三阶三重	层塔型	方形 5×5	2×2（内缘）	四方葺下、切妻破风
佐仓城天守	宽永十年	三阶三重	层塔型	矩形 8×7	5×4（内缘）	四方葺下、饰破风
江户城天守	宽永十五年	五重五阶、穴藏	层塔型	矩形 18×16	8×6（内缘）	四方葺下、饰破风
小滨城天守	宽永十五年	三重三阶	过渡型	矩形 8×7	4×3 附回缘	四方葺下、饰破风
○丸龟城天守	宽永二十年	三重三阶	层塔型	矩形 6×5	3×2（内缘）	四方葺下、饰破风
○宇和岛城天守	宽文五年	三重三阶	层塔型	矩形 7×7	4×4（内缘）	四方葺下、饰破风
○备中松山城天守	天和年间	二重二阶	（层塔型）	矩形 7×5	5×3（内缘）	四方葺下、饰破风
○高知城天守	延享四年	四重六阶	望楼型	矩形 8×6	3×3 附回缘	大入母屋与最上层直交
△水户城天守	明和三年	三重四阶	层塔型	方形 6.5×6.5	3×3（内缘）	四方葺下、无破风
冈城三阶橹	安永三年	三重四阶	层塔型	方形 5×5	3×3 附回缘	四方葺下、轩唐破风
○弘前城天守	文化七年	三重三阶	层塔型	矩形 6×5	4×3（内缘）	四方葺下、切妻破风
○伊予松山城天守	文政七年	三重三阶、穴藏	层塔型	矩形 10×8	6×4 附回缘	四方葺下、饰破风
△和歌山城天守	嘉永三年	三重三阶	过渡型	歪形 10×10	5×5 附回缘	比翼母屋与最上层同方向
△松前城天守	安政一年	三重三阶	层塔型	矩形 7.5×6.5	4.5×3.5 内缘	四方葺下、无破风

◆ 现存之橹遗构一览

注 ★记号为重要文物。只记载创建时期明确以及可以大致推定出的遗构，包含部分修复过的。备考栏的括号表示移筑处。

	橹名	创建时期・备考	橹名	创建时期・备考
三重橹	★福山城伏见橹	庆长年间（1596~1615）	★明石城坤橹	元和年间（1615~1624）
	★熊本城宇土橹	庆长年间（1596~1615）	★彦根城西之丸三重橹	庆长年间（1596~1615）
	★弘前城二之丸丑寅橹	庆长十六年（1611）		嘉永六年（1853）改筑
	★　　二之丸未申橹	庆长十六年（1611）	★高松城北之丸月见橹	延宝四年（1676）
	★　　二之丸辰巳橹	庆长十六年（1611）	★　旧东之丸见橹	延宝五年（1677）
	★名古屋城西北隅橹	庆长十七年（1612）	江户城富士见橹	关东大震灾毁损后复原
	★明石城巽橹	元和年间（1615~1624）		
二重橹	★冈山城西之丸西手橹	庆长年间（1596~1615）	★姬路城カ之橹	庆长六~十五年（1601~1610）
	★姬路城ホ之橹	庆长六~十五年（1601~1610）	★彦根城天秤橹（二栋）	庆长年间（1596~1615）
	★　チ之橹	庆长六~十五年（1601~1610）	★名古屋城东南隅橹	庆长十七年（1612）
	★　ヌ之橹	庆长六~十五年（1601~1610）	★　西南隅橹	庆长十七年（1612）
	★　ル之橹	庆长六~十五年（1601~1610）	★熊本宇土橹续二重橹	庆长年间（1596~1615）
	★　ヲ之橹	庆长六~十五年（1601~1610）	★大坂城千贯橹	元和六年（1620）
	★　ワ之橹	庆长六~十五年（1601~1610）	★　乾橹	元和六年（1620）

	橹名	创建时期·备考	橹名	创建时期·备考
二重橹	★大坂城六番橹	宽永五年(1628)	笠间城八幡橹	
	★　　一番橹	宽永七年(1630)	高崎城乾橹	
	★二条城二之丸东南隅橹	宽永年间(1624~1644)	挂川城太鼓橹	
	★　　二之丸西南隅橹	宽永年间(1624~1644)	上田城南橹	宽永年间(1624~1644)
	★松本城天守辰巳附橹	宽永年间(1624~1644)	北橹	宽永年间(1624~1644)
	★冈山城月见橹	宽永年间(1624~1644)	西橹	宽永年间(1624~1644)
	★备中松山城二重橹	天和年间(1681~1684)	园部阵屋巽橹	
	★新发田城旧二之丸隅橹	延享年间(1744~1748)	三日月阵屋物见橹	(移筑为三日月町公民馆)
	★大洲城三之丸南隅橹	明和三年(1766)	旧津和野藩邸马场先橹	
	★彦根城二之丸佐和口橹	明和八年(1771)	福冈城潮见橹	
	★金泽城石川门菱橹	天明八年(1788)	旧福冈城祈念橹	(移筑至大正寺)
	★大洲城苎绵橹	天保十四年(1843)	花见橹	(移筑为崇福寺佛殿)
	★　　台所橹	安政六年(1859)	月见橹	(移筑为崇福寺佛殿)
	★　　高栏橹	文久元年(1861)	日出城鬼门橹	(移筑为民宅)
	★福冈城南丸南隅橹	嘉永六年(1853)	大分城人质四隅橹	
	★　　南丸北隅橹	嘉永六年(1853)	臼杵城卯寅口门胁橹	
	★伊予松山城野原橹	江户前期	叠橹	
	★　　乾橹	江户前期	江户城樱田巽橹	关东大震灾毁损后复原
	涌谷城隅橹		伏见橹	关东大震灾毁损后复原
一重橹	★熊本城田子橹	庆应元年(1865)	★姬路城折回橹	庆长六~十五年(1601~1610)
	★　　七间橹	安政四年(1857)	★　　带郭橹	庆长六~十五年(1601~1610)
	★　　四间橹	庆应二年(1866)	★　　带之橹	庆长六~十五年(1601~1610)
	★　　东十八间橹	庆长六~十二年(1601~1607)	★　　太鼓橹	庆长六~十五年(1601~1610)
	★　　北十八间橹	庆长六~十二年(1601~1607)	★　　イ之渡橹	庆长六~十五年(1601~1610)
	★　　五间橹	庆长六~十二年(1601~1607)	★　　化妆橹	庆长六~十六年(1601~1611)
	★　　十四间橹	天保十五年(1844)	★松本城天守月见橹	宽永年间(1624~1644)
	★　　平橹	安政七年(1860)	★伊予松山城三之门南橹	文政七年~安政七年(1824~1860)
	★　　监物橹(新堀橹)	安政七年(1860)	★　　二之门南橹	文政七年~安政七年(1824~1860)
	★　　源之进橹	庆长六~十二年(1601~1607)	★　　一之门南橹	文政七年~安政七年(1824~1860)
	★姬路城卜之橹	庆长六~十五年(1601~1610)	大分城宗门橹	
	★　　井郭橹	庆长六~十五年(1601~1610)	平户城狸橹	
	★　　口之橹	庆长六~十五年(1601~1610)	福知山城铜门番所	
	★　　ニ之橹	庆长六~十五年(1601~1610)		
多闻橹	★姬路城天守イ之二重渡橹	庆长六~十五年(1601~1610)	★彦根城天守附橹、多闻橹	庆长十一年(1606)
	★　　口之二重渡橹	庆长六~十五年(1601~1610)	★　　太鼓门续橹	庆长八~十一年(1603~1606)
	★　　ハ之二重渡橹	庆长六~十五年(1601~1610)	★　　天秤多闻橹	庆长八~十一年(1603~1606)
	★　　ニ之二重渡橹	庆长六~十五年(1601~1610)	★　　佐和口多闻橹	明和八年(1771)
	★姬路城口之渡橹	庆长六~十五年(1601~1610)	★　　西之丸续长橹	嘉永六年(1853)修筑
	★　　ハ之渡橹	庆长六~十五年(1601~1610)	★高松城北之丸渡橹	延宝四年(1676)
	★　　ニ之渡橹	庆长六~十五年(1601~1610)	★佐贺城鲵之门续橹	天保七年(1836)
	★　　ヘ之渡橹	庆长六~十五年(1601~1610)	★高知城东多闻	享和年间(1801~1804)
	★　　カ之渡橹	庆长六~十五年(1601~1610)	★　　西多闻	江户中期
	★　　ヨ之渡橹	庆长六~十五年(1601~1610)	★金泽城三十间长屋	万延元年(1806)
	★　　タ之渡橹	庆长六~十五年(1601~1610)	★　　石川门续橹	天明八年(1788)
	★　　レ之渡橹	庆长六~十五年(1601~1610)	★伊予松山城隐门续橹	江户前期
	★　　リ之一渡橹	庆长六~十五年(1601~1610)	★大坂城大手口多闻橹	嘉永元年(1848)
	★　　リ之二渡橹	庆长六~十五年(1601~1610)	★熊本城宇土橹续橹	庆长六~十二年(1601~1607)
			★福冈城南丸多闻橹	嘉永七年(1854)

◇现存城门遗构一览

注：★记号为重要文物。只记载创建时期明确以及可以大致推定出的遗构，包含部分修复过的。备考栏括号表示移筑处。

	门名	创建时期·备考	门名	创建时期·备考
橹门 (渡橹形式)	★福山城筋铁门	文禄年间(1592~1596)	★姬路城に之门	庆长六~十五年(1601~1610)
	★熊本城不开门	庆应二年(1866)	★　　と之一门	庆长六~十五年(1601~1610)
	★彦根城太鼓门	庆长八~十一年(1603~1606)	★　　ぬ之门	庆长六~十五年(1601~1610)
	★姬路城は之门	庆长六~十六年(1601~1611)	★二条城二之丸北大手门	宽永年间(1624~1644)

	门名	创建时期·备考	门名	创建时期·备考
橹门 （渡橹形式）	★二条城二之丸东大手门 ★旧江户城田安门 ★　　　清水门 ★　　　外樱田门 ★丸龟城大手一之门 ★新发田城本丸表门 ★高知城廊下门·诘门 ★　　　追手门 ★金泽城石川门	宽文二年（1662） 宽永三年（1626） 万治元年（1658） 宽文三年（1663） 宽文三年（1663） 贞享年间（1684～1688） 享和二年（1802） 享和元年（1801） 天明八年（1788）	★佐贺城鯱之门 ★大坂城二之丸大手门 ★松前城本丸御门 　小诸城三之门 　竹中阵屋橹门 　福冈城大手下之门 　佐伯城三之丸大手门 　平户城北虎口门 　和歌山城追回门	天保七年（1836） 嘉永元年（1848） 嘉永六年（1853）
橹门 （多闻形式）	★姬路城备前门 ★彦根城天秤橹门	庆长六～十五年（1601～1610） 庆长八～十一年（1603～1606）	★和歌山城冈口门 ★伊予松山城隐门	元和七年（1621） 江户前期
橹门 （楼门形式）	★姬路城菱之门 ★弘前城二之丸东门 　　　　二之丸南门 ★　　　三之丸追手门 ★　　　三之丸东门 　　　　北之郭北门 ★二条城本丸橹门 ★旧挂川城大手二之门 ★高知城黑铁门 　松岭城大手门	庆长六～十五年（1601～1610） 庆长十六年（1611） 庆长十六年（1611） 庆长十六年（1611） 庆长十六年（1611） 庆长十六年（1611） 宽永年间（1624～1644） 万治二年（1659）（现油山寺山门） 享保十五年（1730） 宽政四年（1792）	旧白石城厩门 旧花卷城里门 土浦城橹门 小诸城大手门（瓦门） 旧饭田城八间门 旧大野城鸠门 旧福冈城表门 名岛门 园部阵屋橹门 旧川之江阵屋橹门	（延命寺门） （圆城寺山门） （移筑至林氏宅） （光明寺山门） （崇福寺山门） （川之江八幡神社表门）
高丽门	★姬路城い之门 ★　　　ろ之门 ★　　　へ之门 ★　　　と之二门 ★　　　と之四门 ★　　　り之门 ★名古屋城本丸表二之门 　　　　二之丸表二之门 　　　　二之丸东二之门 ★旧江户城田安门表门 　　　　清水门表门 　　　　外樱田门表门 ★旧膳所城北大手门 　　　　城门 　　　　水门 　　　　本丸犬走门 　　　　本丸黑门	庆长六～十五年（1601～1610） 庆长六～十五年（1601～1610） 庆长六～十五年（1601～1610） 庆长六～十五年（1601～1610） 庆长六～十五年（1601～1610） 庆长四年（1599） 庆长十七年（1612） 庆长十七年（1612） 庆长十七年（1612） （现本丸二之门） 宽永十三年（1636） 万治元年（1658） 宽文三年（1663） （筱津神社表门）庆长年间 （膳所神社孔门） （膳所神社水门） （若宫八幡神社表门） 御灵神社本殿胁门	★膳所城南大手门 　瀬田口总门 ★丸龟城大手二之门 ★金泽城石川门表门 ★伊予松山城户无门 ★　　　三之门 ★　　　一之门 ★　　　紫竹门 ★　　　仕切门 ★大坂城大手门表门 　樱门 　旧伊势神户城大手门 　宇陀松山城西口关门 　高松城太鼓门表门 　石田城搦手门 　相马中村城大手一之门	（鞭崎神社表门）庆长年间 （移筑至细见氏宅） 宽文十年（1670） 天明八年（1788） 宽政十二年（1800） 文政七年～安政七年（1824～1860） 文政七年～安政七年（1824～1860） 文政七年～安政七年（1824～1860） 文政七年～安政七年（1824～1860） 嘉永元年（1848） 明治二十年（1887） （显正寺山门）
唐门	★二条城二之丸东唐门 　旧名岛城城门	宽永年间（1624～1644） （崇福寺唐门）		
药医门	★高松城北之丸水手门 ★伊予松山城二之门 ★旧膳所城本丸大手门 　　　　二之丸水门 　　　　城门 　丸龟城御殿表门 　宇和岛城搦手门 　八户城表门 　大多喜城药医门 　饭田城赤门	延宝五年（1677） 文政七年～安政七年（1824～1860） 明历元年（1655）（膳所神社表门） （新宫神社参道胁之门） （近津屋神社表门） 接近四脚门形式	挂川城蕗之门 旧岩村城一之门 　　　　二之门 旧横须贺城城门 旧小诸城足柄门 旧伏见城大手门 丰冈阵屋表门 西条阵屋表门 鹿岛城本丸赤门	（圆满寺表门） （妙法寺山门） （德祥寺山门）四脚门形式？ （撰要寺山门） （光岳寺表门） （御香宫神社表门）
栋门	★姬路城水之一门 ★　　　水之二门	庆长六～十五年（1601～1610） 庆长六～十五年（1601～1610）	姬路城ち之门 二条城二之丸鸣子门	庆长六～十五年（1601～1610） 宽永年间（1624～1644）

	门名	创建时期·备考	门名	创建时期·备考
栋门	★二条城二之丸北中仕切门 ★　　二之丸南中仕切门 　石田城二之丸里门	宽永年间(1624~1644) 宽永年间(1624~1644)		
长屋门	★二条城二之丸桃山门 　柏原阵屋长屋门 　秋月城长屋门	宽永年间(1624~1644)	小松城二之丸鳗桥门 旧龟冈新城御殿长屋门	(来生寺长屋门) (千代川小学校门)

◈堀的宽度与深度比较表

注：此皆为记录于国立公文书馆内阁文库藏《正保城绘图》中的数值。只有大坂城是从明治二十一年(1888)《大阪实测图》中的大坂城门1：2500图中量测。

城名	曲轮名	堀宽与深			
		南侧	西侧	北侧	东侧
久保田城	本丸 二之丸 三之丸	横11间~宽20间 深2间 宽18~29间 宽17间, 深6间	宽23间, 深9尺	宽11间, 深3间 宽8间, 深1间 宽11间, 深7尺	宽9~12间, 深12间 宽7~21间, 深5尺~1间 宽40间
山形城	本丸 二之丸	堀口12间, 深4间1尺 堀口15间, 深4间	堀口12间, 深3间2尺 堀15间, 深3间半	堀口12间, 深3间2尺 堀15间, 深4间	堀口12间半, 深4间半 堀15间, 深6间半
米泽城	本丸 二之丸 外堀	宽17间, 深3间 宽15间, 深2间 空堀宽15间	宽17间, 深2间3尺 宽15间, 深2间3尺 宽15~16间, 深2间	宽15~20间, 深3间 宽13间, 深2~3间 宽14间, 深2间	宽18~20间, 深3间 宽12~25间, 深1间3尺~3间 宽15间, 深2间
长冈城	本丸 二之丸 三之丸	宽15间, 深1丈 宽10间, 深1丈 宽7间, 深1丈	此间20间 宽11间, 深1丈 宽8间, 深1丈	宽23间, 深2间半 宽31间, 深2间半 宽8间, 深1丈	宽13间, 深2间 宽8间, 深8尺
高田城	本丸 二之丸 三之丸	宽25间, 深1丈2尺 宽70间, 深8丈 古川宽度15间	宽7间, 深1丈2尺 宽20间, 深8丈 河宽39间, 深5尺	宽15间, 深1丈3尺 宽10间, 深8丈 宽20间, 深2丈	宽30间, 深1丈3尺 宽80间, 深7丈 宽20间
田中城	本丸 二之丸 三之丸	宽6间, 深2间5寸 宽10间, 深2间2尺 宽14间, 深1间4尺	宽7间1尺, 深2间5寸 宽10间, 深3间 宽14间, 深2间半	宽6间1尺, 深2间1尺 宽11间, 深2间 宽15间, 深2间	左同断 宽11间, 深1间半 宽13间, 深1间半
大垣城	本丸, 二之丸 三之丸 外堀	宽12~13间, 深8~9尺 宽9~12间, 深5尺 宽9间半, 深6尺	宽20~24间, 深9~10尺 宽12间, 深9尺 宽12~14间, 深6尺	宽13~24间, 深1丈1尺 宽13间, 深7尺 宽12~18间, 深4~8尺	宽13~45间, 深9尺 宽16间, 深6尺 宽9~15间, 深3~6尺
大坂城	本丸 二之丸	空堀宽20间以内 宽40~50间	宽25~30间 宽40~95间	宽20~40间 宽35~40间	宽20~30间, 石垣高约22米 宽40~50间
筱山城	殿守丸, 本丸 二之丸	宽6间, 深3间 宽20间, 深5间	宽5间, 深2间4尺 宽21间, 深5间2尺	宽5间, 深3间 宽20~21间, 深5间	宽7间, 深2间5尺 宽20间, 深5间
三原城	本丸, 二之丸 三之丸	干潟10町斗 海	宽16间, 深1丈2尺 宽7间, 深5尺	宽16间, 深1丈2尺 空堀宽10间, 深9尺	宽12间, 深6尺 舟入宽20间, 深1丈 宽9~13间, 深6~8尺
广岛城	本丸 二之丸 三之丸	宽23间, 深1丈 宽15间, 深1丈 宽10间, 深1间	宽53间, 深1丈 宽10间, 深1间	宽32间, 深1丈 宽18间, 深9尺	宽21间, 深1丈 宽10间, 深1间
松江城	本丸, 二之丸 三之丸	堀口13间, 深7尺 堀口11间, 深8~9尺	堀口11~15间, 深8~9尺 堀11间, 深8尺	堀口18~23间, 深6~8尺	堀口16间, 深9尺 堀口23间, 深9尺
佐贺城	本丸 外堀	宽36~51间	宽约20间 宽38~44间8尺	宽28间4尺~40间6尺	宽37~38间半
八代城	本丸 二之丸 三之丸	宽11~12间, 深5尺 宽11~13间, 深3尺	宽17间 宽13~18间, 深4间 宽10间	宽13~14间, 深4尺 宽12~13间 宽11间	宽15间, 水深3尺
日出城	本丸 二之丸	海	空堀口10间, 深5间 空堀口5间, 深2间半	空堀口10间, 深5间 水堀口5间, 深3间	堀口10间, 深5间 水堀口5间, 深3间

日本主要近世城郭资料　203